COMO ENTENDER
A MENTE

Outros livros de Venerável Geshe Kelsang Gyatso Rinpoche

Como Transformar sua Vida
Como Entender a Mente
Caminho Alegre da Boa Fortuna
Novo Coração de Sabedoria
Budismo Moderno
Solos e Caminhos Tântricos
Novo Guia à Terra Dakini
Essência do Vajrayana
As Instruções Orais do Mahamudra
Grande Tesouro de Mérito
Novo Oito Passos para a Felicidade
Introdução ao Budismo
Como Solucionar Nossos Problemas Humanos
Contemplações Significativas
O Voto Bodhisattva
Compaixão Universal
Novo Manual de Meditação
Viver Significativamente, Morrer com Alegria
Oceano de Néctar
Joia-Coração
Clara-Luz de Êxtase
Mahamudra-Tantra

Este livro é publicado sob os auspícios do
Projeto Internacional de Templos da NKT-IKBU,
e o lucro recebido com a sua venda está direcionado para
benefício público através desse fundo.
[Reg. Charity number 1015054 (England)]
Para mais informações:
www.tharpa.com/benefit-all-world-peace

VENERÁVEL GESHE
KELSANG GYATSO RINPOCHE

Como Entender a Mente

A NATUREZA E O PODER
DA MENTE

THARPA BRASIL

São Paulo, 2016

© Venerável Geshe Kelsang Gyatso Rinpoche e Nova Tradição Kadampa

Primeira edição em língua inglesa em 1993 como *Understanding the Mind*.
Publicado em língua inglesa em 2014, com revisões substanciais feitas pelo autor, como *How to Understand the Mind*.

Primeira edição no Brasil em 2002 como *Entender a Mente*.
Primeira edição no Brasil como *Como Entender a Mente* em 2014.
Reimpresso em 2016.

Título original:
How to Understand the Mind

Tradução do original autorizada pelo autor.

Tradução, Revisão e Diagramação   Tharpa Brasil

Dados Internacionais de Catalogação na Publicação (CIP)

Kelsang, Gyatso (Geshe), 1932-
  Como Entender a Mente / Geshe Kelsang Gyatso; tradução Tharpa Brasil – São Paulo: Tharpa Brasil, 2016.
  441p.

Título original em inglês: How to Understand the Mind

ISBN 978-85-8487-051-6

1. Budismo 2. Carma 3. Meditação I. Título.
05-9278   CDD-294.3

Índices para catálogo sistemático:
1. Budismo: Religião 294.3

2016

Todos os direitos desta edição reservados à
EDITORA THARPA BRASIL
Rua Artur de Azevedo 1360, Pinheiros
05404-003 - São Paulo, SP
Fone: 11 3476-2328
www.tharpa.com.br

Sumário

Ilustrações vii
Nota do Tradutor ix

Introdução 1

PARTE UM
O que é a Nossa Mente? 5
De que Modo a Mente É Capaz de Mover-se 7
As Mentes Densas, Sutil e Muito Sutil 9
Mentes Primárias e Fatores Mentais 13
Os Cinco Fatores Mentais Sempre-Acompanhantes .. 19
Os Cinco Fatores Mentais Determinadores de Objetos 37
Os Onze Fatores Mentais Virtuosos 55
Virtude, Não-Virtude e Delusão 95
As Seis Delusões Raízes 113
As Vinte Delusões Secundárias 149
Os Quatro Fatores Mentais Mutáveis 165

PARTE DOIS
Mentes Conceituais e Mentes Não Conceituais ... 173
Percepções Sensoriais e Percepções Mentais 183
Percebedores Diretos 193
Conhecedores Subsequentes 205

Reconhecedores 215
Crenças Corretas 221
Percebedores Não Determinadores 225
Dúvidas Não Deludidas. 231
Percepções Errôneas 233
Conhecedores Válidos e Conhecedores Não Válidos 245
Meditação 257
    Meditação de uma Pessoa de Escopo Inicial............. 258
    Meditação de uma Pessoa de Escopo Mediano............275
    Meditação de uma Pessoa de Grande Escopo............ 299
Conclusão 317
Dedicatória 319

Apêndice I – O Sentido Condensado do Texto 321
Apêndice II – Sadhanas
    Prece Libertadora 356
    Essência da Boa Fortuna 359
Glossário 371
Bibliografia 389
Programas de Estudo do Budismo Kadampa............... 395
Escritórios da Editora Tharpa no Mundo 401
Índice Remissivo. 405

Ilustrações

"Siga o caminho à iluminação" 4
"Corte a raiz do sofrimento" 8
"Conquiste libertação permanente dos sofrimentos da morte" 18
"Alcance a libertação permanente dos sofrimentos
do renascimento samsárico" 36
"Conquiste libertação permanente deste ciclo do samsara,
onde não existe felicidade verdadeira" 148

OS OITO SÍMBOLOS AUSPICIOSOS
O Precioso Para-Sol 164
Os Preciosos Peixes 172
O Precioso Vaso 192
A Preciosa Flor 214
A Preciosa Concha 220
O Precioso Nó 224
O Precioso Estandarte da Vitória 232
A Preciosa Roda 244

Nota do Tradutor

As palavras de origem sânscrita e tibetana, como *Bodhichitta*, *Bodhisattva*, *Dharma*, *Geshe*, *Sangha* etc., foram grafadas como aparecem na edição original deste livro, em língua inglesa, em respeito ao trabalho de transliteração previamente realizado e por evocarem a pureza das línguas originais das quais procedem.

Em alguns casos, contudo, optou-se por aportuguesar as palavras já assimiladas à língua portuguesa (Buda, Budeidade, budismo, carma) em vez de escrevê-las de acordo com a sua transliteração (*Buddha*, *karma*).

As palavras estrangeiras foram grafadas em itálico somente na primeira vez que aparecem no texto.

No capítulo *Conhecedores Subsequentes*, as palavras *sujeito* e *predicado* não devem ser entendidas em seu sentido gramatical, mas em seu sentido lógico. Em lógica, *sujeito* é definido como o "termo de que se fala, de que se afirma ou se nega algo, e ao qual se predicam propriedades, qualidades ou determinações". Já o *predicado* é o "termo ou conjunto de termos atribuíveis, por meio de uma afirmação ou negação, ao sujeito de um juízo ou proposição" (*Grande Dicionário Houaiss da Língua Portuguesa*).

A expressão em inglês "*take rebirth*" foi preferencialmente traduzida como "tomar renascimento", em vez de, simplesmente, "renascer". A opção por essa tradução está fundamentada: (1) na definição de samsara dada por Dharmakirti (página 97 deste livro); e (2) no livro *Caminho Alegre da Boa Fortuna*, capítulos

"Meditar nos Verdadeiros Sofrimentos" (seção "Sofrimento Subjacente") e "Delusões e Ações, Morte e Renascimento" (seção "As Etapas de Desenvolvimento das Delusões").

Introdução

Devemos saber que, nos últimos anos, nossa compreensão e controle do mundo exterior aumentaram consideravelmente e, como resultado, testemunhamos um extraordinário progresso material; porém, não tem havido um aumento da felicidade humana correspondente a esse progresso. No mundo de hoje, não há menos sofrimento nem menos problemas do que antes. Em verdade, podemos dizer que, agora, há mais problemas e perigos maiores do que jamais houve anteriormente. Isso mostra que a causa de felicidade e a solução para os nossos problemas não se encontram no conhecimento ou controle do mundo exterior. Felicidade e sofrimento são sensações – partes de nossa mente – e, portanto, suas causas principais não são encontradas fora da mente. Se, realmente, desejarmos ser felizes de verdade e livres do sofrimento, precisamos aperfeiçoar nossa compreensão sobre a mente.

Quando as coisas dão errado em nossa vida e encontramos situações difíceis, temos a tendência para considerar a situação, em si mesma, como sendo o problema, mas, na realidade, quaisquer problemas que experienciemos vêm de nossa mente. Se respondêssemos às situações exteriores difíceis com uma mente positiva ou pacífica, elas não seriam problemas para nós; ao contrário, poderíamos até mesmo considerá-las como desafios ou oportunidades para o crescimento e desenvolvimento de nossa felicidade. Problemas surgem somente quando respondemos às situações exteriores difíceis com um estado mental negativo. Portanto, se realmente desejamos ficar livres de problemas, precisamos aprender a controlar nossa mente por meio do controle de nosso desejo.

Se tivermos domínio sobre nosso desejo, podemos nos tornar felizes o tempo todo. O motivo é que o desejo descontrolado é a fonte de todo sofrimento e problemas. Temos forte apego pela satisfação de nossos próprios desejos e, devido ao nosso desejo descontrolado, nós, seres humanos, criamos muitos problemas e perigos neste mundo. Vivenciamos muitos problemas porque somos incapazes de ter domínio sobre nosso desejo. Ao controlar nosso desejo, podemos ficar livres de todos os problemas.

As instruções apresentadas neste livro são métodos para controlar nossa mente, como, por exemplo, nosso apego à satisfação de nossos próprios desejos. Em especial, pelo estudo e prática dos diferentes temas e tópicos apresentados neste livro, podemos nos aperfeiçoar e avançar do estado de um ser inferior ignorante ao estado de um ser cada vez mais elevado, até que, por fim, alcancemos o estado mais elevado, o estado de um ser iluminado. Nós, seres humanos, temos essa oportunidade, e é essa oportunidade que torna nossa vida muito preciosa e significativa. Os animais – como os cachorros, por exemplo – não têm essa oportunidade, não importa o quão inteligentes sejam. Devemos reconhecer quão afortunados somos e nos regozijar com a nossa boa fortuna.

Geshe Kelsang Gyatso
4 de Junho de 2013

PARTE UM

Siga o caminho à iluminação

O Que é a Nossa Mente?

DIZEMOS, FREQUENTEMENTE, "minha mente, minha mente", mas se alguém nos perguntasse "o que é a sua mente?", não teríamos uma resposta correta. A razão para isso é que não temos uma compreensão correta sobre a natureza da mente e como ela atua – ou seja, sua função. A natureza da mente é clareza, o que significa que ela é algo que é vazio, como o espaço, e que sempre carece de características físicas, formato e cor. A mente não é espaço propriamente dito, pois o espaço produzido possui formato e cor. Durante o dia, o espaço produzido pode estar claro, luminoso, e, durante a noite, ele pode estar escuro, mas a mente nunca possui formato e cor.

Como eu disse, a mente é vazia, mas não devemos dizer que a mente é vacuidade. Qual é a diferença entre *vazio* e *vacuidade*? No budismo, a vacuidade possui grande significado. Ela é a verdadeira natureza das coisas e é um objeto muito profundo e significativo. Se realizarmos diretamente a vacuidade, alcançaremos libertação permanente de todos os sofrimentos desta vida e das incontáveis vidas futuras; não existe significado maior do que esse. Portanto, a vacuidade é um objeto muito significativo, mas um vazio é apenas vazio – não possui significado especial. Por essa razão, temos de dizer que a mente é vazia, o que significa que ela sempre carece de características físicas, formato e cor; e temos de dizer que o espaço é vazio, o que significa que ele carece de contato obstrutivo. Quando dizemos "minha carteira está vazia", isso significa que não há dinheiro dentro dela. Por meio disso, compreendemos que diferentes vazios possuem significados diferentes.

A mente atua, ou funciona, percebendo ou compreendendo objetos. Dizemos, normalmente, "eu vejo isto e aquilo"; isso acontece porque nossa mente vê os objetos. Porque nossa mente compreende as coisas, dizemos "eu compreendo". Portanto, nossa percepção e compreensão são funções da nossa mente; sem a mente, não temos poder, ou capacidade, para perceber e compreender objetos. Além disso, uma das principais funções da mente é imputar – ou seja, designar – coisas. Sem nomes, as coisas não podem existir. Um nome é imputado pela mente, ao pensar "isto é isto". Portanto, as coisas existem somente porque a mente as imputou. Por meio disso, podemos compreender que tudo, incluindo o mundo, é criado pela mente. Não há outro criador que não seja a mente. Essa verdade não é difícil de compreender se a verificarmos cuidadosamente.

Em conclusão, a definição da mente é algo cuja natureza é vazia como o espaço, sempre carecendo de características físicas, formato e cor, e cuja atuação, ou função, é perceber ou compreender objetos. Por compreender de modo correto a natureza e a função da mente, podemos compreender que a nossa mente é totalmente diferente de nosso corpo, e isso prova que, após nossa morte, embora nosso corpo cesse, a mente não irá cessar. A mente deixa o corpo e vai para a próxima vida, como um pássaro deixa um ninho e muda-se para outro. Ou, por exemplo, durante o sono, quando estamos sonhando, nosso corpo está como se estivesse morto, e nossa mente deixa o corpo e vai para o mundo onírico, vivenciando uma vida onírica, que é uma nova vida. Por apenas contemplar isso, podemos compreender, de modo claro, a existência de nossas vidas futuras.

De que Modo a Mente é Capaz de Mover-se

NOSSA MENTE É como uma pessoa que possui olhos, mas que não tem pernas, e que, por essa razão, pode ver coisas, mas não pode mover-se de um lugar para outro por conta própria. Do mesmo modo, nossa mente pode ver objetos, mas não pode mover-se de um objeto para outro por conta própria. Ela pode mover-se de um objeto para outro somente por meio de uma montaria. Os ventos interiores são a montaria para a mente. Ventos interiores são os ventos sutis associados à mente e fluem pelos canais do corpo. É dito que não existe nada mais rápido que a mente. Por exemplo, ao pensar na Lua, nossa mente pode alcançá-la em um instante, mas, sem os ventos interiores, isso é impossível. Uma explicação detalhada sobre os ventos interiores pode ser encontrada no Apêndice IV do livro *Budismo Moderno*.

Corte a raiz do sofrimento

As Mentes Densas, Sutil e Muito Sutil

DO PONTO DE vista de seus diferentes níveis, a mente é classificada em três: densa, sutil e muito sutil.

A MENTE DENSA

Normalmente, durante nossa vida do estado de vigília, utilizamos mentes densas como, por exemplo, nossa percepção visual (pela qual podemos ver coisas), percepção auditiva (pela qual podemos ouvir sons), percepção olfativa (pela qual podemos cheirar), percepção gustativa (pela qual podemos provar sabores), percepção tátil (pela qual podemos sentir objetos táteis) e a percepção mental (pela qual pensamos, fortemente, "eu" e "meu"). Essas percepções são mentes densas, pois são relativamente fáceis de serem reconhecidas. Sem essas percepções, não podemos nos comunicar com os outros e não podemos executar nossas atividades diárias. Porém, essas percepções são percepções equivocadas. Elas percebem objetos inerentemente existentes, que não existem, e, por essa razão, as percepções equivocadas fazem com que experienciemos sofrimento. Por exemplo, quando nossa percepção mental pensa "eu" ou "mim" ao perceber nosso corpo ou nossa mente, percebemos equivocadamente nosso corpo ou mente como sendo nosso *self*. Isso é uma alucinação e, por esse motivo, quando nosso corpo está doente, pensamos "eu estou doente"; quanto nosso corpo está velho, pensamos "eu estou velho"; e quando nossa mente experiencia sofrimento ou dor, pensamos "eu estou sofrendo" ou "eu estou com dor". Devido a essa alucinação, vivenciamos sofrimentos e problemas por toda a nossa vida e vida após vida, sem-fim. Essa é a nossa situação normal, dolorosa. Compreendendo isso, devemos desenvolver renúncia, o desejo sincero de nos libertar permanentemente dessa alucinação por meio da realização da verdadeira natureza das coisas, a vacuidade de todos os fenômenos.

A MENTE SUTIL

Durante o sono, utilizamos, enquanto sonhamos, mentes sutis – como a nossa percepção visual onírica, percepção auditiva onírica, percepção olfativa onírica, percepção gustativa onírica, percepção tátil onírica e percepção mental onírica – por meio das quais experienciamos a aparência de vários tipos de coisas oníricas. Todas essas aparências são aparências equivocadas. Do mesmo modo, porque todas as nossas aparências do estado de vigília são aparências equivocadas, Buda diz: "Deves saber que todos os fenômenos são como sonhos". As percepções oníricas são denominadas mentes sutis porque são difíceis de serem reconhecidas.

Porque as aparências em nossos sonhos e durante nossa vida de vigília são, todas, aparências equivocadas e alucinações, nossas atividades normais, tanto nos sonhos como quando estamos acordados, não têm verdadeiro significado. Por essa razão, devemos pensar: "Qual é o verdadeiro significado de nossa vida humana?".

A MENTE MUITO SUTIL

A mente muito sutil é assim denominada porque é extremamente difícil de ser reconhecida. Sem a mente muito sutil, não teríamos vida, pois nossas mentes densas e sutil não podem sustentar nossa vida. O motivo é que elas são, apenas, mentes temporárias e muito instáveis. Elas surgem repentinamente e desaparecem rapidamente, como nuvens no céu. Portanto, somente nossa mente muito sutil sustenta nossa vida continuamente, ao longo do dia e da noite e vida após vida, até que nos tornemos um Buda iluminado. Quando nos tornarmos um Buda, nossa mente muito sutil irá se transformar na mente de um Buda, e nosso vento interior muito sutil irá se transformar no corpo de um Buda. Nossa mente muito sutil, ou "mente residente-contínua", é, portanto, nossa natureza búdica. Já que nosso vento interior muito sutil, ou "corpo residente-contínuo", nunca irá morrer, temos um corpo imortal que é o nosso próprio e verdadeiro corpo. Na verdade, nosso corpo atual é uma parte dos corpos de nossos pais e, portanto, ele pertence a nossos pais, e não a nós.

Nossa mente muito sutil – nossa natureza búdica – é muito preciosa, como uma joia que não tem preço, mas não podemos reconhecê-la a menos que nos empenhemos em métodos especiais para reconhecê-la, métodos esses explicados por Buda em seus ensinamentos do Tantra Ioga Supremo. Esses métodos especiais são as meditações no canal central, na gota indestrutível e no vento e mente indestrutíveis. Por meio dessas meditações, podemos reunir e dissolver nossos ventos interiores dentro do canal central. Quando todos os nossos ventos interiores se dissolverem totalmente dentro do canal central, por força de meditação, todas as nossas mentes densas e sutis irão também se dissolver e nossa mente muito sutil irá se manifestar naturalmente. Seremos, então, capazes de reconhecê-la por meio de nossa própria experiência. Quando nossa mente muito sutil manifesta-se pela dissolução dos ventos interiores dentro do canal central, essa mente muito sutil manifesta é denominada "clara-luz". Ela é assim denominada porque é uma percepção clara e uma luz interior. Assim, toda vez que a nossa mente muito sutil manifesta-se, ela é clara-luz. Normalmente, para os seres comuns, a mente muito sutil manifesta-se somente durante o sono profundo e ao final do processo da morte, mas os praticantes do Tantra Ioga Supremo podem manifestar sua mente muito sutil durante meditação, dissolvendo os ventos interiores dentro do canal central por força de meditação; essa é a clara-luz de realização. Existem três tipos diferentes de clara-luz: a clara-luz do sono, a clara-luz da morte e a clara-luz de realização.

Quando estamos em sono profundo, nossas mentes e ventos interiores densos e sutis naturalmente dissolvem-se dentro do canal central e, como resultado, nossa mente muito sutil manifesta-se. A clara-luz do sono é essa mente muito sutil manifesta. No entanto, normalmente, não podemos reconhecê-la porque, durante o sono profundo, nossa memória está incapacitada de funcionar.

No momento de nossa morte, quando vivenciamos o processo da morte, nossos ventos interiores naturalmente se dissolvem dentro do canal central. Primeiro, nossas mentes densas se dissolvem e cessam, e apenas nossa mente sutil permanece. Em seguida, nossa mente torna-se mais e mais sutil, até que, por fim, quando todos os ventos interiores se dissolvem por completo dentro do canal central, nossa mente muito sutil se manifesta. Essa mente muito sutil manifesta é a clara-luz da morte. Sua natureza é grande êxtase e é extremamente serena; ela percebe apenas vacuidade, a mera ausência de todos os fenômenos. Normalmente, não podemos reconhecê-la porque, no momento da morte, nossa memória não consegue funcionar.

Mentes Primárias e Fatores Mentais

DO PONTO DE vista de sua atuação, ou função, a mente pode ser classificada em mentes primárias e fatores mentais. Mente primária, mentalidade e consciência são sinônimos. A definição da mente primária é: um conhecedor que apreende, principalmente, a mera entidade de um objeto. A definição de fator mental é: um conhecedor que apreende, principalmente, um atributo específico de um objeto. Essas definições foram dadas por Maitreya.

No caso de um pote, por exemplo, o pote ele mesmo é a mera entidade do pote; e a base, os lados, formato, cor, tamanho e assim por diante são os atributos específicos do pote. Porque existe uma distinção no objeto, existe uma distinção correspondente na parte da mente que conhece esse objeto. Assim, a atuação – ou funcionamento – de uma mente primária é apreender a mera entidade do objeto, ao passo que a atuação dos fatores mentais é apreender atributos específicos do objeto. Como cada objeto possui apenas uma entidade geral, mas muitos atributos específicos, qualquer objeto tem, a observá-lo, apenas uma mente primária, mas muitos fatores mentais que o observam. Desse modo, quando uma percepção visual percebe um pote, por exemplo, a mente primária apreende, principalmente, a entidade geral do pote – o pote ele mesmo – e os fatores mentais associados com essa mente primária apreendem, principalmente, os atributos específicos do pote – suas várias partes.

Existem seis tipos de mente primária: consciência visual, consciência auditiva, consciência olfativa, consciência gustativa, consciência tátil e consciência mental. Os Chittamatrins postulam mais duas mentes primárias: a consciência-base-de-tudo e a mentalidade deludida. De acordo com eles, a consciência-base-de-tudo é uma consciência estável que não cessa no momento da morte, mas que mantém a continuidade da pessoa de uma vida para outra. Ela é o repositório dos potenciais cármicos e a fonte de todas as demais consciências. A mentalidade deludida observa a consciência-base-de-tudo e, equivocadamente, a apreende como sendo autossustentada, um self substancialmente existente. Os Madhyamika-Prasangikas refutam, de modo conclusivo, tanto a consciência-base-de-tudo quanto a mentalidade deludida. Existem somente seis tipos de mente primária porque existem somente seis tipos de objeto – formas, sons, odores, sabores, objetos táteis e fenômenos. Aqui, "fenômenos" significam os fenômenos que aparecem apenas para a percepção mental.

A qualidade de uma mente primária depende dos fatores mentais que a acompanham. Se os fatores mentais forem virtuosos, a mente primária será virtuosa, mas, se os fatores mentais forem não virtuosos ou neutros, a mente primária será não virtuosa ou neutra. Fatores mentais não virtuosos causam sofrimento, e fatores mentais virtuosos causam paz e felicidade. Assim, se desejarmos vivenciar paz mental duradoura, devemos fazer um esforço determinado para eliminar os fatores mentais não virtuosos e cultivar os virtuosos.

Cada mente primária é acompanhada por, pelo menos, cinco fatores mentais, sem os quais ela é incapaz de atuar, ou funcionar. Esses cinco fatores mentais são: sensação, discriminação, intenção, contato e atenção. Eles são conhecidos como "os cinco fatores mentais sempre-acompanhantes". Assim como um carro não pode funcionar se qualquer uma de suas rodas estiver faltando, uma mente primária não consegue atuar se qualquer um desses cinco fatores mentais estiver ausente. Por exemplo, todos os objetos físicos são compostos de oito substâncias – os quatro elementos (terra, água, fogo e vento) e os quatro elementos transformados (formas, sons, sabores e objetos táteis) – e, assim como o mais simples objeto material necessita possuir todas essas oito substâncias, do mesmo modo a mente primária mais básica necessita possuir todos os cinco fatores mentais sempre-acompanhantes. Até mesmo mentes primárias muito sutis têm esses cinco fatores mentais.

Não devemos pensar que a mente primária e seus fatores mentais sejam entidades separadas, como um líder e seus subordinados, pois cada fator mental é uma parte da mente primária. No entanto, embora um fator mental seja uma parte da mente primária, ele não é a mente primária, do mesmo modo que a mão é parte do corpo, mas não é o corpo.

A palavra tibetana para fator mental é "*sem jung*", que, literalmente, significa "surgido da mente". Assim, a mente primária pode ser comparada à chama de uma vela, e seus fatores mentais, aos raios dessa chama. Assim como a chama de uma vela possui muitos raios de luz, uma mente primária possui muitos fatores mentais; e, assim como os raios de luz vêm da chama e existem simultaneamente com a chama, os fatores mentais vêm da mente primária e existem simultaneamente com a mente primária; e, assim como a chama ilumina objetos na dependência dos raios de luz emanados por ela, a mente primária conhece seu objeto na dependência de seus fatores mentais.

Uma mente primária e seus fatores mentais são a mesma entidade e possuem cinco semelhanças:

1. Base – eles têm a mesma condição dominante;
2. Objeto – seu objeto observado é o mesmo;
3. Aspecto – seu objeto conectado é o mesmo;
4. Tempo – eles surgem, permanecem e cessam de modo simultâneo;
5. Substância – uma mente primária possui apenas um fator mental de cada tipo.

O significado de *condição dominante, objeto observado* e *objeto conectado* serão explicados na Parte Dois.

Por exemplo, quando a percepção gustativa prova chá, tanto a mente primária quanto o fator mental sensação associados a ela desenvolvem-se a partir da mesma condição dominante incomum, a faculdade sensorial gustativa, e, por essa razão, sua base é a mesma. Seus objetos observados são os mesmos, pois ambas focam o mesmo objeto – o sabor do chá; seus objetos conectados são os mesmos, pois ambas apreendem o sabor do chá; e seu tempo (ou duração) é o mesmo, pois ambas surgem, permanecem e cessam simultaneamente. Elas possuem a quinta semelhança – a semelhança de substância – pois uma mente primária pode ter somente um fator mental sensação, um fator mental discriminação, um fator mental intenção e assim por diante. De modo semelhante, um fator mental específico pode estar associado somente com uma mente primária. Algumas vezes, dizemos que temos sensações misturadas sobre alguma coisa, e isso pode parecer que, nesse caso, uma mente primária possui diversos sentimentos observando o mesmo objeto, mas isso é impossível. Os seres comuns não podem ter, ao mesmo tempo, duas mentes diferentes manifestas observando um objeto. O que de fato acontece é que temos diversas mentes primárias, cada uma somente com uma sensação. Por exemplo, se temos "sensações misturadas" com relação a uma casa, pode ser que, em um momento, gostamos da casa, e que, em outro momento, não gostamos dela; ou que temos, simultaneamente, duas mentes diferentes relacionadas com a casa, cada uma focando um aspecto diferente da casa.

Existem 51 fatores mentais, classificados em seis grupos:

1. Os cinco fatores mentais sempre-acompanhantes;
2. Os cinco fatores mentais determinadores de objetos;
3. Os onze fatores mentais virtuosos;
4. As seis delusões raízes;
5. As vinte delusões secundárias;
6. Os quatro fatores mentais mutáveis.

Cada fator mental será, agora, explicado a partir de três tópicos: definição, atuação (ou como ele funciona) e classe(s). O tópico *definição* identifica o fator mental, o tópico *atuação* (ou função) mostra os resultados de gerar o fator mental, e o tópico *classe(s)* aprofunda nossa compreensão sobre o fator mental. Alguns dos 51 fatores mentais são bastante semelhantes e, por essa razão, precisamos estudá-los cuidadosamente e debatê-los com outras pessoas até que tenhamos uma compreensão clara sobre cada um deles. Embora desenvolvamos esses fatores mentais em nossa própria mente, ainda assim precisamos nos esforçar para identificá-los precisamente, de modo que possamos saber quais os fatores mentais a abandonar e quais os fatores mentais a cultivar. Abandonar fatores mentais não virtuosos e cultivar fatores mentais virtuosos é a essência da prática de *Dharma*. Fatores mentais deludidos são a causa de todas as ações negativas e a fonte de todo sofrimento e perigo. Identificando e erradicando os fatores mentais deludidos, solucionaremos todos os nossos problemas. Quando estudei esse assunto, no Tibete, eu era muito jovem e, embora compreendesse esse assunto intelectualmente, não apreciei totalmente o quão útil ele é para o treino da mente. Agora, compreendo isso muito claramente.

Conquiste libertação permanente dos sofrimentos da morte

Os Cinco Fatores Mentais Sempre-Acompanhantes

OS CINCO FATORES mentais sempre-acompanhantes são assim denominados porque acompanham cada uma das mentes primárias. Se apenas um deles estiver ausente, a mente primária não será capaz de conhecer seu objeto. Os cinco fatores mentais sempre-acompanhantes são:

1. Sensação;
2. Discriminação;
3. Intenção;
4. Contato;
5. Atenção.

A sensação experiencia um objeto como agradável, desagradável ou neutro; a discriminação atua para distinguir um objeto de outros objetos e, assim, identificá-lo; a intenção capacita a mente a mover-se para seu objeto e a ficar envolvida com ele; o contato percebe um objeto como agradável, desagradável ou neutro e, por isso, serve de base para o desenvolvimento de sensações; e a atenção atua para focar a mente em um atributo específico de um objeto.

A necessidade de todos esses cinco fatores mentais estarem presentes pode ser ilustrada ao considerarmos a consciência gustativa experimentando chá. Sem o fator mental sensação, a consciência gustativa não experiencia o sabor do chá como agradável, desagradável ou neutro. Sem a discriminação, ela não é capaz de distinguir entre o sabor do chá e o sabor de outros objetos e, por essa razão, será incapaz de reconhecê-lo. Sem a intenção, a consciência gustativa – que é interior – não é capaz de se envolver com o sabor do chá, que é um objeto exterior. Sem o contato, a consciência gustativa não percebe o sabor do chá como agradável, desagradável ou neutro e, portanto, não há base para desenvolver sensações agradáveis, desagradáveis ou neutras. Sem a atenção, a consciência gustativa não é capaz de focar-se no sabor do chá.

SENSAÇÃO

DEFINIÇÃO DE SENSAÇÃO

A definição de sensação é: o fator mental que atua para experienciar objetos agradáveis, desagradáveis ou neutros.

Porque existem três tipos de objeto – agradável, desagradável e neutro – existem três tipos de sensação que experienciam esses objetos: sensações agradáveis, sensações desagradáveis e sensações neutras. É impossível conhecer, ou perceber, um objeto sem experienciá-lo como agradável, desagradável ou neutro.

Os Budas têm, tão somente, sensações agradáveis; os deuses do reino da forma e do reino da sem-forma têm sensações agradáveis e neutras, mas não têm sensações desagradáveis; e os seres vivos no reino do desejo experienciam todos os três tipos de sensação. Durante o sono, muitas das nossas sensações são sensações neutras, mas, quando estamos sonhando, podemos também experienciar sensações desagradáveis e agradáveis.

COMO A SENSAÇÃO ATUA

De modo geral, a sensação atua, ou funciona, experienciando os efeitos das ações passadas, ou carma. Nos *Sutras*, Buda diz:

Os efeitos plenamente amadurecidos das ações não amadurecem no solo ou nas pedras, mas somente na consciência.

A razão para isso é que somente a consciência possui sensações, e é somente com as sensações que podemos experienciar os efeitos amadurecidos das ações. Ações virtuosas resultam em sensações agradáveis, ações não virtuosas resultam em sensações desagradáveis, e ações neutras resultam em sensações neutras. Temos a tendência para pensar que a condição de ser agradável e a condição de ser desagradável são características que existem do lado do objeto, mas, em verdade, experienciamos um objeto como agradável ou desagradável na total dependência de nosso carma. Duas pessoas podem comer a mesma comida, e uma achá-la deliciosa enquanto a outra considera a comida repugnante. Se isso acontece, é porque a primeira pessoa tem um bom carma amadurecendo com relação àquela comida, e a outra pessoa tem um mau carma amadurecendo.

Mais especificamente, o modo como as sensações contaminadas atuam é agindo como base para os três venenos: apego, ódio e ignorância. Sensações agradáveis contaminadas induzem apego; sensações desagradáveis contaminadas induzem ódio; e sensações neutras contaminadas induzem ignorância. Em *Guia do Estilo de Vida do Bodhisattva*, Shantideva diz:

Devido à sensação, o anseio se desenvolve.

Quando seres comuns desenvolvem sensações agradáveis, eles desenvolvem anseio, ou apego. De modo semelhante, suas sensações desagradáveis induzem raiva e suas sensações neutras induzem ignorância. Se olharmos nossa mente de modo atento e rigoroso, poderemos observar essas reações automáticas acontecendo quase que continuamente. Sensações contaminadas são como a umidade que faz germinar as sementes de delusão que trouxemos das vidas passadas. Os Destruidores de Inimigos erradicaram as sementes de delusão de seu *continuum* mental e, por essa razão, mesmo quando desenvolvem intensamente sensações agradáveis, eles não desenvolvem apego desejoso. Sendo livres do agarramento ao em-si, suas sensações são incontaminadas e, por isso, elas não podem ser a causa de delusões.

Todas as sensações contaminadas são objetos a serem abandonados. É fácil gerar o desejo de abandonar sensações desagradáveis; mas, para gerar o desejo de abandonar as sensações agradáveis e neutras contaminadas, precisamos de uma compreensão apurada sobre a natureza do *samsara*. As sensações contaminadas e as discriminações contaminadas são, ambas, os elos da corrente que nos prende ao samsara. As discriminações contaminadas identificam os objetos como agradáveis, desagradáveis ou neutros; e as sensações contaminadas experienciam os objetos desse modo. Assim, as sensações contaminadas dão surgimento aos três venenos, que, por sua vez, nos conduzem a executar ações contaminadas, que são as causas principais de renascimento no samsara.

A atuação, ou função, de uma pessoa é executar ações e experienciar seus resultados – e isso é totalmente dependente da sensação e da discriminação. Se uma pessoa carecer de discriminações, ela não será capaz de executar qualquer ação; e sem sensações, ela não será capaz de experienciar os resultados de qualquer ação. Sensações e discriminações são tão importantes que, quando Buda explicou os cinco agregados, ele as selecionou dentre os 51 fatores mentais e nomeou-as, cada uma, como um agregado separado.

CLASSES DE SENSAÇÃO

Há diversas maneiras de classificar a sensação, incluindo a classificação tripla anteriormente apresentada:

1. Sensações agradáveis;
2. Sensações desagradáveis;
3. Sensações neutras.

OS CINCO FATORES MENTAIS SEMPRE-ACOMPANHANTES

Há, também, do ponto de vista de sua condição dominante incomum, uma classificação dupla:

1. Sensações físicas;
2. Sensações mentais.

Sensações físicas são as sensações associadas com as cinco consciências sensoriais. Elas são geradas na dependência de uma faculdade sensorial possuidora de forma. Sensações mentais são as sensações associadas com a consciência mental, que surgem na dependência da faculdade mental.

Do ponto de vista de sua natureza, há uma outra classificação dupla:

1. Sensações contaminadas;
2. Sensações incontaminadas.

Sensações contaminadas são as sensações associadas ao agarramento ao em-si, e sensações incontaminadas são as sensações associadas com a sabedoria que realiza diretamente a vacuidade. Até que tenhamos alcançado o Caminho da Visão, a maioria de nossas sensações são sensações contaminadas.

DISCRIMINAÇÃO

DEFINIÇÃO DA DISCRIMINAÇÃO

A definição da discriminação é: o fator mental que atua para apreender o sinal específico de um objeto.

Todo objeto tem características que o distinguem de outros objetos e que nos capacitam a reconhecê-lo. O fator mental discriminação atua apreendendo essas características específicas, ou incomuns. Por exemplo, quando olhamos uma árvore nossa consciência visual identifica (ou conhece) a árvore porque ela discerne, ou discrimina, os sinais específicos da árvore. Se a nossa consciência visual carecer do fator mental discriminação, ela não será capaz de distinguir a árvore de outros objetos e, portanto, não será capaz de reconhecê-la. Para reconhecer um objeto, precisamos compreender quais são seus sinais específicos, ou características definidoras. Por exemplo, um bebê recém-nascido não compreende os sinais específicos de um relógio de pulso e, por isso, não consegue reconhecer o relógio como tal.

COMO A DISCRIMINAÇÃO ATUA

A discriminação atua, ou funciona, distinguindo um objeto de outros objetos e identificando os objetos como "isto" e não "aquilo". A discriminação associada com as mentes conceituais também atua para imputar, rotular ou nomear objetos. Existem duas maneiras de imputar: imputar por palavra e imputar por pensamento. A primeira (imputar por palavra) é o mesmo que nomear, e a segunda (imputar por pensamento) é o mesmo que conceber.

As características definidoras de um objeto não existem do lado do objeto, mas são meramente imputadas pela mente que os apreende. Podemos compreender isso ao considerar como diferentes pessoas veem o mesmo objeto. Por exemplo, ao observar uma pessoa específica chamada João, alguém pode identificar João como um inimigo, enquanto outra pessoa identifica João como um amigo. Se as características de inimigo e amigo existissem do lado da pessoa chamada João, teríamos uma contradição aqui; mas, já que essas características são meramente imputadas à pessoa por mentes diferentes, não há contradição. Do seu próprio lado, João não possui um conjunto fixo de características definidoras esperando para serem descobertas por diversas mentes; o que João é depende somente de como ele é identificado pelas mentes que o apreendem. Podemos escolher de que modo discriminamos os objetos. Como praticantes de Dharma, devemos escolher somente as discriminações que sejam construtivas – isto é, discriminações que conduzam à virtude.

CLASSES DA DISCRIMINAÇÃO

Existem três maneiras de classificar a discriminação. De acordo com a primeira, existem, do ponto de vista da condição dominante incomum, seis tipos de discriminação:

1. Discriminações associadas com a consciência visual;
2. Discriminações associadas com a consciência auditiva;
3. Discriminações associadas com a consciência olfativa;
4. Discriminações associadas com a consciência gustativa;
5. Discriminações associadas com a consciência tátil;
6. Discriminações associadas com a consciência mental.

Se qualquer uma das seis consciências carecer do fator mental discriminação, ela não será capaz de compreender seu objeto. A discriminação associada com a consciência visual é percepção visual e não consciência visual, pois consciência é sinônimo de mente primária.

Há, também, uma classificação dupla da discriminação:

1. Discriminações equivocadas;
2. Discriminações não equivocadas.

Todas as percepções errôneas têm discriminação equivocada, e todas as ações inábeis de corpo, fala e mente são o resultado de discriminação equivocada. Agimos destrutivamente porque estamos sob a influência das delusões, ou aflições mentais, e todas as delusões estão fundamentadas em discriminação equivocada. Raiva, por exemplo, tem a discriminação de que seu objeto é inerentemente desagradável, ao passo que o apego tem a discriminação de que seu objeto é inerentemente atraente. Em ambos os casos, a discriminação é equivocada porque a qualidade de ser atraente ou não atraente depende da mente e não existe do lado do objeto.

Se o fator mental discriminação estiver equivocado, a mente primária e todos os demais fatores mentais que a acompanham serão percepções errôneas. O agarramento ao em-si e as visões errôneas apreendem objetos errôneos porque, precisamente, ambos têm discriminação equivocada. Os dezesseis pensamentos errôneos explicados nos ensinamentos de *Lamrim* e listados nas páginas 177-178 estão, todos, fundamentados em discriminações equivocadas. Por exemplo, o segundo desses pensamentos errôneos – não desejar extrair o verdadeiro sentido de nossa preciosa vida humana – envolve a discriminação equivocada de que o único sentido desta vida é o prazer mundano. Os praticantes de Dharma devem fazer preces para se libertarem de todas essas discriminações equivocadas, pois elas retardam severamente e impedem nossa aquisição das realizações das etapas do caminho. As realizações do Lamrim são obtidas pela eliminação dessas discriminações equivocadas e pelo desenvolvimento de seu oposto – as discriminações não equivocadas.

Existem muitas causas de discriminações equivocadas – como marcas anteriores, familiaridade, ouvir ensinamentos ou conselhos errôneos e contemplar raciocínios errôneos. Todos nós temos as sementes de discriminações equivocadas, mas se elas irão amadurecer e influenciar nossa vida depende, em grande parte, do nosso estilo de vida. Se seguirmos um estilo de vida negativo, ou não virtuoso, tenderemos a desenvolver pensamentos errôneos como uma maneira de justificar nosso comportamento; mas, se seguirmos um estilo de vida positivo, ou virtuoso, estaremos mais propensos a adotar pensamentos corretos.

As marcas da ignorância causam discriminações equivocadas que apreendem um self inerentemente existente, mesmo que um self como esse não exista. Além disso, devido a nossa familiaridade com as delusões, discriminamos algumas pessoas como amigas, algumas como inimigas e outras como estranhas; mas todas essas discriminações são discriminações equivocadas porque, em verdade, todos os seres sencientes são nossas mães.

Existe outra classificação dupla da discriminação:

1. Discriminações claras;
2. Discriminações obscuras.

Se nossa discriminação for clara, seremos capazes de aprender fácil e rapidamente. Discriminação clara e correta é a base para aperfeiçoar nossa compreensão e nos ajuda a evitar ações inábeis de corpo, fala e mente.

Assim que adormecemos, nossa discriminação torna-se obscura e, por essa razão, ficamos sujeitos a cometer equívocos. Assim que nos deitamos, nossos sentidos ainda estão funcionando, de modo que ainda podemos ouvir sons – por exemplo, de pessoas conversando – mas não conseguimos compreender claramente o sentido do que elas estão dizendo. Pessoas em seu leito de morte também têm discriminação obscura, e é por essa razão que é difícil, para elas, compreender rapidamente instruções, motivo pelo qual cometem muitos equívocos. Incapacidade mental é, também, frequentemente causada por discriminação obscura.

Algumas vezes, quando ouvimos ensinamentos ou lemos livros de Dharma, achamos que são confusos e sentimos que não foram apresentados de modo muito claro, mas, em verdade, é a nossa discriminação que está confusa. Se nossa discriminação estivesse totalmente clara, poderíamos compreender os ensinamentos até mesmo por gestos manuais!

Compreendendo que nossas sensações e discriminações estimulam as delusões, alguns praticantes tentam abandonar por completo as sensações e as discriminações, recolhendo suas mentes por força de concentração e tornando-se, assim, absortos em um estado sutil no qual a atividade mental agitada ou perturbadora não mais está manifesta. Esse estado é conhecido como "a absorção sem discriminação". É um estado no qual a mente está estritamente focada e absorta no nada, sem sensações ou discriminações densas. Quando esses praticantes morrem, eles podem renascer como deuses sem-discriminação do reino da forma, comumente conhecidos como "deuses de longa vida", em que permanecem em absorção sem discriminação por períodos muito longos.

Ao impedir a discriminação de objetos densos, esses meditadores tornam impossível a manifestação de delusões densas.

No entanto, eles não erradicaram, de fato, as delusões por impedirem a discriminação, e, por essa razão, não alcançam a libertação do samsara. Embora seja possível suprimir sensações e discriminações densas associadas com os níveis densos da consciência e, assim, impedir temporariamente todos os problemas que elas criam, não é possível abandonar as sensações e discriminações sutis associadas com a mente sutil. Quando adormecemos em sono profundo, toda a atividade mental da qual estamos normalmente conscientes cessa e é como se tivéssemos nos tornado estúpidos e obtusos, como um objeto inanimado; mas o que aconteceu, realmente, é que a nossa mente tornou-se muito sutil. Alguns praticantes obtêm efeito semelhante por força da meditação e confundem isso com a libertação. No entanto, em verdade, eles estão meramente absortos, temporariamente, em um estado que se assemelha a um sono profundo e longo. Por fim, quando o carma para permanecerem nesse estado chega ao fim, a atividade mental densa desses praticantes recomeça e eles "acordam".

Na época do terceiro Buda, Buda Kashyapa, dois meditadores *hinayanas* entraram em absorção sem discriminação e, pelo poder de sua concentração, permaneceram nesse estado por milhões de anos, sem morrerem. Foi somente após o quarto Buda, Buda Shakyamuni, ter entrado no *parinirvana* que esses meditadores foram descobertos próximos a Varanasi, embaixo do chão. Assim que saíram de seu nível sutil de consciência e novamente desenvolveram sensações e discriminações densas, eles perguntaram onde estava Buda Kashyapa, e os discípulos de Buda Shakyamuni explicaram a eles que Buda Kashyapa não mais estava neste mundo, e que até mesmo Buda Shakyamuni havia aparecido e falecido! Após ouvirem isso, ambos os meditadores morreram. Por força de sua concentração, eles conseguiram isolar-se dos problemas do samsara por um longo período, mas não tiveram nenhuma oportunidade para fazer progressos em suas realizações de Dharma enquanto estavam absortos. Assim, quando finalmente saíram da meditação, eles não receberam benefício algum de sua prolongada absorção.

Em vez de tentar interromper todas as discriminações, é mais útil esforçar-se para desenvolver discriminações corretas. Se desejarmos superar totalmente as delusões, em vez de apenas afastar nossa mente dos objetos de delusão, devemos identificar claramente o objeto do agarramento ao em-si, refutá-lo com raciocínios lógicos e, depois, meditar na vacuidade propriamente dita. Precisamos, também, cultivar muitas discriminações corretas com relação ao *caminho do método* da prática espiritual.

Como seguidores do *Mahayana*, não devemos ficar muito interessados na meditação da absorção das sensações e discriminações porque, a longo prazo, ela não é benéfica. Essa meditação não nos ajuda a desenvolver renúncia, compaixão, *bodhichitta*, a visão correta da vacuidade ou as realizações dos dois estágios tântricos. De vez em quando, pode ser útil praticar essa absorção por um curto período, quando nossa mente estiver muito perturbada ou ansiosa, mas não devemos considerá-la como nossa meditação principal.

INTENÇÃO

DEFINIÇÃO DE INTENÇÃO

A definição de intenção é: o fator mental que atua para focar sua mente primária em um objeto.

É somente pelo fator mental intenção que nossa mente primária é capaz de focar seu objeto; sem esse fator mental, nossa mente ficaria imóvel. Embora nosso corpo permaneça em nosso quarto, nossa mente pode viajar para onde quer que deseje, porque a mente possui o fator mental intenção associado com o vento interior. Assim como o movimento da chama de uma vela depende do vento exterior, o movimento da mente depende do fator mental intenção e do vento interior. Nossa mente move-se para um objeto por conectar-se, ou ficar envolvida, com ele. Por exemplo, quando pensamos em uma cidade distante, nossa mente "move-se" para essa cidade por tomar a cidade como seu objeto.

COMO A INTENÇÃO ATUA

A intenção atua, principalmente, para criar carma. Dos três tipos de carma, ou ação (ações físicas, ações verbais e ações mentais), a intenção é, ela própria, ação mental. No entanto, ela é também a causa das ações físicas e verbais, pois todas as nossas ações físicas e verbais são precedidas pelas ações mentais.

Se uma árvore cair e matar alguém, a árvore não acumulará o carma de matar porque a árvore carece do fator mental intenção. Todo o carma criado pelos seres sencientes depende da intenção. Se nossa intenção for virtuosa, criamos carma virtuoso; se nossa intenção for não virtuosa, criamos carma não virtuoso; e se nossa intenção for neutra, criamos carma neutro. A intenção planeja as ações que iremos empreender, direcionando nossa ação para um objetivo específico. Já que a qualidade de nossas experiências depende da qualidade de nossas ações, e a qualidade de uma ação depende da qualidade da intenção com a qual é executada, nossa felicidade e infelicidade dependem, em última instância, do fator mental intenção. Mesmo que alguém seja um grande erudito, se ele possuir más intenções, seu conhecimento terá pouco valor e ele irá vivenciar muitos problemas.

De acordo com os Sautrantikas e os Chittamatrins, somente o fator mental intenção é carma; mas, de acordo com os Madhyamika-Prasangikas e os Vaibhashikas, ações físicas e verbais também são carma. No entanto, essas ações serão virtuosas, não virtuosas ou neutras na dependência da intenção que as motivarem.

CLASSES DA INTENÇÃO

Existem três tipos de intenção:

1. Intenções não virtuosas;
2. Intenções virtuosas;
3. Intenções neutras.

Existem três tipos de ações não virtuosas – ações físicas não virtuosas, ações verbais não virtuosas e ações mentais não virtuosas; a maioria está incluída nas dez ações não virtuosas. Dos três tipos citados, as ações físicas e as ações verbais não virtuosas são fáceis de serem reconhecidas; mas o terceiro tipo, as ações mentais não virtuosas, são muito sutis e, portanto, mais difíceis de serem identificadas. A ação mental de cobiça, por exemplo, é um tipo de apego desejoso que tem vontade de obter os amigos ou as posses dos outros. Ao passo que o apego desejoso pode, em geral, ser uma mente neutra, a cobiça é, necessariamente, não virtuosa. Como todas as ações completas, a cobiça precisa ter quatro condições: base, intenção, preparação e conclusão. A *base* da cobiça pode ser o parceiro de qualquer pessoa; a *intenção* é a vontade, motivada por apego desejoso, de obter aquela pessoa; a *preparação* é o planejamento de como obter aquela pessoa para si; e a *conclusão* da ação é tomar a decisão definitiva de obter aquela pessoa pela escolha de um método. Essa decisão é a ação mental não virtuosa de cobiça propriamente dita.

As quatro condições devem, também, estar presentes para que as ações não virtuosas propriamente ditas de pensamento prejudicial e de sustentar visões errôneas sejam cometidas. Assim, a base do pensamento prejudicial é qualquer pessoa que vemos, ou percebemos, como nosso inimigo; a intenção é o desejo, motivado por raiva, de prejudicá-la; a preparação é o planejamento de como infligir danos a essa pessoa; e a conclusão é tomar a firme decisão de prejudicá-la. A base de sustentar visões errôneas é qualquer objeto que precisa ser compreendido para se alcançar a libertação (por exemplo, a existência de vidas passadas e futuras); a intenção é o desejo, motivado por ignorância, de negar esse objeto; a preparação é pensar em raciocínios que provam que esse objeto não existe; e a conclusão é tomar a firme decisão de que ele não existe. É bastante difícil para praticantes de Dharma criarem, de fato, carma de visões errôneas; mas nós ainda temos muitas marcas, ou tendências, de visões errôneas e elas frequentemente atuam obstruindo o desenvolvimento de fé pura.

Existem muitas ações mentais virtuosas. Meditar em compaixão é tanto uma ação mental virtuosa quanto o fator mental intenção, e isso também é válido para a meditação em amor. Sempre que ouvimos com atenção ensinamentos de Dharma, contemplamos o Dharma ou meditamos no Dharma, estamos acumulando carma mental virtuoso. Existem muitos momentos em que não podemos acumular carma virtuoso físico e verbal, mas sempre podemos acumular carma mental virtuoso, mesmo quando estamos descansando, comendo, nos divertindo ou dormindo. Carma mental é mais importante que carma físico ou verbal porque é a nossa intenção mental que determina se uma ação física ou verbal será virtuosa ou não virtuosa. Se não tivermos uma intenção virtuosa, mesmo que façamos ações físicas positivas, elas não serão carma virtuoso, necessariamente – a razão é que ações virtuosas precisam ter uma motivação virtuosa.

Existem muitas intenções que são ações mentais neutras, tais como decidir o que comer no café da manhã ou decidir o que vestir.

A intenção também pode ser classificada do ponto de vista de seu efeito:

1. Ações meritórias;
2. Ações não meritórias;
3. Ações não oscilantes.

Intenções meritórias e intenções não meritórias podem, cada uma, ser subdivididas em: intenções que são carma arremessador, intenções que são carma completador e intenções que são carma cujos resultados são vivenciados na mesma vida. Esses três tipos de ação estão explicados em detalhes no livro *Caminho Alegre da Boa Fortuna*.

CONTATO

DEFINIÇÃO DE CONTATO

A definição de contato é: o fator mental que atua para perceber seu objeto como agradável, desagradável ou neutro.

Sempre que nossa mente conhece um objeto, ela o percebe como agradável, desagradável ou neutro. É assim que atua o fator mental contato. Se o contato percebe um objeto como agradável, sensações agradáveis irão se desenvolver; e se o contato percebe o objeto como desagradável, sensações desagradáveis irão se desenvolver. Assim, o contato torna possível o desenvolvimento de sensações, motivo pelo qual ele precede a sensação na ordem serial dos doze elos dependente-relacionados.

COMO O CONTATO ATUA

Além de perceber os objetos como agradáveis, desagradáveis ou neutros, o contato também atua para dar surgimento às sensações. Por exemplo, se, no primeiro momento da consciência gustativa que prova chá, o fator mental contato associado com essa consciência perceber o chá como agradável, desenvolveremos subsequentemente uma sensação agradável.

CLASSES DO CONTATO

Existem seis tipos de contato:

1. Contato associado com a consciência visual;
2. Contato associado com a consciência auditiva;
3. Contato associado com a consciência olfativa;
4. Contato associado com a consciência gustativa;
5. Contato associado com a consciência tátil;
6. Contato associado com a consciência mental.

ATENÇÃO

DEFINIÇÃO DA ATENÇÃO

A definição da atenção é: o fator mental que atua para focar a mente em um atributo específico de um objeto.

Uma consciência visual, por exemplo, é movida para a entidade geral de um objeto pelo fator mental intenção, mas é o fator mental atenção que foca essa consciência em um atributo específico do objeto. É dito que a intenção é como um cavalo andando por uma estrada, ao passo que a atenção é como as rédeas que dirigem o cavalo. Assim, a mente primária foca a entidade geral de seu objeto pelo poder do fator mental intenção, e foca os atributos específicos do objeto pelo poder da atenção.

COMO A ATENÇÃO ATUA

A atenção atua, ou funciona, de quatro maneiras: (1) focando a mente em um objeto específico; (2) fixando a mente nesse objeto; (3) impedindo que a mente se mova, ou desvie-se, do objeto; e (4) servindo de base para contínua-lembrança e concentração. Sem que a mente esteja focada e fixa em um objeto pelo poder da atenção, não há possibilidade de desenvolver contínua-lembrança e concentração. Qualquer mente possui certo grau de atenção; porém, algumas mentes (como os percebedores não determinadores) têm atenção muito fraca, ao passo que outras mentes (como as que ocorrem quando estamos agitados) têm atenção instável, que muda rapidamente de um objeto para outro. Para desenvolver concentração, precisamos tanto de uma atenção forte quanto estável.

CLASSES DA ATENÇÃO

Existem dois tipos de atenção:

1. Atenção correta;
2. Atenção incorreta.

Atenção correta é uma atenção cujo objeto conectado existe; e atenção incorreta é uma atenção cujo objeto conectado não existe. Todas as percepções errôneas têm atenção incorreta.

Existe outra classificação dupla da atenção:

1. Atenção apropriada;
2. Atenção imprópria.

A primeira é o mesmo que a atenção correta; a segunda é o mesmo que a atenção incorreta.

*Alcance a libertação permanente
dos sofrimentos do renascimento samsárico*

Os Cinco Fatores Mentais Determinadores de Objetos

Os **cinco fatores** mentais determinadores de objetos são:
1. Aspiração;
2. Firme apreensão;
3. Contínua-lembrança;
4. Concentração;
5. Sabedoria.

Eles são denominados fatores mentais "determinadores de objetos" porque os objetos desses fatores mentais são, necessariamente, objetos específicos.

ASPIRAÇÃO

DEFINIÇÃO DA ASPIRAÇÃO

A definição da aspiração é: o fator mental que foca um objeto desejado e se interessa por ele.

Aspiração, desejo e vontade são sinônimos. Assim, estamos lendo este livro porque desenvolvemos a aspiração, o desejo ou a vontade de fazê-lo.

COMO A ASPIRAÇÃO ATUA

A aspiração atua, principalmente, para induzir esforço. Por exemplo, se carecermos de aspiração para receber ensinamentos ou para meditar, não colocaremos esforço algum nessas práticas. Todas as tarefas, se quisermos nos dedicar a elas, devem ser precedidas pela aspiração, sejam essas tarefas mundanas ou espirituais. O sucesso de nossas ações depende de quanto esforço coloquemos nelas, e quanto mais forte for nossa aspiração, mais forte será nosso esforço. Se nossa aspiração for fraca, nosso esforço também será fraco; e se carecermos totalmente de aspiração, não faremos absolutamente nada.

É muito importante cultivar ações adequadas. Por exemplo, no início de cada meditação dos ensinamentos de Lamrim, há uma explicação sobre os benefícios de fazer aquela meditação específica e as desvantagens de não fazê-la. O propósito dessas explicações é de nos ajudar a desenvolver a aspiração de nos empenharmos na meditação.

CLASSES DA ASPIRAÇÃO

Existem quatro tipos de aspiração:

1. Desejo de encontrar um objeto;
2. Desejo de não ser – ou de não estar – separado de um objeto;
3. Desejo de obter um objeto;
4. Desejo de se livrar de um objeto.

Cada um desses tipos pode ser virtuoso, não virtuoso ou neutro, na dependência de sua motivação. Exemplos do primeiro tipo são: o desejo de encontrar Guias Espirituais, Budas ou Bodhisattvas; ou o desejo de encontrar nossa família e amigos. Exemplos do segundo tipo são: o desejo de não estar separado de nossos Guias Espirituais ou de nossa prática de Dharma; ou o desejo de não ser separado de nossos amigos, posses ou nossa casa. Exemplos do terceiro tipo são: o desejo de alcançar realizações de Dharma – como renúncia, bodhichitta e sabedoria; ou o desejo de obter posses materiais, *status* elevado, boa reputação ou outras aquisições mundanas. Exemplos do quarto tipo são: o desejo de estar liberto do samsara, das duas obstruções, do *autoapreço* ou das demais mentes não virtuosas; ou o desejo de evitarmos pessoas ou situações que nos desagradem.

Todo ser senciente desenvolve muitas aspirações, todos os dias, mas todas estão incluídas na aspiração de obter felicidade ou na aspiração de se livrar de infelicidade. Não existe ninguém que não tenha essas duas aspirações; elas são nossos desejos básicos, dos quais todos os nossos demais desejos surgem. Até mesmo minúsculos insetos têm esses dois desejos e empenham-se para satisfazê-los. Infelizmente, os seres comuns não conhecem as verdadeiras causas de felicidade e de sofrimento e, por isso, em sua busca por felicidade, com frequência provocam sofrimento para si mesmos, e, ao se empenharem para evitar sofrimento, os seres comuns frequentemente fazem com que ele aumente.

Há, também, uma classificação dupla da aspiração:

1. Aspirações equivocadas;
2. Aspirações não equivocadas.

Aspiração equivocada é qualquer desejo que não seja coerente com nossas aspirações básicas de experienciar felicidade e evitar sofrimento; e aspiração não equivocada é aquela que é coerente com essas aspirações básicas. A diferença entre um sábio e um tolo está em suas aspirações. Mesmo que não tenhamos estudado extensivamente, se nossa aspiração for boa e não equivocada, naturalmente iremos nos empenhar em ações virtuosas, que irão resultar em felicidade; mas, se nossas aspirações forem equivocadas, não seremos bem-sucedidos em encontrar felicidade, não importa quão grande seja nossa inteligência mundana. Criminosos são, com frequência, muito inteligentes e espertos, mas, porque suas aspirações são equivocadas, eles cometem crimes, motivo pelo qual são mandados para a prisão.

Se nossos desejos não são bons, isso é um sinal de que não possuímos verdadeira sabedoria. Algumas pessoas estudam o Dharma por muitos anos, mas recebem pouco benefício e sua compreensão permanece apenas intelectual. A principal razão disso é que suas aspirações não são puras. Embora, superficialmente, essas pessoas tenham interesse pelo Dharma, seu verdadeiro interesse, em seu mais profundo íntimo, é por coisas mundanas. Outras pessoas, cuja aspiração é pura, recebem uma genuína experiência de Dharma, mesmo que não tenham estudado extensivamente. Suas aspirações corretas incentivam-nas a se empenharem em ações virtuosas, puras, e delas resultam efeitos puros. O que obtemos ou realizamos depende, primordialmente, daquilo que desejamos; por essa razão, se nossos desejos forem puros, obteremos resultados puros de nossa prática. Portanto, a coisa mais importante é desenvolver e manter aspirações corretas. A aspiração suprema é a bodhichitta, o desejo de alcançar a Budeidade para o benefício de todos os seres sencientes. Com essa aspiração, todas as nossas ações tornam-se causas de conquista da Budeidade.

A prática de Dharma é, basicamente, muito simples, pois tudo o que precisamos fazer é receber ensinamentos corretos de Dharma por meio de ouvir professores qualificados ou ler livros autênticos e, depois, mesclar nossa mente com esses ensinamentos por meditar neles. Sempre que ouvirmos ensinamentos ou lermos livros de Dharma, devemos desenvolver uma aspiração, ou motivação, correta com relação a cada assunto e manter essa aspiração de modo estritamente focado. Precisamos cultivar aspirações virtuosas – como o desejo de extrair a essência de nossa vida humana, renúncia e bodhichitta. Se meditarmos continuamente nessas aspirações, elas irão, por fim, surgir de modo espontâneo em nossa mente. Treinar desse modo é a verdadeira essência da prática de Dharma.

FIRME APREENSÃO

DEFINIÇÃO DA FIRME APREENSÃO

A definição da firme apreensão é: o fator mental que faz sua mente primária apreender firmemente seu objeto.

Esse fator mental está presente em todas as realizações. Se uma percepção correta sustentar firmemente seu objeto por força desse fator mental, ela necessariamente compreenderá seu objeto. Embora algumas percepções errôneas sustentem firmemente seus objetos, elas não são compreensões porque seus objetos não existem e, portanto, não existe entendimento propriamente dito. A razão pela qual percebedores não determinadores não compreendem seus objetos é que esses percebedores carecem desse fator mental.

COMO A FIRME APREENSÃO ATUA

A firme apreensão atua, principalmente, para fazer sua mente primária apreender firmemente seu objeto e, assim, compreender esse objeto. Ela também atua como causa da contínua-lembrança e de concentração. A menos que compreendamos firmemente um objeto, com absoluta certeza, será muito difícil mantê-lo em nossa mente por um período prolongado. Sem firme apreensão, nossa mente é como uma corrente de água ou uma folha ao vento. A razão pela qual achamos mais difícil manter nossa mente em um objeto sutil, tal como a vacuidade, do que em um objeto denso, como a nossa respiração, é que ainda não temos firme apreensão de objetos sutis.

Existem três tipos especiais da firme apreensão que observa a vacuidade, que são obtidos durante nosso desenvolvimento espiritual: um tipo que é obtido na etapa denominada *paciência*, do Caminho da Preparação; outro, obtido no Caminho da Visão; e outro, obtido no oitavo solo. Esses três tipos são explicados nos ensinamentos sobre a perfeição de sabedoria.

CLASSES DA FIRME APREENSÃO

Existem dois tipos de firme apreensão:

1. Firmes apreensões corretas;
2. Firmes apreensões equivocadas.

As firmes apreensões corretas incluem todas as firmes apreensões cujos objetos conectados existem. Um exemplo de firmes apreensões equivocadas é aferrar-se muito firmemente a uma visão errônea – por exemplo, acreditar, com forte convicção, que este mundo foi criado por Ishvara. Mesmo que tenhamos visões errôneas, se nãos as sustentarmos muito fortemente, elas não serão muito prejudiciais, pois essas visões errôneas poderão ser eliminadas por ouvirmos ensinamentos corretos; mas se, por meio de firme apreensão equivocada, nossas visões errôneas se tornarem fortes e em convicções, será então muito difícil para nós superá-las.

CONTÍNUA-LEMBRANÇA

DEFINIÇÃO DA CONTÍNUA-LEMBRANÇA

A definição da contínua-lembrança é: o fator mental que atua para não esquecer o objeto compreendido pela mente primária.

A contínua-lembrança pode, apenas, focar-se em um objeto que já havia sido compreendido; ela não está presente no primeiro momento da compreensão do objeto. A contínua-lembrança mantém o continuum da cognição original por não esquecer o objeto. A razão pela qual um objeto não é esquecido é que a mente primária não se esquece dele; e a razão pela qual a mente primária não esquece o objeto é que ela possui o fator mental contínua-lembrança. Se uma mente primária carecer de contínua-lembrança, ela imediatamente esquece seu objeto. Sem contínua-lembrança, nossa mente é como um pote furado – não importa o quanto estudemos, não seremos capazes de reter coisa alguma.

A contínua-lembrança é essencial sempre que estamos ouvindo com atenção, contemplando ou meditando em ensinamentos de Dharma. Ela é a força vital da prática de Dharma. Se nossa contínua-lembrança enfraquecer, nosso conhecimento e realizações serão perdidos. Em *Carta Amigável*, Nagarjuna diz:

Se a contínua-lembrança degenera, todos os Dharmas degeneram.

COMO A CONTÍNUA-LEMBRANÇA ATUA

A contínua-lembrança atua, ou funciona, impedindo distrações. Quanto mais estável for nossa contínua-lembrança, menos pensamentos distrativos teremos. Se meditarmos com forte contínua-lembrança, nossa mente permanecerá em seu objeto sem distrações e, naturalmente, desenvolveremos concentração estável. No momento presente, o único tipo de contínua-lembrança que conseguimos utilizar é a contínua-lembrança conceitual associada com os níveis densos da consciência. Não conseguimos, ainda, utilizar contínua-lembrança sutil associada com os níveis sutis da consciência, razão pela qual somos incapazes de pensar claramente ou de meditar enquanto estamos dormindo. Quando, por meio de meditação, aprendermos a utilizar a contínua-lembrança sutil, seremos capazes de meditar até mesmo durante o sono.

Os praticantes de Dharma precisam fazer um esforço contínuo para melhorarem sua contínua-lembrança, tanto em meditação quanto fora de meditação. Existem alguns professores – como o monge chinês Hashang, do século VIII – que ensinam que a maneira de meditar é, simplesmente, relaxar e deixar a mente ficar vazia. Esse é um conselho muito prejudicial porque, se enfatizarmos essa prática, nossa contínua-lembrança irá deteriorar e esqueceremos tudo o que aprendemos. Nossas realizações de Dharma irão degenerar e iremos nos tornar embotados e estúpidos.

CLASSES DA CONTÍNUA-LEMBRANÇA

Nos ensinamentos de *Mahamudra*, a contínua-lembrança é classificada em:

1. Nova contínua-lembrança;
2. Contínua-lembrança antiga.

A contínua-lembrança atua tanto para manter a mente em um objeto que não foi esquecido quanto para trazer de volta à mente um objeto que havia sido esquecido. Até que alcancemos a quarta permanência mental, esqueceremos, às vezes, o objeto de meditação e teremos de fazer esforço para relembrá-lo. Para fazer isso, precisamos nos apoiar em nova contínua-lembrança. Na quarta permanência mental, o poder da contínua-lembrança é total e nunca esquecemos o objeto durante a sessão de meditação. Desse ponto em diante, o que todas as nossas contínuas-lembranças têm de fazer é manter, ou conservar, o objeto. Isso é denominado "contínua-lembrança antiga".

Existe outra classificação dupla da contínua-lembrança:

1. Contínua-lembrança com movimentos de afundamento mental e excitação mental;
2. Contínua-lembrança sem movimentos de afundamento mental e excitação mental.

Embora o poder da contínua-lembrança seja total a partir da quarta permanência mental, ainda assim permanece um afundamento mental sutil e uma excitação mental sutil nesse estado de "não-esquecimento". Os movimentos de afundamento mental e excitação mental não irão cessar até que alcancemos a oitava permanência mental.

Os textos de Dharma nos aconselham que, se desejarmos obter o tranquilo-permanecer, devemos nos empenhar para fazê-lo enquanto somos jovens porque, à medida que envelhecemos, nossas faculdades declinam e o poder de nossa contínua-lembrança diminui. Comparadas aos idosos, as pessoas jovens têm contínua-lembrança clara e estável. Com contínua-lembrança estável, é mais fácil desenvolver concentração e, por fim, alcançar o tranquilo-permanecer.

CONCENTRAÇÃO

DEFINIÇÃO DA CONCENTRAÇÃO

A definição da concentração é: o fator mental que faz sua mente primária permanecer em seu objeto de modo estritamente focado.

A concentração serve para focar nossa mente em um único objeto. Ela pode se desenvolver somente quando o objeto é firmemente mantido pela contínua-lembrança. A maioria das mentes primárias tem certo grau de concentração, mas simplesmente possuir boa concentração não significa que obtivemos realizações de Dharma. As concentrações que são mencionadas nos ensinamentos de Lamrim são, necessariamente, virtuosas; porém, nem todas as concentrações são virtuosas. Algumas vezes, a concentração é neutra, e, outras vezes, ela é não virtuosa. Por exemplo, quando um praticante de magia negra conjura uma maldição, ele tem forte concentração, mas essa concentração é não virtuosa. Concentração não virtuosa deve ser evitada; porém, precisamos tanto da concentração virtuosa quanto da concentração neutra. A concentração neutra é necessária para impedir que nossa mente se torne distraída durante as tarefas mundanas, tais como dirigir, costurar ou cozinhar. Por exemplo, se estivermos distraídos enquanto dirigimos, podemos causar um acidente, e se estivermos distraídos enquanto trabalhamos, seremos ineficientes e cometeremos muitos equívocos. Sem, ao menos, alguma concentração, não conseguiríamos sequer preparar uma xícara de chá.

Concentração é particularmente importante para a nossa prática espiritual. Práticas como recitar mantras, ouvir, contemplar e meditar são efetivas somente se forem feitas com uma mente concentrada. Ações feitas com uma mente distraída não têm muito poder e estão sujeitas a muitos erros. Como Shantideva diz em *Guia do Estilo de Vida do Bodhisattva*:

> Buda, o Todo-Conhecedor, disse
> Que recitar mantras e preces, e suportar dificuldades
>   e provações espirituais,
> Mesmo que por um longo período,
> Não são úteis se a mente estiver distraída, em algum outro
>   lugar.

Concentração pura possui quatro qualidades: lucidez, clareza, vigor e estabilidade. Quando a mente está livre das nuvens das distrações conceituais, ela se torna brilhante e clara, como um céu limpo, sem nuvens – isso é conhecido como "lucidez". "Clareza" significa que o objeto aparece para a mente de modo claro e muito vívido; "vigor" significa que o objeto é firmemente sustentado por forte contínua-lembrança; e "estabilidade" significa que a mente permanece estritamente focada em seu objeto.

COMO A CONCENTRAÇÃO ATUA

A concentração virtuosa atua, principalmente, para tornar a mente pacífica. Em *Guirlanda Preciosa*, Nagarjuna diz:

> Do dar vem riqueza,
> Da disciplina vem felicidade,
> Da paciência vêm formas atraentes,
> Do esforço vem a satisfação dos desejos,
> Da concentração vem paz
> E da sabedoria vem libertação.

Quando nossa mente está livre da turbulência das concepções distrativas, ela se torna calma e amena. Quando estamos desfrutando de paz interior e felicidade, nosso anseio por fontes exteriores de prazer naturalmente diminui e torna-se fácil permanecer contente. Concentração pura também ajuda a tornar nosso corpo e mente confortáveis, flexíveis e fáceis de serem utilizados na prática de Dharma. Essa facilidade, ou prontidão, de nos utilizarmos da mente, que é denominada "maleabilidade", é um dos principais benefícios que surgem da concentração. Embora, no momento presente, tenhamos certo grau de concentração quando meditamos, ela é relativamente fraca e de curta duração e, por essa razão, a maleabilidade que ela produz é sutil e difícil de reconhecer; porém, à medida que nossa concentração se tornar mais forte e mais estável, nossa maleabilidade irá melhorar.

Não é apenas a intensidade da maleabilidade que é importante – é preciso, também, que a maleabilidade seja firme e de longa duração. Se tivermos uma maleabilidade que perdure pelas 24 horas do dia, sempre acharemos fácil nos empenharmos em ações virtuosas, pois nunca ficaremos, física ou mentalmente, cansados; e sempre estaremos deleitados ao ouvir, contemplar e meditar nos ensinamentos de Dharma. Com essa alegria na prática do Dharma, não encontraremos dificuldade em realizar os Cinco Caminhos, os dez solos e as realizações dos dois estágios do Tantra.

A maleabilidade é o verdadeiro oponente da preguiça. De acordo com o Dharma, preguiça não é apenas apego ao sono e ao ócio físico – é qualquer mente não propensa a se empenhar em atividades virtuosas. Não existe tarefa espiritual mais importante que eliminar a preguiça. Com a maleabilidade, atividades virtuosas como contemplação e meditação tornam-se um prazer e não há relutância em empenhar-se nelas. A aquisição da maleabilidade depende de concentração; concentração depende de esforço; esforço depende de aspiração; e aspiração depende de reconhecer os benefícios da meditação. Pessoas comuns consideram os prazeres samsáricos, posses e dinheiro como benéficos e, por essa razão, colocam todo seu esforço em adquiri-los; mas os praticantes de Dharma compreendem e veem os grandes benefícios da concentração e empenham-se, séria e sinceramente, em obtê-la. A concentração nos dá a liberdade de conquistar o que quer que desejemos. Sem concentração, nossa mente não tem liberdade, sendo forçada a ir aonde quer que seja conduzida pelo apego, ódio ou demais delusões. Uma pessoa que tenha boa concentração virtuosa terá controle sobre sua mente, e sua mente fará o que essa pessoa desejar fazer, do mesmo modo que um cavalo bem treinado obedece seu cavaleiro. Ao aperfeiçoar nossa concentração, poderemos alcançar o tranquilo--permanecer, visão superior, clarividência e poderes miraculosos e, por fim, concluir todos os caminhos à iluminação; mas, se carecermos de concentração, não seremos capazes de fazer progresso algum nos caminhos e solos do Mahayana e, por isso, não seremos capazes de conquistar a Budeidade. Portanto, todas as aquisições mundanas e supramundanas dependem de concentração.

Precisamos de concentração não apenas durante a meditação formal, mas também quando estamos ouvindo os ensinamentos de Dharma ou lendo livros de Dharma. Por exemplo, se estivermos lendo um livro com uma mente distraída, não compreenderemos seu significado com clareza. Podemos pensar que a falha esteja no livro, mas, em verdade, a falha está em nossa mente distraída.

CLASSES DA CONCENTRAÇÃO

Existem três maneiras de classificar a concentração virtuosa: do ponto de vista do reino, do ponto de vista de seus efeitos e do ponto de vista de seu objeto. Do ponto de vista do reino, existem nove níveis de concentração:

1. Concentração do reino do desejo;
2. Concentração do primeiro reino da forma;

3. Concentração do segundo reino da forma;
4. Concentração do terceiro reino da forma;
5. Concentração do quarto reino da forma;
6. Concentração do espaço infinito;
7. Concentração da consciência infinita;
8. Concentração do nada;
9. Concentração do topo do samsara.

No samsara, existem nove reinos nos quais os seres sencientes podem renascer: o reino do desejo, os quatro reinos da forma e os quatro reinos da sem-forma. O reino do desejo tem dois níveis: as migrações felizes (que incluem os reinos dos seres humanos e dos deuses) e as migrações infelizes (que incluem os reinos dos espíritos famintos, dos animais e dos seres-do-inferno). Existem nove níveis de concentração do reino do desejo:

1. Posicionamento da mente;
2. Contínuo-posicionamento;
3. Reposicionamento;
4. Estreito-posicionamento;
5. Controle;
6. Pacificação;
7. Completa pacificação;
8. Estritamente focado;
9. Posicionamento em equilíbrio.

Após termos alcançado o nono nível, posicionamento em equilíbrio, prosseguimos para obter o tranquilo-permanecer, que assinala o início da concentração do primeiro reino da forma. Existem quatro reinos da forma: o primeiro reino da forma, o segundo reino da forma, o terceiro reino da forma e o quarto reino da forma. Existem, também, quatro reinos da sem-forma: espaço infinito, consciência infinita, nada e topo do samsara. O topo do samsara é o mais elevado reino dentre os nove reinos, e o reino do desejo é o mais inferior.

Correspondendo aos nove reinos, existem nove níveis de seres, nove níveis de mente e nove níveis de concentração. A mente mais densa é a mente de um ser do reino do desejo. A mente de um ser do primeiro reino da forma é ligeiramente mais sutil, e assim por diante, até a concentração do topo do samsara, que é a mente mais sutil dentre os nove reinos.

Para alcançar a mente do primeiro reino da forma, não é necessário tomar renascimento no reino da forma, pois podemos alcançar o tranquilo-permanecer sem abandonar nosso corpo humano. Comparadas com as mentes do reino de desejo, as mentes do reino da forma são mais sutis, pacíficas e concentradas. Embora os seres do reino da forma ainda experienciem apego à paz interior, eles não têm raiva e não têm apego a objetos exteriores. As mentes do reino do desejo, por outro lado, são muito densas e rudes e, facilmente, fazem surgir fortes delusões, ou aflições mentais. Sem o treino em meditação, é difícil para os seres do reino do desejo desenvolverem concentração virtuosa, pura, porque suas mentes são muito densas e distraídas. No entanto, se treinarmos em concentração por um longo período, nossa mente irá se tornar mais sutil de modo gradual, nossas distrações ficarão menos intensas e nossa meditação irá se tornar mais profunda. Por fim, alcançaremos o tranquilo--permanecer e iremos nos tornar livres dos problemas dos seres do reino do desejo.

Do ponto de vista de seus efeitos, há dois tipos de concentração:

1. Concentrações mundanas;
2. Concentrações supramundanas.

Concentrações mundanas são concentrações que não são motivadas, ao menos, por renúncia; portanto, causam tão somente felicidade samsárica. Se, por exemplo, nossa motivação para alcançar o tranquilo-permanecer for tomar renascimento no reino da forma, nossa concentração será uma concentração mundana porque ela irá causar um renascimento no samsara. Concentrações que são motivadas por renúncia ou bodhichitta são concentrações supramundanas porque elas nos conduzem para além do samsara – para a libertação ou para a iluminação.

Do ponto de vista de seu objeto, existe outra classificação dupla da concentração:

1. Concentrações que observam objetos convencionais;
2. Concentrações que observam objetos últimos.

Uma vez que existem muitos tipos diferentes de objetos convencionais, existem muitas concentrações diferentes que observam objetos convencionais; mas, uma vez que não existem objetos últimos diferentes, do ponto de vista do objeto delas não existem diferentes concentrações que observam objetos últimos.

É possível, também, classificar as concentrações do ponto de vista de sua duração. Concentrações podem variar desde alguns poucos momentos de concentração estritamente focada até uma absorção que dura para sempre. Uma vez que alcancemos o tranquilo-permanecer, nossa concentração será capaz de permanecer em um objeto pelo tempo que desejarmos. A concentração de um Buda nunca enfraquece, mas permanece focada em seu objeto para sempre. Os Destruidores de Inimigos também são capazes de permanecer em concentração no mesmo objeto por períodos muito longos.

SABEDORIA

DEFINIÇÃO DA SABEDORIA

A definição da sabedoria é: uma mente inteligente virtuosa que faz sua mente primária compreender ou realizar um objeto significativo.

Precisamos compreender ou realizar objetos significativos – como a existência de vidas passadas e futuras, o carma e a vacuidade. O capítulo *Meditação* (neste livro) apresenta quatorze meditações, e o livro *Novo Manual de Meditação* apresenta 21 meditações. Os objetos de todas essas meditações são objetos significativos. Compreender esses objetos irá trazer grande significado para esta vida e para as incontáveis vidas futuras. Muitas pessoas são muito inteligentes em destruir seus inimigos, cuidar de suas próprias famílias, encontrar aquilo de que necessitam e assim por diante, mas isso não é sabedoria. Até os animais têm uma inteligência assim. A inteligência mundana é enganosa, ao passo que a sabedoria nunca irá nos desapontar. Ela é o nosso Guia Espiritual interior, que nos conduz aos caminhos corretos; e é o olho divino, através do qual podemos ver o que precisamos conhecer, o que precisamos abandonar, o que precisamos praticar e o que precisamos alcançar. É somente por meio da sabedoria que, também, podemos compreender o tema bastante extenso e sutil do carma – a conexão especial entre as nossas ações em vidas passadas e as nossas experiências nesta vida.

COMO A SABEDORIA ATUA

Em geral, a sabedoria atua para eliminar dúvidas e má compreensão; especificamente, ela atua para dissipar a ignorância. Se compreendermos os benefícios de desenvolver sabedoria, naturalmente iremos nos empenhar para obtê-la. O oposto da ignorância é sabedoria. Nada nos prejudica mais que a ignorância – ela é a fonte de todos os nossos problemas e a causa-raiz de todas as nossas ações negativas de corpo, fala e mente. Não há maneira melhor de utilizar nossa preciosa vida humana do que nos empenharmos para superar nossa ignorância, e a maneira de fazer isso é desenvolvendo sabedoria.

Para alcançar a iluminação, precisamos eliminar, de nossa mente, a ignorância e suas marcas. A palavra tibetana para "Buda" é "*sang gye*", na qual "*sang*" significa "purificado" e "*gye*" significa "realizado". Um Buda é, portanto, alguém que purificou por completo sua mente da ignorância e de suas marcas. No momento presente, nossa mente é como um céu obscurecido por nuvens. A única razão pela qual não compreendemos todos os fenômenos é que nossa mente está obscurecida pela ignorância e demais delusões. Uma vez que a ignorância e as delusões sejam erradicadas, nossa mente naturalmente irá se tornar a mente onisciente de um Buda, realizando todos os fenômenos direta e simultaneamente. A maneira de dissipar as nuvens da ignorância no céu de nossa mente é cultivando sabedoria; portanto, não existe tarefa mais importante que aumentar nossa sabedoria.

CLASSES DA SABEDORIA

Existem três tipos de sabedoria:

1. Sabedoria surgida de ouvir ou ler;
2. Sabedoria surgida de contemplar;
3. Sabedoria surgida de meditar.

A sabedoria surgida de ouvir ou ler é a sabedoria que surge por ouvir ou ler instruções de Dharma. A sabedoria surgida de contemplar é a sabedoria que surge por contemplar instruções de Dharma, e a sabedoria surgida de meditar é a sabedoria que surge por meditar no significado das instruções de Dharma. A terceira sabedoria é denominada "visão superior", o que significa que ela é superior às outras duas sabedorias. Todas as três sabedorias são, necessariamente, conhecedores válidos.

Nos *Sutras Vinaya*, Buda diz:

> Deves gerar sabedoria na dependência de concentração; e a concentração, ela própria, depende de disciplina moral.

Isso significa que, para desenvolver a sabedoria da visão superior, precisamos alcançar, primeiramente, a concentração do tranquilo-permanecer; e para alcançar o tranquilo-permanecer, precisamos praticar disciplina moral pura.

Há, também, uma classificação sétupla da sabedoria:

1. Grande sabedoria;
2. Sabedoria clara;
3. Sabedoria rápida;
4. Sabedoria profunda;
5. Sabedoria de expor o Dharma;
6. Sabedoria do debate espiritual;
7. Sabedoria de escrever livros de Dharma.

Todas essas sabedorias e os métodos especiais para realizá-las estão explicados em detalhes no livro *Joia-Coração*.

Os Onze Fatores Mentais Virtuosos

OS ONZE FATORES mentais virtuosos são, todos, naturalmente virtuosos, o que significa que são virtuosos por sua própria natureza, e não por força de uma motivação específica. Se açúcar for misturado a uma xícara de chá, todo o chá ficará doce porque o açúcar é, por natureza, doce. De modo semelhante, quando um fator mental virtuoso está presente na mente, essa mente primária por inteiro e todos os seus fatores mentais presentes tornam-se também virtuosos.

Os onze fatores mentais virtuosos são:

1. Fé;
2. Senso de vergonha;
3. Consideração pelos outros;
4. Antiapego;
5. Antiódio;
6. Anti-ignorância;
7. Esforço;
8. Maleabilidade mental;
9. Conscienciosidade;
10. Equanimidade;
11. Antinocividade.

FÉ

DEFINIÇÃO DA FÉ

A definição da fé é: o fator mental que atua, principalmente, para eliminar a antifé.

Sem compreender a antifé, não podemos compreender a fé. Existem três tipos de antifé: antifé de não acreditar, ou incredulidade; antifé de não admirar; e antifé de não almejar. A antifé de não acreditar, ou incredulidade, é a descrença em qualquer objeto correto que seja necessário acreditar para se fazer progressos espirituais, tais como os objetos explicados nos ensinamentos de Dharma. Se alguém explicar corretamente os ensinamentos de Buda sobre as ações e seus efeitos e não acreditarmos no que a pessoa está dizendo, a razão para isso é que o fator mental *antifé de não acreditar* está presente em nossa mente. A antifé fé de não admirar é o fator mental que faz com que percebamos falhas em objetos virtuosos, tais como professores de Dharma, as Três Joias e demais seres sagrados. Esse fator mental torna a nossa mente obscura e confusa. A antifé de não almejar é a mente que não deseja aquisições virtuosas. Essa mente nos impede de desenvolver a vontade de nos empenharmos nos caminhos à libertação ou à iluminação.

Esses três tipos de antifé são muito prejudiciais. A antifé de não acreditar impede de nos empenharmos em práticas espirituais e de obtermos realizações de Dharma. Ela é prejudicial até mesmo para aqueles que não estão interessados no Dharma. Por exemplo, existem muitas doenças que os médicos denominam de *câncer*, mas que são, em realidade, causadas por espíritos ou por carma anterior. Embora essas doenças não possam ser curadas por práticas médicas comuns, elas podem ser curadas por rituais de cura e práticas de purificação ensinadas por Buda. No entanto, para que esses métodos sejam eficazes, precisamos ter fé neles. Infelizmente, poucas pessoas no Ocidente têm fé suficiente nesses métodos e, por essa razão, não temos muitas oportunidades de testemunhar seus efeitos benéficos.

A antifé de não admirar priva-nos de nossa paz mental e faz com que a nossa mente se torne turbulenta e poluída. Como resultado, nossas mentes virtuosas diminuem e ficamos incapazes de desenvolver uma pura experiência do Dharma. A antifé de não almejar prejudica-nos por impedir que pratiquemos o Dharma puramente. No momento presente, nosso desejo de desfrutar os prazeres do samsara é muito mais forte que nosso desejo por aquisições espirituais, e, concentrados nos interesses (ou preocupações) mundanos, isso nos impede de praticar o Dharma puramente. O fator mental fé supera todos os três tipos de antifé.

COMO A FÉ ATUA

A fé atua, especialmente, para induzir aspirações virtuosas. Sem fé em uma prática específica, não teremos o desejo de praticá-la; sem esse desejo, não colocaremos esforço algum nessa prática e, por essa razão, não obteremos resultado algum. Fé é a raiz de todas as aquisições espirituais. Se tivermos fé em Buda, desenvolveremos a aspiração de nos tornamos um Buda, e isso irá nos incentivar a praticar os caminhos à iluminação.

Fé é particularmente importante na prática do Mantra Secreto. Um aspecto essencial da prática tântrica é a recitação de mantras, mas uma prática de recitação de mantra bem-sucedida depende, em grande medida, do vigor de nossa fé. Uma pessoa que careça de fé pode recitar o mantra de sua Deidade por muitos anos, mas fracassar em receber quaisquer aquisições, ao passo que alguém com pura fé pode receber aquisições após recitar o mantra por um breve período.

No *Sutra Luz da Joia* (*Ratnalokanamadharani*, em sânscrito), Buda diz:

A fé precede todas as atividades virtuosas, como uma mãe.
A fé protege e aumenta todas as qualidades benéficas,
Afasta a hesitação e resgata-nos dos quatro rios.
A fé é a fonte do *siddhi* da felicidade.

Ela dissipa as máculas e a turbulência mentais, tornando a
mente clara,
Elimina o orgulho e é a raiz do respeito.
A fé é a riqueza, tesouro e pernas supremos;
E ela é semelhante às mãos, com as quais reunimos virtudes.

Assim como uma mãe dá à luz seus filhos, a fé é a origem de todas as atividades virtuosas porque, sem fé, não nos envolveríamos em práticas virtuosas, puras. A fé impede que as qualidades virtuosas degenerem e faz com que elas aumentem. A fé de acreditar elimina dúvidas e hesitações com relação às práticas de Dharma. Temos dúvidas e hesitações sobre o Dharma porque carecemos de fé, mas quando a fé se manifesta, as dúvidas não conseguem permanecer. A fé de almejar faz com que nos empenhemos para obter a libertação do samsara e, por isso, nos resgata dos "quatro rios" do nascimento, doença, envelhecimento e morte. Alguns tipos de fé agem como um antídoto direto contra as delusões-obstruções e as obstruções à onisciência. Por exemplo, o motivo pelo qual a concentração semelhante-a-um-*vajra* do Caminho da Meditação pode agir como o antídoto direto contra as mais sutis obstruções à onisciência é que essa concentração está associada com a fé de acreditar na vacuidade.

Fé é a fonte do siddhi, ou aquisição, da felicidade porque a felicidade é o resultado de ações virtuosas, e todas as ações virtuosas são motivadas pela fé. A fé de admirar dissipa as máculas mentais – por exemplo, as más motivações ou a percepção de falhas nos seres sagrados, como perceber falhas em nosso Guia Espiritual. Por pacificar a turbulência mental causada por concepções perturbadoras, a fé torna nossa mente lúcida e clara. A fé supera nosso orgulho e é o fundamento do respeito pelas Três Joias e por nosso Guia Espiritual. Ela é a riqueza suprema porque, diferentemente da riqueza material, a fé nunca nos engana. Para acumular posses materiais, frequentemente temos de suportar dificuldades e sofrimentos físicos e mentais e, até mesmo, cometer ações negativas; ainda que sejamos bem-sucedidos e nos tornemos ricos, continuaremos a não experienciar paz e felicidade puras. Além disso, riqueza material pode ser perdida ou roubada e pode, até mesmo, colocar nossa vida em perigo. Assim, riqueza exterior é a fonte de muita ansiedade e descontentamento. A riqueza interior da fé, por outro lado, traz unicamente felicidade. Se fortalecermos nossa fé, faremos unicamente ações virtuosas e, quando formos ricos em fé, experienciaremos felicidade permanente e pura. A riqueza da fé não pode ser destruída pelo fogo ou roubada por ladrões; nem mesmo a morte pode tirá-la de nós. Por fim, a riqueza da fé nos conduz à libertação e à grande iluminação e, por essa razão, ela é muito superior à riqueza exterior.

A fé é como um tesouro porque é a fonte de benefício e de boa fortuna inesgotáveis. A fé é denominada "pernas supremas" porque nos capacita a percorrer os dez solos do Bodhisattva e, por fim, alcançar a cidade da grande iluminação. Pernas comuns podem nos levar somente a lugares samsáricos, mas as pernas da fé podem nos levar à Terra Dakini, onde nos encontraremos com Heruka e Vajrayogini, ou pode nos levar a Sukhavati, a Terra Pura de Buda Amitabha. A fé é também semelhante às mãos porque nos capacita a reunir qualidades virtuosas. Do mesmo modo que precisamos das mãos para apanhar e reunir objetos materiais, precisamos das mãos da fé para reunir a riqueza interior da virtude.

CLASSES DA FÉ

Existem três tipos de fé:

1. Fé de acreditar;
2. Fé de admirar;
3. Fé de almejar.

A fé de acreditar é a crença em qualquer objeto que seja útil, ou apropriado, para nosso desenvolvimento espiritual – como os dois objetos básicos (as duas verdades), os dois caminhos (método e sabedoria) e os três corpos resultantes de um Buda.

A fé de admirar é um estado mental lúcido, tranquilo, livre de concepções negativas e que surge quando contemplamos as boas qualidades de objetos virtuosos ou de seres sagrados, como nosso Guia Espiritual. Ela é semelhante a uma joia mágica que tem o poder de purificar água suja. Quando nossa mente está perturbada por concepções negativas, ela se assemelha a água suja; mas a fé de admirar faz com que esses pensamentos impuros cessem e permite que nossa mente primária se torne lúcida e pura, como água limpa e fresca.

A fé de almejar é o desejo de seguir qualquer caminho de Dharma, desejo esse fundamentado no reconhecimento de suas boas qualidades. Todas as aspirações virtuosas são a fé de almejar. Um exemplo é o desejo de se tornar um Buda, fundamentado no reconhecimento das boas qualidades de um Buda. Embora a bodhichitta seja uma mente primária (e não um fator mental), ela tem duas aspirações – a aspiração de alcançar a iluminação e a aspiração de beneficiar os outros; ambos esses desejos são a fé de almejar. Renúncia é, também, fé de almejar.

A fé de acreditar é fundamentada na fé de admirar, mas é muito mais forte e mais definida. Até mesmo animais desenvolvem, ocasionalmente, fé de admirar; mas a fé de acreditar implica aderir conscientemente a uma visão, ou perspectiva, especial. A fé permeia todas as mentes virtuosas, assim como o espaço permeia todos os lugares. Toda mente virtuosa está mesclada com fé.

SENSO DE VERGONHA

DEFINIÇÃO DO SENSO DE VERGONHA

A definição do senso de vergonha é: o fator mental que atua para evitar ações inadequadas por razões que dizem respeito a nós mesmos.

O senso de vergonha impede de cometermos ações negativas por nos relembrar que não é adequado envolver-se em ações como essas porque somos um praticante de Dharma, ou uma pessoa ordenada, ou um professor, ou um adulto, e assim por diante. Por exemplo, se nos refrearmos de esmagar um mosquito que está prestes a nos picar porque estamos motivados pelo pensamento "não é correto que eu mate um mosquito porque eu sou um budista", essa motivação é o senso de vergonha.

COMO O SENSO DE VERGONHA ATUA

O senso de vergonha atua, ou funciona, de modo a servir como fundamento da disciplina moral, particularmente da disciplina moral de restrição, ou abstenção. Se formos incapazes de gerar senso de vergonha, acharemos extremamente difícil praticar disciplina moral. O senso de vergonha protege-nos de cometer ações negativas por apelar para a nossa consciência e para os padrões de comportamento que consideramos ser apropriados.

CLASSES DO SENSO DE VERGONHA

Existem três tipos de senso de vergonha:

1. Senso de vergonha que nos restringe de ações físicas inadequadas;
2. Senso de vergonha que nos restringe de ações verbais inadequadas;
3. Senso de vergonha que nos restringe de ações mentais inadequadas.

Existe, também, uma classificação dupla do senso de vergonha, fundamentada no motivo da restrição:

1. Senso de vergonha que nos restringe de fazer ações inadequadas porque estamos preocupados somente conosco;
2. Senso de vergonha que nos restringe de fazer ações inadequadas porque estamos preocupados com resultados indesejáveis específicos para nós mesmos.

Exemplos do primeiro tipo são: pensar "não devo fazer isso porque sou um budista"; ou "não devo fazer isso porque sou um praticante de Dharma"; ou "não devo cometer essa ação porque sou uma monja". Exemplos do segundo tipo são: pensar "não devo fazer isso porque irá prejudicar minha prática de Dharma"; ou "não devo fazer isso porque irá fazer com que eu renasça nos reinos inferiores"; ou "é inadequado que eu cometa essa ação porque ela transgride meus compromissos".

CONSIDERAÇÃO PELOS OUTROS

DEFINIÇÃO DA CONSIDERAÇÃO PELOS OUTROS

A definição da consideração pelos outros é: o fator mental que atua para evitar ações inadequadas por razões que dizem respeito aos outros.

Exemplos de consideração são: reter-se de falar algo desagradável porque irá perturbar alguém; ou desistir de pescar devido ao sofrimento que isso causa ao peixe. Precisamos praticar consideração sempre que estamos com os outros – a maneira de fazer isso é ficarmos atentos à maneira como o nosso comportamento pode perturbar ou prejudicar os outros. Nossos desejos são sem-fim e alguns deles poderiam causar muita perturbação às pessoas se agíssemos de acordo com eles. Portanto, antes de agir influenciados por um desejo, devemos considerar se ele irá perturbar ou prejudicar os outros, e se percebermos que esse desejo causará isso, não devemos agir de acordo com ele. Se estivermos interessados no bem-estar dos outros, naturalmente praticaremos consideração.

COMO A CONSIDERAÇÃO PELOS OUTROS ATUA

A consideração pelos outros atua, principalmente, do mesmo modo que o senso de vergonha – ela serve de fundamento para a disciplina moral de restrição, ou abstenção. Consideração é igualmente importante tanto para praticantes de Dharma quanto para não-praticantes. Se praticarmos consideração, os outros irão gostar de nós e nos respeitar, e nossas relações familiares e de amizade serão harmoniosas e duradouras. Entretanto, quando a consideração está ausente, as relações rapidamente se deterioram. A consideração impede que os outros percam a fé em nós e é a base para desenvolver a mente de regozijo. Consideração pelos outros é o fundamento do caminho espiritual. Um dos compromissos de buscar refúgio é não causar dano, ou prejudicar, os outros – essa é a essência da prática de consideração. Se não praticarmos consideração, nossa experiência de práticas avançadas, como a meditação *tummo* e a recitação vajra, irão rapidamente degenerar; nosso principal objetivo deve ser progredir em nossa prática espiritual – não regredir!

Seremos uma pessoa boa ou má na dependência de termos ou não senso de vergonha e consideração. Sem esses dois fatores mentais, nosso comportamento diário rapidamente irá se tornar negativo e fará com que os outros se afastem de nós. O senso de vergonha e a consideração são como belas roupas que fazem com que os outros se sintam atraídos por nós. Sem senso de vergonha e consideração, somos como uma pessoa nua, a quem todos tentam evitar.

CLASSES DA CONSIDERAÇÃO PELOS OUTROS

Existem três tipos de consideração pelos outros:

1. Consideração pelos outros que nos restringe de ações físicas inadequadas;
2. Consideração pelos outros que nos restringe de ações verbais inadequadas;
3. Consideração pelos outros que nos restringe de ações mentais inadequadas.

Existe, também, uma classificação dupla da consideração pelos outros, fundamentada no motivo da restrição:

1. Consideração pelos outros que nos restringe de fazer ações inadequadas porque estamos preocupados somente com os outros;
2. Consideração pelos outros que nos restringe de fazer ações inadequadas porque estamos preocupados com resultados indesejáveis específicos para os outros.

ANTIAPEGO

DEFINIÇÃO DO ANTIAPEGO

A definição do antiapego é: o fator mental que atua como o oponente direto ao apego.

Antiapego não é, simplesmente, liberdade ou autonomia em relação ao apego, mas o fator mental que se opõe diretamente ao apego. O apego prejudica-nos enormemente por nos impedir de desenvolver o desejo de escapar do samsara. Enquanto estivermos apegados aos lugares, aos prazeres e aos corpos samsáricos, não seremos capazes de desenvolver o desejo de abandonar o samsara e, por essa razão, continuaremos a acumular carma contaminado, que nos arremessa para renascimentos samsáricos. Para alcançar a libertação, precisamos, primeiramente, superar o apego por esta vida, por meio da prática das etapas do caminho do escopo inicial; e, depois, superar o apego ao samsara em geral, por meio da prática das etapas do caminho do escopo intermediário. Desse modo, desenvolveremos renúncia, que é um tipo de antiapego.

COMO O ANTIAPEGO ATUA

Antiapego é a porta de ingresso para a libertação. O apego é como uma corda que nos prende ao samsara. Enquanto tivermos forte apego, não teremos liberdade mental – seremos tão somente controlados pelas circunstâncias, como uma marionete é controlada pelos fios. Tão logo um objeto agradável se apresente para a nossa mente, automaticamente desenvolvemos apego, causando-nos mais problemas e amarrando-nos ainda mais firmemente ao samsara. Para superar esse apego e desenvolver o interesse genuíno em alcançar a libertação do samsara, precisamos treinar em antiapego.

Para praticar o antiapego, não é necessário evitar todos os objetos de apego. Em verdade, isso é impossível em nossas circunstâncias atuais porque, por onde quer que andemos, encontramos objetos de apego. Se, a fim de evitar locais ou pessoas pelos quais estamos apegados, tentarmos nos dirigir para qualquer outro lugar, rapidamente nos encontraremos desenvolvendo apego por novos locais e novos amigos; e, se tentarmos nos abster de todas as coisas que atualmente desfrutamos – como comida, bebida e roupas – acharemos difícil sobreviver. Em vez de nos esforçarmos evitando os objetos de apego, a maneira de praticar o antiapego é reconhecer as falhas da mente de apego e, então, esforçarmo-nos para abandonar essa mente. As falhas do apego estão explicadas no capítulo *As Seis Delusões Raízes*, na seção sobre o apego.

CLASSES DO ANTIAPEGO

Existem três tipos de antiapego:

1. Antiapego por lugares samsáricos;
2. Antiapego por prazeres samsáricos;
3. Antiapego por corpos samsáricos.

Existe outra classificação tripla:

1. Antiapego por esta vida;
2. Antiapego pelo samsara;
3. Antiapego pela paz solitária.

Seres comuns têm apego por esta vida e apego pelo samsara, mas somente aqueles que alcançaram o tranquilo-permanecer conseguem desenvolver apego pela paz solitária. Alguns Hinayanas Destruidores de Inimigos, por exemplo, permanecem na paz da concentração por milhares de anos; durante esse período, eles não fazem nada para ajudar os seres vivos. Embora seu apego pela paz não seja, efetivamente, uma delusão, ele é denominado "apego" para enfatizar o fato de ser o maior obstáculo ao estilo de vida do Bodhisattva. Os Bodhisattvas consideram o apego pela paz solitária mais prejudicial que o apego comum. Se um Bodhisattva gerar apego por sua família, isso não fará com que a sua compaixão ou o seu desejo de beneficiar os outros diminuam, necessariamente; mas, se ele desenvolver apego pela paz solitária, sua compaixão e bodhichitta irão, definitivamente, degenerar. Além disso, se permanecer por muito tempo em um estado de paz solitária, ele irá transgredir seu compromisso de beneficiar os outros. Os Bodhisattvas do primeiro e do segundo solos experienciam apego comum, mas isso não perturba sua prática espiritual e eles são capazes de utilizar esse apego como um meio para beneficiar os outros. Assim como agricultores utilizam coisas desagradáveis, como esterco, para criar condições favoráveis ao crescimento das colheitas, os Bodhisattvas utilizam seu apego como um meio para ajudar os outros. Os principais objetos a serem abandonados pelos Bodhisattvas são o apego pela paz solitária e o interesse pelo seu próprio bem-estar.

    Superaremos esses três tipos de apego se treinarmos nas etapas do caminho dos três escopos. Por praticar as etapas do caminho do escopo inicial, superaremos o apego por esta vida; por praticar as etapas do caminho do escopo intermediário, superaremos o apego ao samsara em geral; e por praticar as etapas do caminho do grande escopo, superaremos o apego pela paz solitária.

OS ONZE FATORES MENTAIS VIRTUOSOS

ANTIÓDIO

DEFINIÇÃO DO ANTIÓDIO

A definição do antiódio é: o fator mental que atua como o oponente direto ao ódio.

No *Guia do Estilo de Vida do Bodhisattva*, Shantideva diz:

Não há mal maior que a raiva,
E não há virtude maior que a paciência.

Ódio, ou raiva, é a mais destrutiva dentre todas as mentes não virtuosas. O ódio tem o poder de destruir nossas experiências de Dharma e o mérito que acumulamos no passado. A não ser que façamos um esforço para praticar o antiódio, acharemos difícil controlar nossa raiva; e, se nossa mente estiver ocupada por raiva, não experienciaremos paz ou felicidade. Quando estamos com raiva, não conseguimos desfrutar a vida, mesmo que estejamos vivendo em uma casa luxuosa e tenhamos os mais caros alimentos para comer. É difícil dormir com uma mente zangada e, quando dormimos, temos sonhos perturbadores e desagradáveis. Quando a raiva controla nossa mente, desenvolvemos a intenção de prejudicar os outros e podemos, até mesmo, desejar nos matar. Temos, normalmente, um apreço elevado por nós mesmos, mas o ódio pode perturbar nossa mente a ponto de considerarmos cometer suicídio. Shantideva disse que, enquanto abrigarmos, ou nutrirmos, pensamentos de raiva, nossa mente não irá experienciar paz.

A não ser que tenhamos alguma experiência de Dharma, pensaremos que nossos inimigos são as pessoas que nos prejudicam; porém, de acordo com o Dharma, nossos verdadeiros inimigos são as nossas delusões em nossa mente, tais como a raiva e o apego. Se considerarmos as pessoas como nossos inimigos, tentaremos prejudicá-las, e isso somente fará com que a situação piore. Nossas relações irão se deteriorar e acumularemos, gradualmente, mais e mais inimigos. Por outro lado, se praticarmos amor, reconhecendo que todos os seres vivos são nossas bondosas mães, nossas relações irão melhorar e nossos problemas desaparecerão, gradualmente. Se quisermos retaliar, devemos retaliar nossas delusões, pois elas são a fonte de todo o mal que vivenciamos. Se formos bem-sucedidos em destruir esses inimigos interiores, colocaremos um fim a todo o nosso sofrimento e problemas; mas, se mostrarmos paciência e compreensão, esses inimigos interiores continuarão a nos atraiçoar e a nos prejudicar.

O fator mental antiódio opõe-se ao ódio, nosso inimigo interior. Se estivermos a ponto de desenvolver ódio contra alguém, mas nos opusermos ao ódio, pensando "é inadequado, para mim, odiar essa pessoa, pois o ódio é como um veneno", estaremos praticando antiódio. É muito importante praticar o antiódio tão logo detectemos os sinais da raiva ou do ódio surgindo em nossa mente. A raiva é semelhante a um incêndio. Se detectarmos um incêndio logo no seu início, será muito fácil extingui-lo; mas, se esperarmos até que ele tome grandes proporções, será muito difícil controlá-lo. Do mesmo modo, se percebermos a raiva tão logo ela surja em nossa mente, poderemos facilmente nos opor a ela com o antiódio; mas, se deixarmos que a raiva se desenvolva plenamente, acharemos muito difícil interrompê-la. Portanto, tão logo nos tornemos conscientes de que a raiva está prestes a se manifestar, devemos impedi-la, refletindo sobre suas muitas desvantagens. Essas desvantagens estão extensivamente explicadas no capítulo sobre paciência no livro *Guia do Estilo de Vida do Bodhisattva*, de Shantideva, e no comentário a essa obra, o livro *Contemplações Significativas*.

COMO O ANTIÓDIO ATUA

O antiódio atua, ou funciona, de diversas maneiras. Ele supera a irritação e a frustração e capacita-nos a responder às condições adversas com uma mente calma e positiva. O antiódio livra-nos da dor interior do ódio e torna nossa mente branda e confortável o tempo todo. O antiódio é a base para gerar amor afetuoso e todas as demais realizações Mahayana. Quando nossa mente está repleta de antiódio, não temos inimigos, pois todo mundo nos aparece como bondoso e agradável. Como resultado, não nos envolvemos em ações negativas, como brigar ou matar, e, por essa razão, não temos de sofrer as consequências de tais ações. O amor afetuoso, o amor apreciativo, o grande amor, a compaixão e a paciência são, todos, da natureza do antiódio.

CLASSES DO ANTIÓDIO

Existem três tipos de antiódio:

1. Antiódio por aqueles que nos prejudicam;
2. Antiódio por objetos inanimados que nos fazem sofrer;
3. Antiódio pelo sofrimento resultante.

O primeiro tipo é idêntico à paciência de não retaliar. Se alguém nos atacar, insultar ou nos prejudicar de alguma maneira, e conseguirmos nos impedir de ficar com raiva dessa pessoa, isso é o primeiro tipo de antiódio, que impede que a raiva surja.

Existem muitos objetos inanimados com os quais ficamos zangados. Por exemplo, podemos ficar com raiva do tempo, caso esteja muito quente ou muito frio; podemos ficar com raiva do nosso carro, se ele não quiser dar a partida; ou podemos ficar com raiva com a parte de algum móvel, caso essa parte caia sobre o nosso pé. Algumas pessoas ficam enraivecidas com a existência de armas nucleares ou com a poluição, ao passo que outras ficam perturbadas se sua comida não está de seu agrado. Sempre que encontrarmos objetos inanimados que causam sofrimento, devemos relembrar a futilidade de ficarmos zangados com tais coisas e, por praticar o segundo tipo de antiódio, impedir que fiquemos com raiva.

O terceiro tipo de antiódio – o antiódio pelo sofrimento resultante – é a paciência de voluntariamente aceitar o sofrimento. Quando estamos infelizes ou doentes, estamos muito mais propensos a ficar com raiva do que quando estamos felizes e saudáveis. Pessoas que, normalmente, têm paciência quando estão bem, desenvolvem, com frequência, um mau temperamento quando estão doentes. Isso indica que elas carecem da paciência de voluntariamente aceitar o sofrimento. Todo o nosso sofrimento, tanto físico quanto mental, é o resultado de nosso próprio carma negativo. Por essa razão, quando estamos para ficar com raiva de nosso sofrimento, devemos pensar:

Esta dor é o resultado de minhas próprias ações não virtuosas. Já que eu cometi essas ações negativas, preciso experienciar seu sofrimento resultante. Por essa razão, preciso aceitar este sofrimento pacientemente.

Se formos capazes de pensar dessa maneira, não ficaremos com raiva nem perturbados, e seremos capazes de aceitar nosso sofrimento com uma mente pacífica. Se nossa dor se tornar insuportável, devemos tentar aliviá-la com remédios ou, se nossa mente for forte o suficiente, utilizar nossa dor para aprimorar nossa experiência das duas bodhichittas, por meditar sobre compaixão e vacuidade. Com uma realização direta da vacuidade, não experienciaremos dor, mesmo que nossos membros sejam cortados fora – a razão para isso é que, quando tivermos percebido a vacuidade diretamente, experienciaremos somente paz. Mesmo uma experiência relativamente superficial da vacuidade pode diminuir nossa dor e restituir a saúde de nosso corpo e mente. Devemos utilizar quaisquer métodos que pudermos para curar nossa doença, mas, mesmo que esses métodos fracassem, não há sentido em ficar com raiva de nossa dor, pois isso apenas irá adicionar sofrimento mental ao nosso sofrimento físico.

ANTI-IGNORÂNCIA

DEFINIÇÃO DA ANTI-IGNORÂNCIA

A definição da anti-ignorância é: o fator mental que atua como o oponente direto à ignorância.

A anti-ignorância é um tipo especial de sabedoria que atua como o antídoto à ignorância. Exemplos de anti-ignorância são: a sabedoria que realiza a ausência do em-si de pessoas e a sabedoria que realiza a ausência do em-si de fenômenos.

COMO A ANTI-IGNORÂNCIA ATUA

A anti-ignorância atua, ou funciona, de modo a nos capacitar para compreender a vacuidade, a natureza última dos fenômenos. À medida que nossa compreensão sobre a vacuidade se desenvolve, nossa ignorância gradualmente torna-se mais fraca e, por fim, é totalmente erradicada. O benefício temporário da anti-ignorância é que ela nos ajuda a superar os problemas diários que são causados pelo apego, raiva e demais delusões; seu benefício a longo prazo é que ela nos conduz à libertação e à iluminação. Nossos amigos e familiares não podem solucionar nossos problemas interiores por nós, e até mesmo nosso Guia Espiritual não pode removê-los diretamente. A única maneira de eliminar nossos problemas mentais é confiando, ou apoiando-nos, em nossa própria sabedoria. Aqueles que possuem a sabedoria que realiza a vacuidade podem solucionar todos os seus problemas interiores por meditarem na vacuidade. É porque carecemos dessa sabedoria que precisamos solicitar conselhos aos outros quando nos defrontamos com problemas. Se tivéssemos sabedoria, seríamos capazes de solucionar todos os nossos próprios problemas.

Os benefícios da sabedoria que realiza a vacuidade são inconcebíveis. Se tivermos um milhão de libras em nosso bolso, isso iria nos causar muita ansiedade e é bem possível que colocasse, até mesmo, nossa vida em perigo; mas, se em vez de dinheiro, tivermos a sabedoria que realiza a vacuidade, não teremos preocupações ou problemas. Seremos capazes de utilizar nossa sabedoria o tempo todo, e ela será uma fonte constante de orientação e conforto para nós. Portanto, a sabedoria que realiza a vacuidade é o amigo supremo e a riqueza suprema.

CLASSES DA ANTI-IGNORÂNCIA

Existem quatro tipos de anti-ignorância:

1. Anti-ignorância surgida de ouvir ou ler;
2. Anti-ignorância surgida de contemplar;
3. Anti-ignorância surgida de meditar;
4. Anti-ignorância surgida de marcas.

Os primeiros três tipos de anti-ignorância podem ser compreendidos a partir das três sabedorias explicadas previamente na seção sobre sabedoria: sabedoria surgida de ouvir ou ler, sabedoria surgida de contemplar e sabedoria surgida de meditar. No entanto, ao passo que as três sabedorias apresentadas no capítulo anterior não sejam, necessariamente, a sabedoria que realiza a vacuidade, aqui elas o são, porque a anti-ignorância é o oponente direto à ignorância. O quarto tipo de anti-ignorância é a sabedoria que realiza a vacuidade que surge naturalmente de marcas das vidas passadas, sem a necessidade de estudar a vacuidade nesta vida. Ela é também conhecida como "a sabedoria alcançada apenas pelo poder do nascimento". Algumas pessoas que, em uma vida passada, meditaram profundamente e por um longo tempo na vacuidade, são capazes de transportar essa compreensão para esta vida presente e, como resultado, são capazes de compreender a vacuidade muito facilmente, sem precisarem estudar ou contemplar por um longo período. Quando alcançarmos, por fim, no Caminho da Acumulação, a concentração do continuum do Dharma, não esqueceremos nenhum Dharma que estudamos e transportaremos conosco todo o nosso conhecimento para a próxima vida.

Em *Treinar a Mente em Sete Pontos*, Geshe Chekhawa diz:

> Os três objetos, os três venenos e as três raízes virtuosas
> São a breve instrução para a aquisição subsequente.

Os três objetos são os objetos atraentes, os objetos repulsivos e os objetos neutros; os três venenos são o apego, o ódio e a ignorância; e as três raízes virtuosas são o antiapego, o antiódio e a anti-ignorância. Quando os seres comuns encontram os três objetos, eles desenvolvem os três venenos automaticamente. O objetivo essencial da prática de Dharma é inverter isso, de modo que desenvolvamos, automaticamente, as três raízes virtuosas em vez dos três venenos. Quando alguém que treinou totalmente sua mente no Dharma encontra um objeto atraente, não desenvolve apego – essa pessoa desenvolve antiapego; quando encontra um objeto repulsivo, não desenvolve ódio – essa pessoa desenvolve antiódio; e quando encontra um objeto neutro, não desenvolve ignorância – essa pessoa desenvolve anti-ignorância. Já que todos os objetos estão incluídos nesses três objetos, aqueles que adquiriram maestria em desenvolver as três raízes virtuosas são capazes de transformar todas as suas experiências em caminho para a iluminação. Esse é motivo pelo qual as três raízes virtuosas são denominadas "a essência do *Budadharma*".

ESFORÇO

DEFINIÇÃO DO ESFORÇO

A definição do esforço é: o fator mental que faz com que sua mente primária se deleite com virtude.

O esforço atua para tornar nossa mente feliz ao se envolver com virtudes – deleitando-se em ações como dar, ajudar os outros, fazer prostrações, fazer oferendas, recitar preces, ler livros de Dharma e ouvir com atenção os ensinamentos de Dharma. O esforço é virtuoso, necessariamente. As mentes que se empenham em objetivos comuns – como a realização de negócios – e as mentes que se deleitam com não-virtude não são o fator mental esforço.

O oposto do esforço é a preguiça. Existem três tipos de preguiça: preguiça que surge do apego aos prazeres mundanos, preguiça que surge do apego por atividades distrativas e preguiça que surge do desânimo, ou desencorajamento. Em geral, o gosto por dormir é um tipo de preguiça, mas, se formos capazes de praticar o ioga de dormir e transformar o sono em uma ação virtuosa, a mente que desfruta de dormir será, então, esforço. De modo semelhante, se transformarmos as demais ações neutras – tais como comer, cozinhar e divertir-se ou jogar – em ações virtuosas por executá-las com uma boa motivação, nosso desfrute delas será, também, o fator mental esforço.

COMO O ESFORÇO ATUA

O esforço atua, ou funciona, de modo a estimular virtude, proteger a virtude contra degeneração, facilitar o aumento das qualidades virtuosas e levar as práticas virtuosas a sua conclusão. Em *Ornamento para os Sutras Mahayana*, Maitreya apresenta uma relação dos muitos benefícios do esforço:

Dentre as coleções virtuosas, o esforço é supremo.
Com esforço, podemos realizar todas as qualidades virtuosas;
Com esforço, podemos conquistar um corpo e uma mente serenos;
Com esforço, podemos conquistar aquisições mundanas e supramundanas;
Com esforço, podemos obter os prazeres do samsara;
Com esforço, podemos renascer em uma Terra Pura;
Com esforço, podemos nos livrar das delusões – tais como a visão da coleção transitória – e alcançar a libertação;
Com esforço, podemos conquistar a grande iluminação.

O esforço é a virtude suprema porque todas as qualidades virtuosas são obtidas pelo poder do esforço. O esforço torna nosso corpo e mente serenos, confortáveis e saudáveis por induzir maleabilidade física e mental. Quando tivermos obtido maleabilidade física, não precisaremos de exercícios físicos para manter nosso corpo flexível e saudável. Por confiarmos, ou nos apoiarmos, em esforço, podemos alcançar tanto as aquisições mundanas quanto as supramundanas, tais como as realizações do Tantra Ioga Supremo de Deidades como Heruka e Vajrayogini. Mesmo a felicidade de humanos ou de deuses depende tão somente de nosso próprio esforço porque, se não fizermos esforço algum para praticar ações virtuosas, não seremos capazes de ter tais renascimentos no futuro. De modo semelhante, como praticantes de Dharma, temos a oportunidade de alcançar o renascimento em uma Terra Pura, mas seremos bem-sucedidos em fazê-lo somente na dependência de nosso próprio esforço. Se nos empenharmos, alegre e continuamente, nos métodos para alcançar um renascimento em uma Terra Pura, nossos desejos serão, com certeza absoluta, satisfeitos.

Podemos estar conscientes das falhas das delusões, como a visão da coleção transitória, e podemos ter ouvido ensinamentos sobre como eliminar as delusões e obter a libertação, mas seremos bem-sucedidos nisso somente se aplicarmos esforço vigoroso. Se não nos aplicarmos em nossa prática de Dharma, ninguém poderá nos conceder a libertação do sofrimento – nem nossos amigos espirituais, nem nosso Guia Espiritual, tampouco todos os Budas. Todos nós temos a semente da Budeidade em nosso continuum mental, e temos a oportunidade de praticar os métodos para amadurecer essa semente, mas nossa conquista da Budeidade depende de nossos próprios esforços. Uma compreensão intelectual do Dharma não é suficiente para nos levar à Budeidade – precisamos, também, superar nossa preguiça e colocar nosso conhecimento em prática. Todos aqueles que já se tornaram Budas alcançaram a iluminação por meio de seu próprio esforço, e todos aqueles que irão se tornar Budas no futuro irão fazê-lo por meio de seu próprio esforço. Nos Sutras, Buda diz:

Se tiveres somente esforço, terás todos os Dharmas,
Mas se tiveres somente preguiça, não terás nada.

Uma pessoa que não tenha grande conhecimento de Dharma, mas que, apesar disso, aplique esforço consistente, irá obter todas as qualidades virtuosas gradualmente; porém, uma pessoa que tenha um vasto conhecimento, mas que possua apenas uma falha – a preguiça – não será capaz de aumentar suas boas qualidades e de obter experiência do Dharma. Muitos outros benefícios do esforço são mencionados por Shantideva em *Guia do Estilo de Vida do Bodhisattva* e por Chandrakirti em *Guia ao Caminho do Meio*.

CLASSES DO ESFORÇO

Em *Guia do Estilo de Vida do Bodhisattva*, Shantideva apresenta quatro tipos de esforço:

1. Esforço semelhante-a-uma-armadura;
2. Esforço do não-desânimo;
3. Esforço de aplicação;
4. Esforço de não-satisfação.

Todos os quatro tipos de esforço são muito importantes para os praticantes de Dharma. Os dois primeiros tipos superam condições desfavoráveis à prática de Dharma; o terceiro tipo faz com que nos empenhemos, de fato, na prática de Dharma; e o quarto tipo capacita-nos a concluir nossa prática.

O esforço semelhante-a-uma-armadura é uma mente corajosa que nos ajuda a perseverar em nossa prática de Dharma, não importa quais dificuldades estejam envolvidas. Podemos gerar esse esforço pensando do seguinte modo:

Continuarei a praticar o Dharma mesmo que isso me tome muitos éons para alcançar a grande iluminação. Eu nunca irei desistir de minha prática de Dharma, não importa quais dificuldades eu possa encontrar.

Se tivermos o esforço semelhante-a-uma-armadura, teremos uma perspectiva de longo prazo que irá nos impedir de ficar desencorajados pelas condições exteriores desfavoráveis, e iremos perseverar alegremente em nossa prática, mesmo que leve um longo período para alcançarmos realizações de Dharma. No passado, quando os soldados iam para a guerra, eles usavam armaduras para proteger seus corpos; de modo semelhante, quando os praticantes de Dharma travam batalhas contra as suas delusões, eles precisam usar o esforço semelhante-a-uma-armadura para protegerem suas mentes contra as condições exteriores difíceis.

Precisamos do esforço semelhante-a-uma-armadura desde o início porque, sem ele, podemos rapidamente ficar desencorajados devido ao tempo necessário que leva para se obter realizações e, como resultado, podemos abandonar nossa prática de Dharma. Algumas vezes, quando achamos difícil realizar nossas expectativas espirituais, encontramos pessoas que tentam nos dissuadir de praticar; outras vezes, quando temos dificuldade em encontrar os recursos que sustentem e auxiliem nossa prática, podemos pensar em abandonar o Dharma. Se isso acontecer, isso será um indicativo de que carecemos do esforço semelhante-a-uma-armadura. Nesses momentos, precisamos recordar o nosso entusiasmo inicial e fortalecer nossa determinação por meio de relembrar os benefícios de nossa prática.

Ao passo que o esforço semelhante-a-uma-armadura protege nossa prática contra obstáculos exteriores, o esforço do não-desânimo nos protege contra o obstáculo interior do desânimo, ou desencorajamento. Talvez nos perguntemos: "Como é possível que alguém como eu, que tem muitas delusões e tão pouco tempo para praticar o Dharma, realize a vacuidade, desenvolva a bodhichitta e alcance a libertação e a iluminação?". Por permitir tais pensamentos, talvez possamos concluir que somos incapazes de obter realizações. Para nos opor a esse tipo de desânimo ou desencorajamento, precisamos gerar, pela contemplação de raciocínios corretos, o esforço do não-desânimo. Por exemplo, podemos contemplar:

Algumas vezes, minhas delusões são fortes e, outras vezes, elas são fracas. Isso indica que são impermanentes. Se as delusões podem ser reduzidas temporariamente, então elas podem ser totalmente erradicadas; portanto, por que não posso alcançar a libertação? Buda disse que todos possuem a natureza búdica. Se eu confiar sinceramente em meu Guia Espiritual e praticar sinceramente o que ele (ou ela) me ensina, não haverá razão pela qual eu não possa alcançar a iluminação. Com a minha mente fortalecida pelo poder das bênçãos de meu Guru, eu posso realizar qualquer coisa.

O esforço de aplicação é a mente que se empenha com deleite na prática de Dharma. Esse esforço nos inspira a ouvir (ou ler) com atenção, contemplar e meditar nos ensinamentos de Dharma. O esforço de aplicação é a fonte de toda a nossa compreensão e experiência de Dharma. Esse esforço pode ser tanto vigoroso quanto constante e estável. Algumas vezes, é apropriado utilizar esforço vigoroso para alcançar um objetivo específico ou para superar um obstáculo em particular, mas é difícil manter esse tipo de esforço e ele pode, rapidamente, levar à fadiga ou ao desânimo. Durante a maior parte do tempo, devemos praticar com esforço constante e estável, como um vasto rio a fluir constantemente. Devemos ajustar nossas expectativas e não esperar por resultados rápidos, mas praticar de maneira estável e constante por um longo período.

O esforço de não-satisfação incentiva-nos continuamente a aprofundar nossa compreensão e experiência de Dharma por meio de não ficarmos satisfeitos com uma experiência ou compreensão meramente superficiais. Após termos estudado o Dharma por dois ou três anos, podemos nos sentir satisfeitos com nossa compreensão e ter a sensação de que não precisamos mais ouvir ensinamentos ou continuar a meditar. Uma atitude complacente como essa nos impede de desenvolver uma compreensão e experiência profundas. Não podemos esperar grandes resultados após, somente, poucos anos de prática. Até que tenhamos alcançado as realizações finais da grande iluminação, precisamos continuamente ouvir ensinamentos e meditar em seu significado.

Quando comparados com os seres comuns, os Bodhisattvas do primeiro solo não ficam satisfeitos com suas realizações, embora tenham alcançado estados mentais excelsos. Estimulados pelo esforço de não-satisfação, esses Bodhisattvas avançam para o segundo solo, onde o mesmo esforço, novamente, os impede de se tornarem complacentes e os impulsiona a se empenharem por objetivos ainda mais elevados. Desse modo, eles progridem por todos os dez solos até a meta final, a grande iluminação.

A grande iluminação é denominada "o Caminho do Não--Mais-Aprender" porque é o único estado de completa realização. Antes de alcançarmos esse estado, ainda temos coisas para aprender e, portanto, nossa prática de Dharma ainda não está concluída. Não devemos ficar desanimados pelo fato de que teremos de praticar o Dharma por um longo tempo. Se abandonarmos o caminho à libertação ou à iluminação, nunca encontraremos um caminho melhor. Todos os demais caminhos irão nos conduzir ao samsara; e não importa quanto esforço coloquemos em seguir caminhos samsáricos, nunca iremos experienciar verdadeira felicidade. Em nossas vidas anteriores, colocamos grande esforço em acumular riqueza material; mas, agora, tudo o que tínhamos desapareceu – nosso esforço foi em vão. No passado, desfrutamos de todos os prazeres samsáricos imagináveis, mas agora não temos nada para mostrar. Tudo o que restou são as marcas das ações negativas que cometemos para satisfazer e realizar nossos desejos. Seria uma grande vergonha se, agora que temos a oportunidade de seguir um caminho perfeito que conduz, definitivamente, à felicidade suprema, nós o abandonássemos por um caminho mundano.

Em resumo, devemos gerar, logo no início de nossa prática, o esforço semelhante-a-uma-armadura e nos fortalecer com a firme determinação de concluir nossa prática, não importa quanto tempo ela leve ou quantos obstáculos exteriores tenhamos de superar. Fortalecidos e preparados com esse esforço, devemos, então, gerar o esforço de aplicação e nos aplicar confiantes, de modo constante e estável, em nossa prática. Para impedir que fiquemos desanimados pela extensão e duração de nossa prática, devemos desenvolver o esforço do não-desânimo; e para impedir a complacência e assegurar que conduziremos nossa prática até sua conclusão, devemos confiar, ou apoiar-nos, no esforço de não-satisfação.

Em *Compêndio do Abhidharma*, Asanga apresenta uma classificação quíntupla do esforço:

1. Esforço semelhante-a-uma-armadura;
2. Esforço do não-desânimo;
3. Esforço de aplicação;
4. Esforço de não-satisfação;
5. Esforço da irreversibilidade.

Os primeiros quatro tipos de esforço são idênticos aos quatro tipos já explicados. O quinto, o esforço da irreversibilidade, é um tipo de esforço que impede que condições prejudiciais ou danosas – tais como conselhos errôneos ou maus amigos – nos desviem de nossas atividades virtuosas. Esse esforço é denominado "irreversibilidade" porque assegura que continuemos até que nosso objetivo seja alcançado, sem redução ou desvio de nossa energia. Se tivermos o esforço semelhante-a-uma-armadura e o esforço do não-desânimo, automaticamente teremos o esforço da irreversibilidade.

Nos ensinamentos de Lamrim, são explicados três tipos de esforço:

1. Esforço semelhante-a-uma-armadura;
2. Esforço de reunir Dharmas virtuosos;
3. Esforço de beneficiar os outros.

Nessa classificação, o esforço semelhante-a-uma-armadura é idêntico ao que foi anteriormente explicado, e os outros dois tipos de esforço estão incluídos no esforço de aplicação. Porque existem dois tipos de ação virtuosa – reunir Dharmas virtuosos e beneficiar os outros – existem dois tipos de esforço de aplicação que correspondem a esses dois tipos de ação.

OS ONZE FATORES MENTAIS VIRTUOSOS

O esforço não surge naturalmente, mas é gerado utilizando-se de métodos especiais. Em *Guia do Estilo de Vida do Bodhisattva*, Shantideva explica quatro poderes que são os métodos que mantêm e aumentam o esforço: o poder da aspiração, o poder da constância, o poder da alegria e o poder de rejeição.

O poder da aspiração é um forte desejo de praticar o Dharma. Esse poder é cultivado pela contemplação tanto dos benefícios de treinar o Dharma quanto das desvantagens de não treinar o Dharma. Todos os nossos problemas são o resultado de termos renascido no samsara, e a razão pela qual continuamos a tomar renascimentos descontrolados é que não temos experiência suficiente de Dharma. Já que a experiência de Dharma depende de treinar o Dharma, podemos dizer que todos os nossos problemas são o resultado de não treinarmos o Dharma.

Se não treinarmos o Dharma, nunca encontraremos verdadeira paz interior e permaneceremos ignorantes de verdades profundas e importantes, tais como os objetos ocultos que são explicados no Dharma. Não seremos nem mesmo capazes de identificar a mente de agarramento ao em-si, que nos prende ao samsara, quanto mais abandoná-la! Mesmo que muitos dos 51 fatores mentais se manifestem em nossa mente, se não treinarmos o Dharma não seremos capazes de reconhecê-los e, por essa razão, não seremos capazes de distinguir entre os fatores mentais que devem ser cultivados e os fatores mentais que devem ser rejeitados.

Um dos principais benefícios de treinar o Dharma é que, dia após dia, nossa sabedoria irá se tornar mais aguçada e nossa ignorância irá enfraquecer. Quanto mais sabedoria tivermos, mais paz mental teremos. Pelo treino no Dharma, obteremos gradualmente todas as realizações espirituais que nos protegem diretamente do sofrimento. Todos os nossos problemas são causados por apego desejoso, raiva, inveja e demais mentes negativas. Ao obtermos experiência de mentes virtuosas – como amor, compaixão, paciência e sabedoria – iremos superar as mentes negativas. Essas mentes virtuosas são o nosso verdadeiro refúgio. Assim, ao treinar o Dharma, construímos um refúgio em nossa própria mente.

Por fim, iremos nos tornar um refúgio para todos os seres – uma Joia Buda. Por contemplar esses benefícios de treinar o Dharma, desenvolveremos a aspiração de praticar o Dharma, e isso irá tornar nosso esforço mais poderoso. Por essa razão, a aspiração de praticar o Dharma é denominada "poder".

Tendo desenvolvido o poder da aspiração, devemos praticar o poder da constância – isso significa que devemos, por meio de desenvolver uma forte determinação, tornar estável e imutável nosso esforço de praticar o Dharma. Em *Guia do Estilo de Vida do Bodhisattva*, no capítulo sobre esforço, Shantideva aconselha que, antes de nos comprometermos a nos empenhar em uma prática, devemos investigá-la cuidadosamente a fim de verificar se ela é ou não adequada e se podemos ou não mantê-la; mas, uma vez que tenhamos nos comprometido com a prática, nunca devemos retroceder, mas continuar até que tenhamos alcançado o resultado final. Mudar de uma prática para outra sem relação alguma entre elas não apenas nos impede de satisfazer nossos desejos nesta vida, mas também torna difícil a realização de nossos objetivos nas vidas futuras. Além disso, é a causa frequente de quebrarmos nossos compromissos e de romper preciosas relações, como a relação que existe entre Guru e discípulo e a relação entre amigos espirituais.

Devemos ser cuidadosos para não compreendermos mal o esforço de não-satisfação. Praticar esse esforço não significa que devemos ficar insatisfeitos com a nossa tradição ou com a nossa prática principal, e procurar seguir diferentes tradições ou misturar muitas práticas diferentes. Todo mestre e toda tradição têm uma abordagem ligeiramente diferente e empregam diferentes métodos. As práticas ensinadas por um mestre diferem das práticas ensinadas por outro, e se tentarmos combiná-las ficaremos confusos, desenvolveremos dúvidas e ficaremos desorientados. Se tentarmos criar uma síntese de diferentes tradições, destruiremos o poder especial de cada uma delas e ficaremos, apenas, com uma miscelânea de nossa própria autoria, que será uma fonte de confusão e dúvida. Tendo escolhido nossa tradição e nossas práticas diárias, devemos confiar nelas de modo estritamente focado, nunca permitindo que a insatisfação surja. Ao mesmo tempo que apreciamos nossa própria tradição, devemos respeitar todas as demais tradições e o direito de cada pessoa de seguir a tradição de sua própria escolha. Essa abordagem conduz à harmonia e à tolerância. Misturar diferentes tradições religiosas é o que causa o sectarismo. É por essa razão que é dito que estudar assuntos não religiosos é um obstáculo menor ao nosso progresso espiritual do que estudar a doutrina e as práticas religiosas de diferentes tradições.

Quando tivermos decidido qual tradição seguir e quais práticas iremos adotar, devemos nos empenhar nelas de modo sincero e comprometido e com uma mente alegre. Esse é o poder da alegria. Quer estejamos ouvindo ensinamentos de Dharma, lendo livros de Dharma, recitando preces, contemplando ou meditando, devemos fazê-lo com uma mente leve e feliz, como uma criança brincando. Se desfrutarmos de uma prática, naturalmente teremos entusiasmo por ela.

Talvez pensemos que renúncia, por exemplo, é um estado mental triste, depressivo, porque nos torna profundamente conscientes da natureza de sofrimento do samsara; mas, em verdade, renúncia é uma mente leve e pacífica, que está determinada à libertação. Renúncia é produzida por sabedoria, e sabedoria nunca faz surgir infelicidade. A alegria é denominada "poder" porque mantém nosso esforço de praticar o Dharma. Se a prática de Dharma não nos trouxer prazer, ficaremos exaustos em pouco tempo.

O quarto poder – o poder de rejeição – significa rejeitar, ou eliminar, a fadiga. Algumas vezes, como resultado de estudar, meditar ou demais atividades virtuosas, ficamos física ou mentalmente cansados. Se o nosso corpo ficar cansado, nossa mente pode, facilmente, se tornar desequilibrada. Se, ao invés de descansar, nos pressionarmos além de nossa capacidade, isso pode causar problemas como doenças físicas ou indisposição e aversão para praticar. É melhor descansar durante algum tempo e retomar nossa prática quando nosso corpo e mente estiverem revigorados e confortáveis. Isso é particularmente importante quando estamos fazendo muita meditação formal. Saber o momento certo para se empenhar vigorosamente e o momento certo para descansar é essencial para uma prática bem-sucedida.

Além da habilidade de saber quando parar e descansar, o poder de rejeição inclui, também, a habilidade de adiar nosso ingresso em práticas mais avançadas (até que tenhamos construído um fundamento adequado para elas) e a habilidade de deixar para trás uma etapa específica de desenvolvimento e progredir para etapas mais elevadas.

Esses quatro poderes estão explicados em detalhes nos livros *Contemplações Significativas* e *Caminho Alegre da Boa Fortuna*.

MALEABILIDADE MENTAL

DEFINIÇÃO DA MALEABILIDADE MENTAL

A definição da maleabilidade mental é: a flexibilidade da mente que é produzida por concentração virtuosa.

Em geral, a concentração produz dois tipos de maleabilidade – maleabilidade física e maleabilidade mental – mas somente a última é o fator mental maleabilidade. A maleabilidade física é um objeto tátil, flexível e leve, dentro de nosso corpo, que se desenvolve quando a meditação faz com que um vento puro permeie o corpo. Ela purifica ventos poluídos e torna nosso corpo flexível e leve, e isso, por sua vez, produz a maleabilidade mental.

COMO A MALEABILIDADE MENTAL ATUA

A maleabilidade física atua para superar rigidez e inflexibilidade do corpo, e faz com que sintamos nosso corpo leve, confortável e fácil de ser utilizado em ações virtuosas. A maleabilidade mental remove a inflexibilidade, a lentidão e o peso da mente, tornando--a leve e fácil de ser utilizada em ações virtuosas. A rigidez mental que é eliminada pela maleabilidade é a base de muitas delusões, ou aflições mentais, e é a principal causa de resistência e aversão a atividades virtuosas. Por remover a rigidez, a maleabilidade supera a preguiça e demais obstáculos. No entanto, somente uma forte maleabilidade pode fazer isso de modo eficiente; uma maleabilidade fraca, de curta duração, não terá o vigor para superar muitos obstáculos.

Tanto a maleabilidade física quanto a maleabilidade mental se desenvolvem, inicialmente, por meio de meditação; depois, elas atuam para refinar e aperfeiçoar nossa concentração. A maleabilidade mental capacita-nos a direcionar nossa mente para onde quer que desejemos e, assim, nos auxilia tanto na meditação analítica quanto na meditação posicionada. Ao obtermos maleabilidade física e mental autênticas e plenas, experienciaremos continuamente o êxtase físico e mental da maleabilidade e, como resultado, sentiremos pouca necessidade de buscar fontes exteriores de prazer.

CLASSES DA MALEABILIDADE MENTAL

Existem dois tipos de maleabilidade mental:

1. Maleabilidade mental sutil;
2. Maleabilidade mental densa.

A maleabilidade mental existe sempre que experienciamos concentração pura, virtuosa. No entanto, na primeira e na segunda permanências mentais, a maleabilidade mental é tão sutil que passa despercebida. Por essa razão, essa maleabilidade é denominada "maleabilidade mental sutil". A maleabilidade mental densa se desenvolve, primeiramente, na terceira permanência mental. A partir dessa permanência, a maleabilidade mental torna-se, então, gradualmente mais e mais forte, até alcançarmos o tranquilo-permanecer – nesse ponto, nossa maleabilidade estará totalmente desenvolvida. Nessa etapa, a maleabilidade permeia nosso corpo e mente e experienciamos o êxtase da maleabilidade, sem interrupção. Quando tivermos obtido essa maleabilidade imutável, não mais experienciaremos o desconforto físico e mental que tornam difíceis nossas ações virtuosas e, portanto, ficaremos totalmente livres da preguiça. Com a maleabilidade, a prática espiritual torna-se muito fácil porque, quando ela surge, nossa mente se torna naturalmente tranquila e positiva.

Inicialmente, a maleabilidade mental é desenvolvida por força de concentração, mas existe um tipo de maleabilidade que é produzido por sabedoria. Isso é alcançado como o resultado da meditação analítica associada com o tranquilo-permanecer. O desenvolvimento desse tipo de maleabilidade marca a aquisição da visão superior. Com visão superior, nossa sabedoria e concentração tornam-se mutuamente benéficas e alcançamos a união do tranquilo-permanecer com a visão superior.

CONSCIENCIOSIDADE

DEFINIÇÃO DA CONSCIENCIOSIDADE

A definição da conscienciosidade é: o fator mental que, na dependência do esforço, aprecia o que é virtuoso e protege a mente contra delusão e não-virtude.

A conscienciosidade impede que a mente seja influenciada por uma delusão. Existem duas maneiras de confiar, ou apoiar-se, em conscienciosidade. A primeira é manter nossa mente livre de uma delusão ao impedir que nossa mente se encontre com os objetos daquela delusão. Por exemplo, podemos nos impedir de ficar enraivecidos com alguém com quem temos uma divergência evitando a pessoa ou não pensando sobre ela. A segunda maneira é impedir que a nossa mente desenvolva atenção imprópria quando ela se encontra com objetos de delusão. A atenção imprópria faz com que as delusões surjam por exagerar as boas ou más qualidades de um objeto. Se impedirmos a atenção imprópria, será impossível que as delusões surjam, mesmo que sejamos diretamente confrontados com um objeto de delusão. Assim, por exemplo, se inesperadamente nos encontrarmos com uma pessoa por quem

OS ONZE FATORES MENTAIS VIRTUOSOS

normalmente sentimos raiva, podemos evitar a atenção imprópria e, assim, por focarmos as boas qualidades dessa pessoa ou relembrarmos as falhas da raiva, impedir que a raiva surja.

Em *Guia do Estilo de Vida do Bodhisattva*, Shantideva diz que não existe prática mais importante que manter nossa mente livre de negatividade. Normalmente, tomamos grande cuidado em proteger nosso corpo contra qualquer dano ou ferimento, mas é muito mais importante proteger nossa mente. Por exemplo, se estivermos atravessando uma rua movimentada, tomaremos grande cuidado para evitar que sejamos atropelados; porém, se viermos a ser atropelados, o que de pior poderá acontecer é perdermos apenas esta vida. Por outro lado, se não tomarmos cuidado em proteger nossa mente contra negatividade, haverá o grande perigo de nossa mente ser atropelada pelas delusões quando estivermos rodeados por muitos objetos de delusão, e as delusões irão nos infligir danos por muitas vidas futuras. Portanto, a prática de conscienciosidade é de suprema importância.

A conscienciosidade deve ser praticada em associação com contínua-lembrança e vigilância. Com contínua-lembrança, amarramos nossa mente a um objeto virtuoso. Objeto virtuoso é qualquer objeto que tenha um efeito positivo sobre nossa mente, tais como os objetos de meditação apresentados neste livro, no capítulo *Meditação*, e os 21 objetos de meditação apresentados em *Novo Manual de Meditação*. Devemos tentar manter nossa mente em objetos virtuosos o tempo todo. A vigilância é um tipo de sabedoria que compreende as falhas das delusões e mantém um monitoramento sobre nossa mente, verificando se estamos ou não dando início ao desenvolvimento de atenção imprópria. Se, devido à vigilância, descobrirmos que uma delusão está prestes a surgir, devemos imediatamente impedi-la, por meio de relembrarmos as falhas das delusões. Essa é a prática de conscienciosidade. Shantideva disse que, quando um elefante corre furioso e enlouquecido, ele pode causar danos muito elevados, mas isso não é nada quando comparado aos danos e males causados pelo "elefante enlouquecido" de uma mente sem conscienciosidade, que pode nos arrastar ao mais profundo inferno. Amarrando nossa mente ao pilar de objetos virtuosos com a corda da contínua-lembrança, iremos nos proteger das delusões – a fonte de todo perigo – e acharemos fácil fazer progressos em nossa prática espiritual.

COMO A CONSCIENCIOSIDADE ATUA

A conscienciosidade atua, principalmente, capacitando-nos a manter disciplina moral pura e aperfeiçoando nossa concentração. A conscienciosidade é tão importante que, em *Guia do Estilo de Vida do Bodhisattva*, Shantideva devota um capítulo inteiro a ela.

Por meio da prática de conscienciosidade, podemos reduzir nossas delusões e, assim, parar de cometer ações negativas de corpo, fala e mente. Como resultado, naturalmente viremos a possuir disciplina moral pura. Se nossas delusões forem diminuídas e nossa vida se tornar mais disciplinada, desenvolveremos pouquíssimas distrações e, como resultado, acharemos fácil fazer progressos na meditação.

Se nossa meditação não estiver prosseguindo bem, não precisamos buscar conselhos especiais sobre como aperfeiçoá-la – precisamos, somente, praticar conscienciosidade. Como mencionado anteriormente, nos *Sutras Vinaya* Buda diz que, por meio de disciplina moral, alcançaremos concentração; e por meio de concentração, alcançaremos sabedoria. Já que conscienciosidade é a raiz da disciplina moral, segue-se que concentração e sabedoria também dependem de conscienciosidade. Ao praticar conscienciosidade, mantemos nossa mente pura e subordinada a objetos virtuosos e, assim, nossa energia não é dissipada por distrações exteriores ou interiores. Como resultado, nossa mente torna-se estável, fixa e concentrada interiormente, facilitando-nos o desenvolvimento de concentração virtuosa. Concentração virtuosa torna a nossa mente lúcida e poderosa, o que, por sua vez, nos capacita a aperfeiçoar nossa sabedoria.

Se planejamos fazer retiros de longa duração no futuro, precisamos compreender plenamente o que é a conscienciosidade e começar a treiná-la desde agora. Para preparar nossa mente para níveis avançados de meditação, precisamos cultivar condições interiores favoráveis e, gradualmente, eliminar condições que interferem com a meditação. A principal condição favorável é a familiaridade com objetos virtuosos, e o principal obstáculo é a distração. Mesmo que levemos uma vida atarefada, podemos manter nossa mente em objetos virtuosos se compreendermos que é a nossa atitude em relação aos objetos que os torna virtuosos ou não virtuosos. Aplicando as instruções anteriormente mencionadas, sobre como gerar as três raízes virtuosas, podemos transformar todos os objetos que encontrarmos em objetos virtuosos para nós.

CLASSES DA CONSCIENCIOSIDADE

Existem dois tipos de conscienciosidade:

1. Conscienciosidade que é a raiz virtuosa de caminhos mundanos;
2. Conscienciosidade que é a raiz virtuosa de caminhos supramundanos.

A conscienciosidade é, necessariamente, virtuosa e uma causa de felicidade. O primeiro tipo de conscienciosidade causa felicidade samsárica, e o segundo tipo causa a felicidade da libertação e da iluminação. A diferença entre os dois tipos de conscienciosidade reside na motivação. O primeiro tipo é uma conscienciosidade motivada pelo desejo de obter, em vidas futuras, a felicidade de humanos e de deuses, e o segundo tipo é uma conscienciosidade motivada pelo desejo de alcançar a libertação ou a iluminação.

EQUANIMIDADE

DEFINIÇÃO DA EQUANIMIDADE

A definição da equanimidade é: o fator mental que atua para manter a mente primária livre de afundamento mental e de excitação mental.

Em geral, existem três tipos de equanimidade: equanimidade de sensação, equanimidade incomensurável e equanimidade de composição. Equanimidade de sensação é qualquer sensação neutra; equanimidade incomensurável é o desejo de que todos os seres vivos se libertem, igualmente, do apego e do ódio – essa equanimidade é uma forma de compaixão; e a equanimidade de composição é o fator mental que está sendo explicado aqui.

A equanimidade de composição permite que nossa mente permaneça em um estado equilibrado, livre de afundamento mental e de excitação mental. Já que o afundamento mental e a excitação mental são os principais obstáculos à concentração, a equanimidade é essencial se desejamos aperfeiçoar nossa concentração. Quando estamos meditando, devemos examinar nossa mente de tempos em tempos para verificar se nossa concentração é pura. Concentração pura possui três características: ela permanece estritamente focada em um objeto virtuoso, sem mover-se para nenhum outro objeto; ela sustenta o objeto firmemente; e é clara, lúcida e vigilante, alerta. No início, conseguimos manter uma concentração pura como essa por não mais que poucos instantes, somente; mas, por meio de treino, gradualmente seremos capazes de aumentar a duração da concentração pura até que, por fim, alcancemos o tranquilo--permanecer. Até que alcancemos a oitava permanência mental, há o perigo de desenvolvermos afundamento mental e excitação mental e, para permanecermos livres dessas interferências, precisamos colocar esforço em manter equanimidade; mas, após a oitava permanência mental, o afundamento mental e a excitação mental não podem mais ocorrer, e a equanimidade surge espontaneamente.

COMO A EQUANIMIDADE ATUA

A equanimidade atua, ou funciona, mantendo a mente em um estado equilibrado – um estado tranquilo, claro e que não é perturbado pelo afundamento mental nem pela excitação mental. Para compreender como a equanimidade atua plenamente, precisamos de uma compreensão clara sobre o afundamento mental e a excitação mental. Eles são explicados em detalhes nos livros *Caminho Alegre da Boa Fortuna* e *Contemplações Significativas*.

CLASSES DA EQUANIMIDADE

Existem três tipos de equanimidade:

1. Equanimidade que requer esforço denso;
2. Equanimidade que requer esforço sutil;
3. Equanimidade que não requer esforço.

A quarta, a quinta e a sexta permanências mentais têm equanimidade que depende de esforço denso. Na sétima e na oitava permanências mentais, o esforço denso não é mais necessário para eliminar o afundamento mental e a excitação mental, mas ainda precisamos de esforço sutil para manter a equanimidade. Na nona permanência mental, nenhum esforço é requerido para manter concentração perfeita, porque, nessa etapa, a equanimidade é espontânea. Do mesmo modo que não precisamos de esforço para dormir, nessa etapa o praticante necessita, tão somente, focar-se no objeto de meditação, e a concentração desenvolve-se espontaneamente.

ANTINOCIVIDADE

DEFINIÇÃO DA ANTINOCIVIDADE

A definição da antinocividade é: o fator mental que deseja que os seres sencientes não sofram.

De acordo com *Compêndio do Abhidharma*, a antinocividade não é, simplesmente, não prejudicar os outros – ela é compaixão. Precisamos ser cuidadosos para distinguir entre compaixão e apego desejoso. Compaixão é, necessariamente, uma mente virtuosa, ao passo que o apego nunca é virtuoso. Algumas vezes, nosso desejo de ajudar os outros surge, principalmente, do apego. Por exemplo, um cavaleiro talvez deseje que seu cavalo doente volte a ficar saudável porque, assim, ele não deixará de participar de uma prova de hipismo. Em outras ocasiões, nossa preocupação com os outros é uma mistura de apego e compaixão. Essa é, com frequência, a circunstância em que desenvolvemos o desejo de que nossos amigos ou parentes se libertem do sofrimento. Compaixão pura, no entanto, é totalmente livre de apego e está exclusivamente interessada, ou preocupada, com o bem-estar dos outros.

É dito que, devido ao fato de que todos os seres vivos têm alguma compaixão, todos os seres vivos têm, portanto, a semente búdica. Ao aperfeiçoar e ampliar gradualmente nossa compaixão, iremos desenvolver, por fim, a grande compaixão – o desejo de proteger todos os seres vivos do sofrimento. Se continuarmos a aperfeiçoar nossa grande compaixão, ela irá, por fim, se transformar na sabedoria onisciente de um Buda, que tem o poder de proteger, de fato, todos os seres vivos. Não existe método melhor para se tornar um Buda do que aperfeiçoar nossa compaixão.

Como seres humanos, temos a oportunidade perfeita para desenvolver e aperfeiçoar nossa compaixão. Se tivéssemos nascido como deuses do reino da forma ou do reino da sem-forma, não experienciaríamos sofrimentos densos associados com um corpo humano e, por essa razão, acharíamos difícil desenvolver interesse pelos outros que estão vivenciando esses sofrimentos. Compaixão nasce de renúncia. Se conseguirmos compreender nosso próprio samsara e desenvolver renúncia por ele, poderemos compreender o samsara dos outros e desenvolver compaixão por eles. Como humanos, vivenciamos uma grande quantidade de sofrimento e, por isso, é relativamente fácil percebermos as falhas do samsara e desenvolvermos o desejo de nos libertar dele. Assim, olhando a nossa volta, poderemos ver e perceber os incontáveis sofrimentos vivenciados pelos demais seres vivos e desenvolver compaixão por eles.

COMO A ANTINOCIVIDADE ATUA

A antinocividade, ou compaixão, atua principalmente para nos impedir de prejudicar os seres sencientes. Uma pessoa cuja mente esteja repleta de compaixão nunca terá o desejo de ferir ou causar mal a ninguém. É somente quando carecemos de compaixão que, algumas vezes, desenvolvemos a intenção de ferir ou causar mal aos outros. Intenção compassiva e intenção de prejudicar são como água e fogo – totalmente incompatíveis. Abster-se de prejudicar os outros é uma das práticas mais importantes para um budista. Se sempre praticarmos antinocividade, estaremos sempre praticando o Dharma, mesmo que não possamos fazer meditação formal.

Outra maneira da compaixão atuar é agindo como causa de aquisição, ou conquista, da iluminação. Compaixão é a semente da Budeidade e, ao desenvolver e aprimorar a compaixão, fazemos com que essa semente amadureça e nos conduza cada vez mais próximos à plena iluminação.

CLASSES DA ANTINOCIVIDADE

Existem dois tipos de antinocividade, ou compaixão:

1. Compaixão que deseja que os seres sencientes se libertem do sofrimento;
2. Compaixão que deseja que os seres sencientes se libertem das causas do sofrimento.

O segundo tipo de compaixão é o desejo de que os seres sencientes sejam separados do carma contaminado e das delusões – ambos, as verdadeiras causas do sofrimento. Somente aqueles que treinaram o Dharma podem desenvolver esse tipo de compaixão.

Quando um praticante de Dharma inteligente vê o sofrimento dos seres vivos, ele (ou ela) pensa: "Que maravilhoso seria se todos os seres sencientes se libertassem das delusões – como o agarramento ao em-si – e do carma cometido sob a influência das delusões". Existe outra classificação dupla da compaixão:

1. Mera compaixão;
2. Compaixão superior.

Desejar que os seres sencientes se libertem do sofrimento é mera compaixão. Pensar "eu próprio irei agir para libertá-los do sofrimento" é compaixão superior. Assim, a intenção superior explicada nas instruções sobre o método sétuplo de causa e efeito é um tipo de compaixão superior.

Em *Guia ao Caminho do Meio*, Chandrakirti apresenta uma classificação tripla da compaixão: compaixão que observa os seres sencientes, compaixão que observa os fenômenos e compaixão que observa o inobservável. Esses tipos de compaixão estão explicados no livro *Oceano de Néctar*.

Virtude, Não-Virtude e Delusão

VIRTUDE

DEFINIÇÃO DA VIRTUDE

A DEFINIÇÃO DA virtude é: o fenômeno que atua como causa principal de felicidade.

CLASSES DA VIRTUDE

Existem cinco tipos de virtude:

1. Virtude natural;
2. Virtude por associação;
3. Virtude por motivação;
4. Virtude por relação subsequente;
5. Virtude última.

Os onze fatores mentais virtuosos são exemplos de virtude natural. Uma mente primária que tenha qualquer um dos fatores mentais virtuosos entre seu séquito é uma virtude por associação, assim como todos os demais fatores mentais associados a essa mente primária. Eles são virtuosos porque são da mesma substância que o fator mental virtuoso. Todas as ações virtuosas são virtudes por motivação porque elas são executadas com uma motivação virtuosa. As marcas deixadas no continuum mental pelas mentes virtuosas e pelas ações virtuosas são virtudes por relação subsequente. Já que todos os seres sencientes fizeram ações virtuosas em algum momento do passado, todos os seres sencientes têm marcas virtuosas. No entanto, as escolas inferiores, como a escola Vaibhashika, afirmam que existem alguns seres sencientes que não têm marcas virtuosas.

Esses quatro tipos de virtude podem ser compreendidos a partir do seguinte exemplo. Se fizermos prostrações motivadas por fé, o fator mental fé será a virtude natural; a mente primária associada ao fator mental fé, assim como todos os seus demais fatores mentais presentes – tais como sensação e discriminação – serão as virtudes por associação; a ação física de se prostrar será a virtude por motivação; e as marcas virtuosas deixadas no continuum mental pela mente de fé e pela ação de fazer prostrações serão as virtudes por relação subsequente. O último tipo de virtude, a virtude última, refere-se, principalmente, ao *nirvana*. Nirvana é virtude última porque, quando alcançarmos o nirvana, experienciaremos felicidade última.

NÃO-VIRTUDE

DEFINIÇÃO DA NÃO-VIRTUDE

A definição da não-virtude é: o fenômeno que atua como a causa principal de sofrimento.

CLASSES DA NÃO-VIRTUDE

Existem cinco tipos de não-virtude:

1. Não-virtude natural;
2. Não-virtude por associação;
3. Não-virtude por motivação;
4. Não-virtude por relação subsequente;
5. Não-virtude última.

Raiva, cobiça, pensamento prejudicial e visões errôneas são, todos, exemplos de não-virtudes naturais porque não dependem de uma motivação não-virtuosa para serem não-virtuosos. Exemplo de não-virtude por associação é uma mente primária e os demais fatores mentais (como a sensação, por exemplo) associados à raiva. Exemplo de não-virtude por motivação são as ações feitas com uma motivação negativa. Exemplo de não-virtude por relação subsequente são as marcas deixadas em nosso continuum mental por mentes não virtuosas e ações não virtuosas. Temos incontáveis marcas não virtuosas em nosso fluxo mental. Nem as mentes não virtuosas (como a raiva) tampouco as ações não virtuosas (como matar) são permanentes; mas, quando cessam, elas deixam marcas em nossa consciência; se essas marcas não forem purificadas, irão permanecer até que amadureçam como sofrimento. Quando morremos, nossas marcas virtuosas e não virtuosas seguem-nos, como uma sombra segue um corpo.

Esses quatro tipos de não-virtude podem ser compreendidos ao considerarmos o exemplo de matar um inseto motivados por raiva. O fator mental raiva é uma não-virtude natural; a mente primária e os demais fatores mentais associados à raiva (tais como a sensação, por exemplo) são não-virtudes por associação; a ação física de matar é uma não-virtude por motivação; e as marcas deixadas no continuum mental pela mente de raiva e pela ação de matar são não-virtudes por relação subsequente.

Não-virtude última refere-se ao samsara. O que é o samsara? De acordo com Dharmakirti, o samsara são os cinco agregados contaminados. É porque temos tomado agregados contaminados que vivenciamos sofrimento continuamente. Os seres humanos têm de vivenciar sofrimentos humanos porque eles tomaram agregados humanos; os animais têm de vivenciar sofrimentos de animais porque tomaram agregados de animais, e assim por diante. Toda dor, medo, infelicidade, frustração e todas as demais formas de sofrimento são experienciados pelo agregado contaminado sensação. Se não tivéssemos sensações contaminadas, não poderíamos experienciar sofrimento. Nossos sofrimentos surgem dos nossos próprios agregados, do mesmo modo que ondas surgem do oceano. Se não tivéssemos tomado agregados samsáricos, não teríamos base para experienciar sofrimento. Buda disse que nossos agregados contaminados são como um fardo de espinhos que carregamos em nossas costas – até que o abandonemos, iremos experienciar sofrimento ininterrupto.

Todas as nossas delusões, ou aflições mentais, surgem dos nossos agregados contaminados e, ao agirmos sob a influência dessas delusões, criamos a causa para tomar novos agregados contaminados no futuro. Desse modo, o samsara é perpetuado em um círculo vicioso de sofrimento, vida após vida. Porque os agregados contaminados são a origem última de todo o sofrimento, eles são conhecidos como "não-virtude última".

DELUSÃO

DEFINIÇÃO DE DELUSÃO

A definição de delusão é: o fator mental que surge a partir da atenção imprópria e que atua fazendo com que a mente se torne agitada e descontrolada.

Se não tivéssemos delusões, experienciaríamos somente paz e contentamento. Quando nossas delusões não estão atuando fortemente, nossa mente fica relativamente tranquila e satisfeita, mas, tão logo a raiva, a inveja ou o apego desejoso surjam, eles destroem nossa paz mental do mesmo modo que uma tempestade repentina destrói a tranquilidade do oceano. Mesmo que estejamos com boa saúde física, quando as delusões se manifestam nossa mente torna-se facilmente doente.

Devemos observar nossa mente durante um dia inteiro e verificar com que frequência mentes tranquilas, pacíficas, surgem e com que frequência mentes deludidas ou neutras surgem. Se não formos bem treinados no Dharma, é provável que nossas mentes deludidas e neutras sejam muito mais numerosas que nossas mentes pacíficas. Devemos tentar aumentar, gradualmente, a frequência de nossas mentes pacíficas até que permaneçam conosco durante todo o dia. Quando formos capazes de controlar nossa mente por um dia, devemos então tentar controlar nossa mente por dois dias, e continuar praticando dessa maneira até conseguirmos manter uma mente tranquila, continuamente. Por fim, alcançaremos a paz permanente da libertação, ou nirvana. Nesse ponto, teremos abandonado totalmente as delusões e será impossível que nossa mente fique perturbada por qualquer coisa.

A única maneira de alcançarmos a paz permanente da libertação é cultivar e ampliar nossas atuais mentes pacíficas. Por que é tão difícil manter uma mente tranquila? A única razão é que temos muitas delusões. Problemas exteriores não têm o poder de perturbar nossa mente, a menos que desenvolvamos delusões como respostas a esses problemas. Se não tivermos delusões, nem mesmo nossos inimigos poderão destruir nossa paz mental. Porque as delusões são os principais obstáculos para que alcancemos a libertação do samsara, elas são conhecidas como "obstruções à libertação" ou "delusões-obstruções"; e porque elas destroem nossa paz mental, são denominadas "inimigos interiores".

COMO AS DELUSÕES ATUAM

As delusões atuam, ou funcionam, somente nos causando mal e nos prejudicando. Em *Guia do Estilo de Vida do Bodhisattva*, Shantideva diz:

> Os inimigos interiores – a raiva, o apego e assim por diante –
> Não têm braços nem pernas,
> Tampouco possuem coragem ou habilidades;
> Portanto, como podem fazer de mim seu escravo?

> Enquanto permanecem em minha mente,
> Eles me prejudicam a seu bel prazer,
> E, apesar disso, sem raiva deles,
> Eu os tolero, pacientemente. Que vergonhoso! Não é hora
> de ter paciência.

Normalmente, consideramos como inimigos as pessoas que nos prejudicam, mas nossos inimigos verdadeiros são as delusões – tais como o ódio e o apego – que habitam em nossa mente. Embora as delusões não tenham corpos físicos e não estejam guarnecidas de armas, elas são, apesar disso, capazes de nos controlar e infligir contínuo sofrimento. Não é adequado sermos pacientes com as delusões porque, se o formos, elas irão causar sofrimento ainda maior para nós. Como Shantideva diz:

> Se todos os seres vivos, incluindo os deuses e semideuses,
> Se erguessem contra mim como inimigos,
> Eles não poderiam me levar às chamas do mais profundo
> inferno
> E, ali, me arremessarem.
>
> Mas esse poderoso inimigo, as delusões,
> Pode, em um instante, lançar-me nesse lugar abrasador
> Onde até mesmo as cinzas do Monte Meru
> Seriam consumidas sem deixar vestígio algum.

O pior dano ou prejuízo que um inimigo exterior pode causar é tirar-nos esta vida. Ele não pode nos prejudicar ou causar mal em nossas vidas futuras; porém, uma simples delusão como a raiva pode, em um breve instante, fazer com que renasçamos repetidamente nos infernos mais profundos, onde o sofrimento é absolutamente insuportável. Além disso, inimigos exteriores são efêmeros porque, cedo ou tarde, irão morrer por conta própria; mas as delusões – nossos verdadeiros inimigos – têm estado conosco desde tempos sem início, e irão permanecer conosco para sempre se não tomarmos medidas para destruí--las. Como Shantideva diz:

> Nenhum outro tipo de inimigo
> Consegue permanecer por tão longo tempo
> Como as delusões, as minhas duradouras inimigas,
>   o conseguem,
> Pois elas não têm princípio e, tampouco, um fim aparente.

Se alguém estiver nos prejudicando e praticarmos paciência para acalmá-lo, ele irá parar de nos prejudicar; mas se formos pacientes ou tolerantes com nossas delusões, elas irão desenvolver-se ainda mais fortemente e continuarão a nos atraiçoar e prejudicar. Assim, ao passo que as pessoas que nos prejudicam podem se tornar nossos amigos, as delusões sempre permanecerão nossos inimigos. Shantideva diz:

> Se eu concordar com inimigos exteriores e respeitá-los,
> Eles, por fim, irão me trazer benefício e felicidade;
> Porém, se eu me confiar às delusões,
> No futuro elas irão me trazer, tão somente, mais dor
>   e sofrimento.

Compreendendo isso, devemos chegar à conclusão, bastante clara, de que todas as nossas delusões, não importa quão apropriadas ou desejáveis possam parecer, atuam somente de um único modo: causando-nos mal e prejudicando-nos; e devemos tomar a firme decisão de não descansarmos até que tenhamos destruído esses inimigos interiores de uma vez por todas. Nas palavras de Shantideva:

> Portanto, como posso permanecer, alegremente e sem medo,
>   no samsara
> Enquanto, de bom grado, reservo um lugar em meu coração
> Para esse interminável inimigo de longa duração
> Que, sozinho, é a causa de incremento de todo o meu
>   sofrimento?

Como poderei, algum dia, ser feliz
Enquanto esses guardiões da prisão do samsara –
Que me torturam e me atormentam nos infernos e em
qualquer outro lugar –
Habitarem de modo arraigado e duradouro minha mente,
como uma rede de ferro?

Motivadas pela raiva, as pessoas mundanas, repletas de
orgulho, não dormem
Até que tenham destruído aqueles que lhes causam, até
mesmo, o mais insignificante e temporário prejuízo.
Do mesmo modo, não abandonarei meus esforços
Até que esse meu inimigo interior seja direta e definitivamente destruído.

 Havia, certa vez, um geshe tibetano chamado Geshe Ben Gungyal, que costumava empregar todo o seu tempo permanecendo em seu quarto, sem praticar meditação na postura tradicional e tampouco recitando preces. Seu comportamento heterodoxo atraía a atenção, e os outros lhe perguntavam: "Tu não recitas preces e não meditas da maneira habitual; então, o que fazes durante o dia inteiro em teu quarto?". Geshe Ben Gungyal respondia: "Tenho apenas uma única tarefa: eu atravesso a lança dos oponentes na cabeça das minhas delusões. Quando uma delusão levanta sua cabeça horrenda, eu aumento minha vigilância e, com esforço, cravo a lança diretamente nela. Então, ela me deixa em paz e eu permaneço feliz. É isso o que eu faço o dia inteiro em meu quarto".

 Existem dois tipos de oponente com os quais podemos combater nossas delusões: os oponentes temporários específicos para cada delusão, tais como o amor (que é o oponente ao ódio) e o dar, ou generosidade (que é o oponente à avareza); e o oponente último, ou seja, a sabedoria que realiza a vacuidade, que é o verdadeiro antídoto para todas as delusões. Meditar em oponentes específicos pacifica temporariamente nossas delusões e nos traz paz interior temporária, com a qual podemos desenvolver a concentração e a sabedoria necessárias para erradicar totalmente as delusões pela aplicação do oponente último. Para compreender totalmente como os diferentes tipos de oponente operam, precisamos, primeiramente, compreender as causas da delusão.

Existem seis causas de delusão:

1. A semente;
2. O objeto;
3. Atenção imprópria;
4. Familiaridade;
5. Distração e ser influenciado pelos outros;
6. Maus hábitos.

Em *Tesouro do Abhidharma*, Vasubandhu explica que, toda vez que as primeiras três causas estiverem reunidas, a delusão surgirá, necessariamente. As três últimas causas são as condições que favorecem o desenvolvimento e o aumento das delusões.

A SEMENTE

A semente de uma delusão é a potencialidade para que a delusão surja; é a causa substancial da delusão. Todos os seres comuns têm essas potencialidades em suas mentes, e essas potencialidades apenas podem ser erradicadas se alcançarmos a sabedoria que realiza diretamente a vacuidade e meditarmos nessa sabedoria por um longo período.

Até que tenhamos finalmente abandonado uma delusão, a semente dessa delusão irá permanecer em nossa mente, mesmo quando a delusão, ela própria, não estiver manifesta. Embora a semente de uma delusão seja a causa substancial dessa delusão e subsista dentro de nós o tempo todo, ela irá produzir uma delusão manifesta somente quando as demais causas necessárias da delusão estejam presentes. Por exemplo, temos dentro de nós a semente da raiva, mesmo quando nossa mente está tranquila, pacífica; mas a raiva não irá se manifestar em nossa mente até que as demais causas da raiva – como um objeto desagradável e a atenção imprópria – se reúnam.

Um Destruidor de Inimigos abandonou, totalmente, as sementes de todas as delusões. Assim, mesmo que um Destruidor de Inimigos se depare com as demais causas de delusão – tais como um objeto atraente ou desagradável – ele (ou ela) não será capaz de desenvolver delusões. Os Destruidores de Inimigos são assim denominados porque destruíram o inimigo interior, as delusões, por erradicarem suas sementes. As delusões são as principais obstruções à libertação porque, até que sejam erradicadas, não conseguiremos alcançar a libertação do samsara.

É importante distinguir entre as sementes das delusões e as marcas das delusões. Como já foi explicado, as sementes das delusões são as causas substanciais das delusões e são obstruções à libertação. As marcas das delusões, por outro lado, não são causas de delusão, mas os efeitos das delusões. Mesmo após termos abandonado as delusões pela erradicação de suas sementes, as marcas das delusões permanecem, do mesmo modo que o cheiro de alho permanece num recipiente muito tempo após o alho ter sido removido dele. Porque os Hinayanas Destruidores de Inimigos não abandonaram as marcas das delusões, os fenômenos ainda aparecem para as suas mentes como inerentemente existentes, embora os Hinayanas Destruidores de Inimigos não mais se aferrem à existência inerente. Eles são como um mágico que consegue ver uma ilusão que ele próprio criou, mas que não é enganado por ela.

Porque as marcas das delusões fazem com que os fenômenos apareçam como inerentemente existentes, elas nos impedem de realizar, direta e simultaneamente, as duas verdades; e, devido a isso, as marcas das delusões nos impedem de alcançar a mente onisciente que pode ver e perceber todos os fenômenos direta e simultaneamente. É por essa razão que elas são denominadas "obstruções à onisciência". Para removê-las, precisamos continuar a meditar sobre a vacuidade no Caminho Mahayana da Meditação. Assim, ao passo que as sementes das delusões (as obstruções à libertação) são o principal objeto de abandono para os Hinayanistas, as marcas das delusões (as obstruções à onisciência) são os principais objetos de abandono para os Mahayanistas.

O OBJETO

As delusões não podem surgir sem um objeto. Por exemplo, não podemos desenvolver apego sem perceber ou relembrar um objeto atraente; e, sem perceber ou relembrar um objeto desagradável, não conseguimos desenvolver raiva. Assim, quanto menos objetos de delusão encontrarmos, menos delusões iremos desenvolver.

A fim de reduzir o número de objetos de delusão que encontram, alguns praticantes de Dharma retiram-se para locais isolados para praticarem em solidão. Muitos textos louvam e recomendam a solidão para aqueles que desejam se empenhar em retiro e demais formas de prática concentrada. Em *As Trinta e Sete Práticas dos Filhos dos Conquistadores*, Thogme Zangpo menciona três benefícios de se confiar, ou apoiar-se, na solidão:

Por evitar objetos não virtuosos, as delusões gradualmente
  diminuem;
Sem distrações, as ações virtuosas aumentam naturalmente;
E, pela clareza da mente, a compreensão definitiva do
  Dharma desenvolve-se;
Por essas razões, confiar na solidão é a prática dos Filhos
  dos Conquistadores.

Em *Guia do Estilo de Vida do Bodhisattva*, Shantideva também nos adverte de que, se quisermos desenvolver profunda experiência de Dharma, devemos abandonar nosso apego às atividades mundanas e permanecer em solidão mental e física.

Embora possamos ser capazes de, até certo ponto, evitar objetos de delusão por nos retirarmos para um local isolado, não seremos capazes de evitar totalmente tais objetos. Mesmo que vivêssemos em uma caverna isolada, haveria algumas partes da caverna que apareceriam como mais atraentes que outras partes, e algumas condições climáticas pareceriam ser mais agradáveis que outras. Em pouquíssimo tempo, iríamos nos encontrar preferindo um tipo de cantar de pássaro a outro e ainda teríamos as memórias de outros objetos de delusão. Já que estamos tão acostumados a encontrar uma profusão de objetos de delusão aonde quer que vamos, a melhor maneira de evitá-los é praticando a restrição das portas das faculdades sensoriais. Se praticarmos dessa maneira, seremos capazes de impedir que as delusões surjam, onde quer que estejamos.

ATENÇÃO IMPRÓPRIA

Mesmo que nossa mente se encontre com um objeto de delusão, a delusão somente irá surgir em nossa mente se permitirmos que a atenção imprópria se desenvolva. Em geral, atenção imprópria é uma mente que se demora, ou se detém, em um objeto contaminado e exagera suas qualidades aparentes. Existem muitos níveis de atenção imprópria: desde a atenção imprópria muito sutil até a atenção imprópria muito densa. Sempre que os seres comuns veem ou percebem um objeto, eles naturalmente apreendem o objeto como sendo inerentemente existente. Essa mente de agarramento é, ela própria, um exagero e um tipo sutil de atenção imprópria.

Como resultado de nos aferrarmos às coisas como se fossem inerentemente existentes, exageramos suas qualidades de serem atraentes ou suas qualidades de serem desagradáveis ou repulsivas e, assim, desenvolvemos apego desejoso ou raiva. Ao passo que o desenvolvimento inicial do agarramento ao em-si é a atenção imprópria sutil, o exagero subsequente das boas ou más qualidades de um objeto é a atenção imprópria densa. A atenção imprópria sutil pode ser superada somente pela realização direta da vacuidade. A atenção imprópria densa é superada pela aplicação de contínua-lembrança, vigilância e conscienciosidade.

FAMILIARIDADE

A razão pela qual naturalmente desenvolvemos delusões – ao passo que temos de aplicar muito esforço para cultivar mentes virtuosas – é que estamos muito familiarizados com as delusões. Nossa mente tem se tornado íntima das delusões desde tempos sem início e, por essa razão, os hábitos mentais deludidos estão enraizados muito profundamente. Podemos reverter gradualmente essa situação por meio do treino nos vários oponentes às delusões e, dessa forma, nos familiarizarmos com virtude ao invés de delusões. Quanto mais familiarizados estivermos com as mentes virtuosas, menos delusões irão se desenvolver. Por fim, alcançaremos o ponto em que será muito mais fácil desenvolver mentes virtuosas do que desenvolver delusões.

DISTRAÇÃO E SER INFLUENCIADO PELOS OUTROS

Imitamos, naturalmente, as pessoas com as quais convivemos. Por exemplo, se tivermos uma amizade bastante próxima com alguém que discorde do Dharma ou que, regularmente, se envolva em ações não virtuosas, gradualmente ficaremos sob sua influência e começaremos a adotar sua visão e seu comportamento. Se nossos amigos forem bastante aficcionados por beber, fumar ou se envolver em ações temerárias ou irresponsáveis, em pouco tempo estaremos desenvolvendo as mesmas tendências; e se eles forem ladrões, poderemos até mesmo seguir o exemplo deles e começar a roubar! Se alguém, bastante próximo de nós, abandonar sua prática de Dharma, isso poderá deixar uma impressão em nossa mente e que irá nos levar a seguir seu exemplo no futuro. Se cairmos sob a influência de maus amigos, o vigor de nossas atividades virtuosas diminuirá e nossas delusões irão crescer. Bons amigos, por outro lado, têm influência benéfica sobre nós. Assim, se tivermos um amigo que seja um puro praticante de Dharma, naturalmente iremos adotar sua visão e comportamento e, desse modo, gradualmente desenvolveremos as mesmas boas qualidades.

Porque somos tão facilmente influenciados por nossos amigos, é importante escolher bons amigos. Nossos amigos de Dharma são, em alguns aspectos, mais importantes que nosso professor, pois estamos o tempo todo com nossos amigos, ao passo que vemos nosso professor apenas ocasionalmente. Bons amigos de Dharma nos ajudam a alcançar a libertação, ao passo que maus amigos fazem com que renasçamos nos reinos inferiores.

Certa vez, no Tibete, havia dois amigos que viviam numa região denominada Pembo. Um deles bebia muito e, frequentemente, envolvia-se em ações imorais e desonestas, enquanto o outro levava uma vida irrepreensível. Um dia, o amigo bom mudou-se para Lhasa, onde começou a trabalhar em uma taverna. Aos poucos, fez amizade com os clientes e, como resultado, caiu sob a influência deles. Ele começou a beber e seu comportamento habitual deteriorou-se gradualmente. Na mesma época, seu amigo, que anteriormente mostrava um mau exemplo, mudou-se para Reting – uma cidade com um famoso monastério – onde se tornou o assistente de um grande geshe. Sob a influência e conselhos do geshe, ele finalmente abandonou a bebida e se tornou um puro praticante de Dharma, com conduta impecável. Mais tarde, quando os dois amigos novamente se encontraram, ficaram surpresos ao ver que seus comportamentos haviam se invertido totalmente!

Ouvir ensinamentos ou conselhos equivocados ou insensatos também dá surgimento às delusões. Ensinamentos equivocados ou insensatos podem fazer com que desenvolvamos pensamentos negativos em relação às Três Joias e que encontremos falhas nos Guias Espirituais em quem, anteriormente, tínhamos fé. Eles podem, até mesmo, fazer com que abandonemos o Dharma. Tais ensinamentos nos confundem ao nos fazer desenvolver muitas opiniões conflitantes. Por exemplo, muitos professores advogam que o apego é um ingrediente necessário para uma vida emocional saudável, ou nos incentivam a expressar nossa raiva livremente, ou nos encorajam a desenvolver formas de autoconfiança que, em verdade, são tipos de orgulho deludido. Ouvir tais ensinamentos prejudica seriamente nossa prática de

Dharma e faz com que desperdicemos nossa preciosa vida humana. Precisamos compreender o perigo de seguir tais ensinamentos incorretos e confiar em ensinamentos puros e autênticos.

MAUS HÁBITOS

Se tivermos maus hábitos físicos (como os hábitos de matar, roubar, má conduta sexual, beber, fumar ou utilizar drogas) ou maus hábitos verbais (como os hábitos de mentir, falar coisas sem sentido ou que não sejam significativas, ou ler livros que contradigam o Dharma), esses hábitos farão com que nossas delusões se fortaleçam. Maus hábitos são a causa principal para que fortes delusões surjam em nossa mente.

Se pensarmos profundamente sobre as seis causas de delusões, veremos que existem muitas medidas temporárias que podemos utilizar para reduzir sua intensidade e frequência. No entanto, para abandonar totalmente as delusões, precisamos desenvolver a sabedoria que realiza diretamente a vacuidade.

CLASSES DE DELUSÃO

Do ponto de vista do reino, existem três tipos de delusão:

1. Delusões do reino do desejo;
2. Delusões do reino da forma;
3. Delusões do reino da sem-forma.

Dentre esses três tipos, as delusões do reino do desejo são as mais densas; as delusões do reino da forma são mais sutis que as do reino do desejo; e as delusões do reino da sem-forma são as mais sutis. Todas as delusões que se manifestam antes da aquisição do tranquilo-permanecer são delusões do reino de desejo. Essas delusões desenvolvem-se mais rapidamente e mais fortemente que as delusões de reinos mais elevados. Existem três níveis de delusão do reino do desejo: grande, mediano e pequeno. Uma pessoa com uma raiva *grande*, por exemplo, irá ficar com muita raiva por causa de incidentes insignificantes; uma pessoa com raiva *mediana* irá ficar com raiva quando confrontada com grandes problemas ou situações para o surgimento da raiva, mas não quando se encontrar com pequenas situações para a raiva; e uma pessoa com raiva *pequena* irá ficar, apenas, levemente irritada quando confrontada com um grande problema. O mesmo se aplica às demais delusões do reino do desejo. Podemos reconhecer esses três níveis de delusão a partir de nossa própria experiência.

Cada um desses três níveis das delusões do reino do desejo é dividido, por conseguinte, em grande, mediano e pequeno; portanto, cada uma das delusões do reino do desejo possui, no total, nove níveis: desde o nível *grande-grande* até o nível *pequeno-pequeno*. Começamos pela eliminação do nível mais denso de cada uma das delusões e, depois, progressivamente, eliminamos os níveis mais sutis. Esse processo é semelhante a apagar um incêndio. Não podemos extinguir totalmente um grande incêndio de uma só vez – o que devemos fazer é reduzir, gradualmente, sua intensidade até que, por fim, fiquemos apenas com algumas brasas sob as cinzas para serem apagadas.

O reino da forma tem quatro níveis, conhecidos como o primeiro reino da forma, o segundo reino da forma, o terceiro reino da forma e o quarto reino da forma; e o reino da sem-forma também possui quatro níveis, denominados: espaço infinito; consciência infinita; nada; e topo do samsara. Existem, portanto, nove reinos nos quais os seres sencientes podem renascer: o reino do desejo, os quatro reinos da forma e os quatro reinos da sem-forma. Cada um desses nove reinos possui nove níveis de delusão, desde o nível *grande-grande* até o nível *pequeno-pequeno*, totalizando 81 níveis de delusão. Para alcançarmos a libertação, precisamos identificar e abandonar todas essas delusões.

O nível mais denso de delusões, dentre os 81 níveis, é o nível das delusões *grande-grande* do reino do desejo, e o mais sutil é o nível *pequeno-pequeno* das delusões do topo do samsara. Quando tivermos abandonado o nível *pequeno-pequeno* das delusões do topo do samsara, teremos alcançado a libertação. Os primeiros oitenta níveis de delusão podem ser temporariamente abandonados simplesmente por força de concentração – isso pode ser alcançado até mesmo por praticantes ou meditadores não-budistas; mas, para abandonar o octogésimo primeiro nível de delusão, precisamos tanto de renúncia autêntica quanto da sabedoria que realiza diretamente a vacuidade.

Do ponto de vista de sua causa, existe uma classificação dupla da delusão:

1. Delusões inatas;
2. Delusões intelectualmente formadas.

As delusões inatas são delusões que surgem naturalmente a partir das marcas das vidas passadas – por exemplo, todas as delusões dos animais e a maioria das delusões dos seres humanos, tais como o nosso habitual agarramento ao em-si. As delusões intelectualmente formadas são delusões que surgem como resultado de confiarmos em sistemas filosóficos incorretos ou em raciocínios falhos. Por exemplo, alguns sistemas filosóficos advogam o sacrifício de animais, alegando que isso é uma ação virtuosa que deleita os deuses. Se sustentarmos uma visão errônea como essa, isso é uma delusão intelectualmente formada. Outro exemplo de delusão intelectualmente formada é acreditar que as guerras são boas ou que são espiritualmente justificáveis. É improvável que budistas sejam influenciados por tais visões errôneas, mas, mesmo assim, podemos desenvolver delusões intelectualmente formadas por meio de nosso próprio desenvolvimento de raciocínios incorretos. Por exemplo, após vários anos de esforço em praticar o Dharma, podemos achar que fizemos pouco progresso e concluir que o Dharma não funciona, ou talvez cheguemos à conclusão de que os Budas não existem porque não podemos vê-los. As escolas budistas inferiores ensinam que os fenômenos são inerentemente existentes e, como resultado, os partidários dessas escolas desenvolvem agarramento ao em-si intelectualmente formado. De modo semelhante, existem muitas delusões intelectualmente formadas que resultam de seguirmos ou aderirmos a tradições não budistas.

Ao alcançar o Caminho da Visão, abandonamos todas as delusões intelectualmente formadas; porém, as delusões inatas permanecem. As delusões inatas são abandonadas no Caminho da Meditação. Quando as delusões *pequenas-pequenas* do topo do samsara forem abandonadas, estaremos libertos do samsara. No entanto, se quisermos alcançar a plena iluminação, ou Budeidade, precisaremos ainda abandonar as marcas dos 81 níveis de delusão. Abandonamos essas marcas no oitavo, nono e décimo solos do Caminho Mahayana da Meditação. Por fim, com a concentração semelhante-a-um-vajra do Caminho Mahayana da Meditação, erradicaremos as mais sutis marcas das delusões e, simultaneamente, alcançaremos a Budeidade.

No momento presente, desenvolvemos delusões do reino do desejo e, por essa razão, precisamos primeiramente nos empenhar para abandoná-las. Após termos alcançado o tranquilo-permanecer, desenvolveremos somente delusões do reino da forma e do reino da sem-forma. Ao eliminarmos gradualmente essas delusões, estaremos, ao fim, libertos do samsara. Ao compreender esse processo, ganharemos confiança na possibilidade de alcançar a libertação e iremos perceber a grande importância de uma prática sincera do Dharma.

Do ponto de vista da entidade, existe outra classificação dupla da delusão:

1. Delusões raízes;
2. Delusões secundárias.

As delusões raízes e secundárias serão, agora, explicadas em detalhes.

As Seis Delusões Raízes

AS SEIS DELUSÕES raízes são as delusões principais, a partir das quais todas as demais delusões surgem. São elas:

1. Apego desejoso;
2. Raiva;
3. Orgulho deludido;
4. Ignorância;
5. Dúvida deludida;
6. Visão deludida.

APEGO DESEJOSO

DEFINIÇÃO DO APEGO DESEJOSO

A definição do apego desejoso é: o fator mental deludido que observa seu objeto contaminado, considera-o uma causa de felicidade e o deseja.

Apego desejoso não é idêntico ao desejo. Há muitos desejos não deludidos que são adequados de cultivar. Por exemplo: o desejo de alcançar a libertação e a iluminação, o desejo de ajudar os outros ou, inclusive, o desejo de abandonar o apego desejoso. Até mesmo Budas e Destruidores de Inimigos têm desejos.

O apego desejoso desenvolve-se da seguinte maneira. Primeiramente, percebemos ou nos lembramos de um objeto contaminado e sentimos que ele é atraente; depois, focamos nossa atenção em suas boas qualidades e as exageramos. Com uma percepção ou sentimento exagerado sobre a atratividade do objeto, consideramo-lo agradável e desenvolvemos desejo por ele. Por fim, nosso desejo nos prende – ou apega – ao objeto de tal maneira que é como se estivéssemos grudados ao objeto ou absorvidos nele. O apego desejoso ocorre somente quando todas essas etapas estiverem concluídas. Precisamos ser cuidadosos ao fazer a distinção entre apego e amor. Amor é uma mente virtuosa que cria, somente, paz e felicidade, ao passo que o apego nunca é virtuoso e causa dor e problemas.

CLASSES DO APEGO DESEJOSO

Do ponto de vista do momento, ou época, existem três tipos de apego desejoso:

1. Apego desejoso a objetos passados;
2. Apego desejoso a objetos presentes;
3. Apego desejoso a objetos futuros.

Um exemplo do primeiro tipo é lembrar-se de um amigo e, por apego, ansiar fortemente por encontrá-lo novamente. Desenvolvemos com frequência esse tipo de apego quando nos entregamos à nostalgia – por exemplo, quando relembramos os parentes que faleceram, as posses que já tivemos, os lugares em que morávamos ou os bons momentos que desfrutamos no passado. Exemplos de apego desejoso a objetos presentes são: desejar, por apego, que os prazeres que estamos a desfrutar agora durem para sempre; ou desejar nunca estar separado de nossos amigos atuais, das posses que temos hoje e assim por diante. A ansiedade que sentimos quando pensamos em estar separados de nosso cônjuge ou companheiro ou de perder nossas posses vem desse tipo de apego desejoso. Exemplos de apego desejoso a objetos futuros são: desejar, por apego, conhecer um companheiro atraente; adquirir riqueza ou ter uma casa maior. Ainda que nunca possamos

AS SEIS DELUSÕES RAÍZES

adquirir tais objetos, mesmo assim gastamos muito tempo planejando ou devaneando sobre eles – tudo isso devido a esse tipo de apego. O apego a objetos futuros é a base para a maior parte de nosso descontentamento, desapontamento e frustração. Do ponto de vista da entidade, o apego desejoso pode ser classificado em três tipos (grande, mediano e pequeno) ou em 81 tipos (os nove níveis de apego desejoso de cada um dos nove reinos mencionados anteriormente). O tipo mais denso de apego desejoso é o apego desejoso grande-grande do reino do desejo, e o mais sutil é o apego desejoso pequeno-pequeno do topo do samsara. Todos eles estão incluídos nos três tipos a seguir:

1. Apego desejoso do reino do desejo;
2. Apego desejoso do reino da forma;
3. Apego desejoso do reino da sem-forma.

Do ponto de vista do objeto do apego desejoso, existe outra classificação tripla:

1. Apego desejoso a lugares samsáricos;
2. Apego desejoso a prazeres samsáricos;
3. Apego desejoso a corpos samsáricos.

COMO ABANDONAR O APEGO DESEJOSO

Para erradicar totalmente o apego, precisamos desenvolver renúncia e, então, meditar sobre a vacuidade até que as sementes do apego sejam removidas de nossa mente. Podemos abandonar o apego temporariamente por contemplar suas falhas e, depois, aplicar os oponentes apropriados, como a meditação sobre a impermanência ou a meditação sobre a qualidade do objeto ser desagradável ou repulsivo. A base de todas essas práticas é compreender a grande importância de abandonar o apego por meio de contemplar suas falhas e, então, desenvolver a forte determinação de abandoná-lo.

Quais são as falhas do apego? Nos Sutras, Buda diz que os seres vivos estão amarrados à prisão do samsara pela corda do apego desejoso. A razão pela qual vivenciamos sofrimentos e problemas é que permanecemos no samsara; a razão pela qual permanecemos no samsara é que não temos feito esforço algum para escapar dele; a razão pela qual não temos feito esforço algum para escapar dele é que não temos o desejo de escapar; e a razão pela qual não temos o desejo de escapar é que estamos fortemente apegados aos lugares, prazeres e corpos do samsara. Por essa razão, o apego é a raiz de todo o nosso sofrimento e problemas.

Quando o apego surge em nossa mente, ele não parece ser prejudicial; ao contrário, ele normalmente nos parece benéfico. É exatamente por essa razão que é tão importante contemplar, repetidamente, as falhas do apego e reconhecê-lo como uma delusão que atua, somente, causando-nos mal e prejuízo. Por que os criminosos acabam indo para a prisão? O motivo é que eles foram levados a cometerem crimes devido ao seu apego desejoso – ou seja, o desejo descontrolado pela satisfação de seus próprios desejos. Por que sofremos de doenças e problemas de saúde, como as doenças do coração? Na maioria das vezes, é porque nosso apego nos leva a nos entregarmos a alimentos e bebidas que fazem mal para nós. Por que casamentos e demais relacionamentos terminam com tanta frequência? O motivo é que somos levados pelo apego a procurar outros companheiros. O apego é a principal causa de insatisfação. O apego jamais causa contentamento – ele causa somente desassossego, perturbação e descontentamento. Compreendendo isso, devemos tomar a firme decisão de abandonar o apego e, então, aplicar os métodos adequados.

RAIVA

DEFINIÇÃO DA RAIVA

A definição da raiva é: o fator mental deludido que observa seu objeto contaminado, exagera suas más qualidades, considera-o desagradável e deseja prejudicá-lo.

A raiva pode ser dirigida contra qualquer um, até mesmo contra nossos amigos. Podemos, também, ficar enraivecidos com objetos inanimados, tais como condições climáticas ruins, comida ruim ou por não conseguirmos satisfazer nossos desejos.

CLASSES DA RAIVA

Do ponto de vista da entidade, existem nove tipos de raiva: desde a grande-grande até a pequena-pequena. No entanto, já que a raiva é, exclusivamente, uma delusão do reino do desejo, não existem 81 níveis de raiva, como ocorre com o apego desejoso e o agarramento ao em-si. A raiva é uma mente muito densa e rude, e, como os seres nos reinos da forma e da sem-forma sempre têm mentes tranquilas e refinadas, eles não ficam com raiva.

Do ponto de vista sobre como a raiva é gerada, existe também uma classificação nônupla:

1. Raiva dirigida a alguém ou algo que nos prejudicou no passado;
2. Raiva dirigida a alguém ou algo que está nos prejudicando agora;
3. Raiva dirigida a alguém ou algo que poderá nos prejudicar no futuro;
4. Raiva dirigida a alguém ou algo que prejudicou nossos amigos ou parentes no passado;
5. Raiva dirigida a alguém ou algo que está prejudicando nossos amigos ou parentes agora;
6. Raiva dirigida a alguém ou algo que poderá prejudicar nossos amigos ou parentes no futuro;
7. Raiva dirigida a alguém ou algo que ajudou nosso inimigo no passado;
8. Raiva dirigida a alguém ou algo que está ajudando nosso inimigo agora;
9. Raiva dirigida a alguém ou algo que poderá ajudar nosso inimigo no futuro.

COMO ABANDONAR A RAIVA

Do mesmo modo que o apego, a raiva somente pode ser definitivamente erradicada ao se obter uma realização direta da vacuidade; porém, a raiva pode ser temporariamente abandonada por meditarmos em seus oponentes: paciência e amor. Para praticar paciência precisamos, primeiramente, contemplar as muitas falhas da raiva. A raiva não atua de outro modo a não ser nos prejudicando; ela é a mais prejudicial e a mais destrutiva dentre todas as delusões. Em *Contos de Buda*, Mestre Vira diz:

Devido ao fogo da raiva, nossa beleza é perdida.

Embora possamos ter nos empenhado exaustivamente para tornar nossa aparência atraente, nossa beleza desaparece tão logo fiquemos com raiva. Quando um amigo, do qual gostamos, está tomado pela raiva, nosso amor por ele se transforma em medo. A raiva nos impede de desfrutar das coisas que, normalmente, nos dão prazer. Podemos estar deitados, repousando em um colchão macio, ou podemos estar comendo uma comida deliciosa, mas se ficarmos com raiva nossa mente ficará atormentada, sofrendo. Embora nossos pais e professores tenham, exclusivamente, demonstrado bondade para conosco, se eles fizerem algo de que não gostamos, podemos ficar com raiva e tratá-los mal. A raiva faz com que desconsideremos muitos anos de cuidados dispendidos por nossos pais e pode destruir, totalmente, nossa relação com eles.

Se, constantemente, ficarmos com raiva, iremos nos tornar impopulares e isso irá dificultar a satisfação de nossos desejos. Quando estamos com mau humor, ficamos tão desagradáveis que até mesmo nossos amigos mais próximos se afastam de nós. Utilizamos uma linguagem áspera e injuriosa e agimos de modo destrutivo e, até mesmo, violento. Quando estamos com raiva, nossa sabedoria diminui e perdemos nossa habilidade normal de discriminar o certo do errado. Sob a influência da raiva, agimos temerariamente, e mesmo que nossos amigos aconselhem a ficarmos calmos, ignoramos seus conselhos. Em resumo, a raiva torna a nossa mente muito rude e descontrolada, priva-nos de nossa felicidade e perturba os outros. Contemplando esses pontos, devemos tomar a firme determinação de não ficar com raiva.

Quando acordamos pela manhã, devemos relembrar as falhas da raiva e prometer, a nós mesmos, não ficar com raiva naquele dia. Sempre que experienciarmos infortúnios ou desapontamento, devemos imediatamente relembrar nossa promessa e acalmar nossa mente antes que a raiva se desenvolva. Se praticarmos desse modo todos os dias, a força da nossa raiva irá diminuir constantemente, até que, por fim, nada poderá nos enraivecer. Quando estivermos livres da raiva, os outros irão nos apreciar e respeitar e, então, conheceremos, por nossa própria experiência, os benefícios de impedir a raiva.

Não precisamos estar sentados em uma almofada de meditação para praticar paciência ou amor. Aplicando contínua-lembrança e vigilância, podemos praticar paciência e amor a qualquer momento, combinando todas as nossas atividades diárias com essas virtudes. Enquanto permanecermos no samsara, devemos esperar apenas por problemas e dificuldades. No samsara, é impossível permanecer em um estado de paz para sempre; paz duradoura, eterna, pode ser encontrada somente se fugirmos do samsara. Enquanto permanecermos no samsara é inevitável que soframos, pois o sofrimento é a verdadeira natureza do samsara. Portanto, em vez de ficarmos aborrecidos ou irritados com o sofrimento, devemos aceitá-lo como inteiramente natural. Se colocarmos nossa mão no fogo, esperaremos nos queimar, pois é da natureza do fogo queimar. Do mesmo modo, se renascemos no samsara, não devemos ficar surpresos ao vivenciar sofrimento, pois o samsara é da natureza do sofrimento. Pensar dessa maneira nos ajuda a impedir a raiva, inclusive quando estamos em situações de adversidade. Se aplicarmos os ensinamentos do treino da mente, poderemos, ao invés de ficarmos com raiva quando experienciarmos dificuldades, utilizar essas situações para desenvolver renúncia ou compaixão, para purificar nossas negatividades e para praticar paciência. Como Shantideva explica em *Guia do Estilo de Vida do Bodhisattva*, devemos nos considerar extremamente afortunados quando nos deparamos com situações difíceis ou estamos com pessoas desagradáveis, porque essas situações e pessoas nos oferecem a oportunidade para melhorar nossa paciência e, sem que melhoremos nossa paciência, não podemos alcançar a iluminação. Se tivermos tomado os votos bodhisattva ou os votos tântricos, temos o compromisso de praticar paciência; portanto, quando encontrarmos uma oportunidade para praticar paciência, devemos fazer o melhor uso dela. Quanto mais nossa paciência for testada, mais forte ela irá se tornar e mais rapidamente conquistaremos a Budeidade.

ORGULHO DELUDIDO

DEFINIÇÃO DO ORGULHO DELUDIDO

A definição do orgulho deludido é: o fator mental deludido que, por considerar e exagerar nossas próprias boas qualidades ou posses, sente-se arrogante.

O orgulho deludido é uma visão inflada de nós mesmos, que surge como resultado de considerar nossas próprias qualidades – como nossa riqueza, beleza, vigor, educação, conhecimento, prestígio, posição social ou raça/etnia. Estar consciente, simplesmente, de que temos uma qualidade específica ou de que, sob determinado aspecto, somos melhores que outras pessoas, não é necessariamente orgulho deludido – isso pode ser, apenas, o reconhecimento de uma verdade. O orgulho deludido surge quando nossa mente encontra-se "inflada" por um sentimento exagerado de nossa própria importância.

Existem tipos de orgulho não deludido que devemos cultivar; porém, eles não são, de fato, a delusão orgulho. Shantideva explica três tipos de orgulho não deludido que são essenciais para concluir o poder do esforço: orgulho com relação a nosso potencial, orgulho de nossas ações e orgulho de pensar que podemos destruir nossas delusões. O primeiro tipo, o orgulho com relação a nosso potencial, está fundamentado no reconhecimento de nosso potencial espiritual e nos leva a pensar "eu posso e irei alcançar a Budeidade". O segundo tipo, o orgulho de nossas ações, é uma forte determinação de fazer ações virtuosas; por exemplo, a mente de intenção superior, que pensa "eu irei libertar todos os seres sencientes do sofrimento". O terceiro tipo, o orgulho de pensar que podemos destruir nossas delusões, é o pensamento "eu posso conquistar todas as minhas delusões; elas nunca irão me conquistar". Se carecermos dessa autoconfiança, facilmente seremos derrotados pelo desencorajamento e por interferências malévolas. Outro tipo de orgulho não deludido é o orgulho divino que é cultivado no Mantra Secreto. O orgulho divino difere do orgulho comum porque o *eu* que é observado pelo orgulho divino é imputado – ou designado, atribuído – na dependência dos agregados puros da Deidade, em vez de ser imputado a agregados contaminados, como o orgulho comum o faz. Todos esses tipos de orgulho não deludido tornam a nossa mente pacífica e virtuosa.

CLASSES DO ORGULHO DELUDIDO

Existem sete tipos de orgulho deludido:

1. Orgulho em relação a inferiores;
2. Orgulho em relação a iguais;
3. Orgulho em relação a superiores;
4. Orgulho de identidade;
5. Orgulho pretensioso;
6. Orgulho de emulação;
7. Orgulho errôneo.

O primeiro tipo (orgulho em relação a inferiores) é sentir-se superior a alguém que, com relação a alguma característica, é inferior a nós;

o segundo tipo (orgulho em relação a iguais) é sentir-se superior a alguém que é igual a nós; o terceiro tipo (orgulho em relação a superiores) é sentir-se superior a alguém que é mais elevado que nós. O quarto tipo de orgulho (orgulho de identidade) é um sentimento inflado de autoimportância, fundamentado, simplesmente, em nossa identidade – por exemplo, sentir-se orgulhoso por ser inglês, ter orgulho de ser branco, sentir-se orgulhoso por ser homem ou ter orgulho de ser um meditador tântrico. O orgulho pretensioso é acreditar que temos qualidades que não possuímos – por exemplo, pensar que a mais leve paz mental que alcançamos em meditação já é o tranquilo-permanecer propriamente dito, ou pensar que somos um puro praticante de Dharma embora estejamos grandemente motivados por interesses mundanos. O orgulho de emulação é sentir-se igual ou quase igual a alguém que é imensamente superior a nós – como os Budas, Bodhisattvas ou nosso Guia Espiritual o são, por exemplo. Orgulho errôneo é o orgulho por ações inadequadas, tais como o orgulho de ser um atirador com muita perícia quando atira em pássaros, ter orgulho de furtar uma loja sem ser percebido, ou pensar que somos um excelente professor embora os ensinamentos que damos sejam errôneos.

COMO ABANDONAR O ORGULHO

Como acontece com todas as delusões, o primeiro passo para abandonar o orgulho é reconhecer suas falhas. As duas principais desvantagens do orgulho são que ele faz com que desrespeitemos os outros e ele é um obstáculo para aumentar nosso conhecimento e boas qualidades. É difícil, para uma pessoa orgulhosa, receber muito benefício do Dharma porque ela não consegue ouvir os ensinamentos de Dharma com uma mente aberta. Isso é particularmente verdadeiro para as pessoas que estudaram outras tradições religiosas ou filosóficas e que sentem que já compreendem determinados assuntos. Quando tais pessoas ouvem uma visão diferente nos ensinamentos de Dharma, concluem que o Dharma é incorreto e sem relevância para elas.

Se estivermos estudando o Dharma há bastante tempo, podemos achar, ao ouvir ensinamentos ou ler um livro, que já conhecemos o tema e, por essa razão, prestamos apenas uma atenção superficial ao que estamos ouvindo ou lendo. Isso é um tipo de orgulho que nos impede de obter profundas experiências de Dharma. A única maneira de evitar esse tipo de orgulho é colocando os ensinamentos em prática e, assim, obter alguma experiência de seu significado. Se tivermos provado do "sabor" do Dharma, acharemos todos os ensinamentos inspiradores, não importa quantas vezes os tenhamos ouvido. Como os tibetanos dizem:

> Uma pessoa má pode ser dominada e disciplinada pelo Dharma, mas um orgulhoso não.

Existem vários métodos para eliminar o orgulho. Por exemplo, se somos orgulhosos de nosso conhecimento, podemos investigar tópicos profundos e sutis, tais como os apresentados no nono capítulo do *Guia do Estilo de Vida do Bodhisattva*. Descobriremos, rapidamente, que ainda temos muito que aprender, e nossa mente irá se tornar humilde. Outra maneira de destruir nosso orgulho é compreender o quanto somos vulneráveis e privados de liberdade – para obter essa compreensão, meditamos em todas as experiências desagradáveis que temos de sofrer sem escolha, tais como o nascimento, doença, envelhecimento e morte. No momento atual, podemos ser bonitos, saudáveis, inteligentes e bem-sucedidos, mas não temos nenhum poder para permanecer assim. Por fim, sem escolha alguma, teremos de nos tornar velhos, decrépitos, empobrecidos, inválidos ou senis. Se nos compararmos com os seres realizados, que têm perfeita liberdade e cuja felicidade não pode ser destruída por condições exteriores, rapidamente perderemos nosso orgulho.

IGNORÂNCIA

DEFINIÇÃO DA IGNORÂNCIA

A definição da ignorância é: o fator mental que está confuso sobre a natureza de um objeto e que atua para induzir percepção errônea, dúvida e demais delusões.

Se, por exemplo, confundirmos uma cobra de brinquedo com uma cobra de verdade, temos uma ignorância sobre a natureza da cobra de brinquedo e, na dependência dessa ignorância, desenvolvemos a percepção errônea que apreende a cobra de brinquedo como uma cobra de verdade. Portanto, existem duas etapas distintas envolvidas no desenvolvimento da percepção errônea. Primeiramente, temos ignorância, que não compreende a natureza verdadeira do objeto; e depois, como resultado desse desconhecimento, desenvolvemos um equívoco sobre o objeto. Assim, no exemplo da cobra de brinquedo, nós simplesmente falhamos, primeiramente, em compreender que a cobra de brinquedo – um objeto longo e fino – é uma cobra de borracha; depois, essa incompreensão fez com que equivocássemos o objeto com uma cobra de verdade.

A ignorância fundamental é a ignorância sobre a natureza última dos fenômenos. Essa ignorância é a verdadeira raiz do samsara e a base de todos os nossos equívocos, falhas e erros. Essa ignorância também se desenvolve em duas etapas. Até que compreendamos e realizemos a vacuidade, não teremos consciência da natureza última dos fenômenos, e essa não-consciência é a ignorância fundamental. Como resultado desse desconhecimento, desenvolvemos a percepção errônea propriamente dita – o agarramento ao em-si que equivoca os fenômenos como verdadeiramente existentes.

Embora a percepção errônea não compreenda seu objeto, ela não é, necessariamente, ignorância; o motivo é que a ignorância é um fator mental, e a percepção errônea pode ser uma mente primária. No entanto, todas as percepções errôneas possuem o fator mental ignorância e é isso que impede a mente primária de compreender a natureza de seu objeto, fazendo com que ela apreenda incorretamente seu objeto.

A mente de todos os seres do reino do desejo, do reino da forma e do reino da sem-forma é totalmente permeada pela ignorância. Nunca há um momento em que os seres comuns não desenvolvam ignorância.

CLASSES DA IGNORÂNCIA

Existem dois tipos de ignorância:

1. Ignorância sobre as verdades convencionais;
2. Ignorância sobre as verdades últimas.

O primeiro tipo de ignorância é uma confusão sobre qualquer objeto que não seja a vacuidade; e o segundo tipo de ignorância é uma confusão sobre a própria vacuidade. Todos os tipos de ignorância estão incluídos nessas duas categorias.

Existe outra divisão dupla da ignorância:

1. Ignorância sobre as ações e seus efeitos, ou carma;
2. Ignorância sobre a vacuidade.

O primeiro tipo de ignorância é causa de renascimento inferior, em particular; o segundo tipo de ignorância é causa de renascimento no samsara, em geral. Porque não compreendemos as falhas das ações não virtuosas ou os benefícios das ações virtuosas, nos comportamos de diversas maneiras que resultam no renascimento em migrações infelizes. Quando compreendermos corretamente as ações e seus efeitos, naturalmente iremos nos empenhar em acumular ações virtuosas e abandonar ações não virtuosas e, assim, nos proteger do renascimento inferior. No entanto, mesmo que compreendamos as leis do carma e venhamos a agir de acordo com elas, ainda continuaremos a executar ações que nos arremessam ao samsara até que abandonemos, por meio da realização direta da vacuidade, a ignorância sobre a vacuidade. Mesmo ações virtuosas motivadas pelo agarramento ao em-si são verdadeiras origens, a fonte de renascimento samsárico.

COMO ABANDONAR A IGNORÂNCIA

Já que todos os equívocos, sofrimentos, delusões e ações incorretas surgem da ignorância, precisamos abandonar definitivamente a ignorância. No entanto, isso depende de desenvolvermos sabedoria, o que, por sua vez, depende de ouvir ou ler ensinamentos de Dharma e de contemplar e meditar nesses ensinamentos. Fazendo isso, iremos gerar as sabedorias surgidas de ouvir ou ler, de contemplar e de meditar; desse modo, iremos abandonar a ignorância.

O Guru Buda da Sabedoria Je Tsongkhapa apareceu neste mundo para o nosso benefício. Se confiarmos nele com forte fé e praticarmos, continuamente, a prece ritual *Joia-Coração*, nossa sabedoria irá aumentar gradualmente. Eu prometo isso. Quanto mais nossa sabedoria aumentar, mais nossa ignorância irá enfraquecer, até, por fim, cessar totalmente. Iremos nos tornar, então, um Desperto, alguém que despertou do sono da ignorância, e seremos permanentemente livres do sonho dos sofrimentos e dos problemas.

DÚVIDA DELUDIDA

DEFINIÇÃO DA DÚVIDA DELUDIDA

A definição da dúvida deludida é: uma bifocalidade da mente, que interfere com a aquisição da libertação e da iluminação.

Em geral, a dúvida é uma mente de incerteza, que não consegue se decidir entre duas alternativas. Embora tenhamos numerosas dúvidas, nem todas as dúvidas são dúvidas deludidas. Por exemplo, ser incapaz de decidir entre ir ou ficar é, simplesmente, uma dúvida – mas não é uma dúvida deludida. A dúvida deludida é uma incerteza sobre tópicos de Dharma, e essa incerteza faz nossa fé diminuir e perturba nossa paz mental. Por exemplo, se nosso Guia Espiritual nos ensinar que as ações virtuosas conduzem à felicidade e que as ações não virtuosas conduzem ao sofrimento, e acharmos que esse ensinamento é, provavelmente, falso ou incorreto, teremos desenvolvido dúvida deludida. Essa carência de convicção nas ações e seus efeitos nos impede de praticar o Dharma puramente e obstrui nosso progresso no caminho à libertação. Se, embora não possamos chegar a uma decisão definitiva, estivermos inclinados a acreditar nos ensinamentos de Buda sobre as ações e seus efeitos, isso será uma dúvida; mas porque essa dúvida é um passo na direção de desenvolvermos a crença correta nas leis do carma, ela não é uma dúvida deludida

CLASSES DA DÚVIDA DELUDIDA

Em geral, existem três tipos de dúvida: dúvidas que tendem à verdade, dúvidas que tendem a se afastar da verdade e dúvidas equilibradas. Qualquer dúvida sobre objetos espiritualmente significativos que tenda a se afastar da verdade é uma dúvida deludida. Dúvidas equilibradas com relação a esses objetos podem ou não ser deludidas. Por exemplo, imagine uma pessoa que não acredite na existência de Buda mas que, após ouvir ensinamentos sobre Buda, comece a duvidar, como resultado, se Buda existe ou não – isso não é uma dúvida deludida porque essa dúvida está conduzindo a pessoa a uma crença correta. Por outro lado, uma dúvida semelhante na mente de alguém que já acreditava em Buda, mas cuja fé está agora enfraquecendo, é uma dúvida deludida.

Dúvidas sobre o Dharma não são, necessariamente, negativas. Por exemplo, pessoas que nunca conheceram o Dharma não têm dúvidas sobre a vacuidade porque é somente ao ouvir ensinamentos sobre a vacuidade que podemos começar a pensar se os fenômenos carecem ou não de existência inerente. Dúvidas como essa nos estimulam a pensar mais profundamente sobre a vacuidade até, por fim, obtermos um conhecedor válido que compreende a vacuidade com absoluta e total certeza. Se não desenvolvermos dúvidas sobre a vacuidade logo no início, não obteremos, subsequentemente, uma compreensão tão profunda.

Embora algumas dúvidas sejam úteis em certas etapas de nosso desenvolvimento, todas as dúvidas terão de ser, por fim, abandonadas. Dúvidas são totalmente abandonadas somente pelos Budas, cuja sabedoria perfeita conhece todos os fenômenos exatamente como são, sem equívocos, erros ou incertezas. Os Hinayanas Destruidores de Inimigos abandonaram as dúvidas deludidas, mas como eles não conhecem todos os objetos de conhecimento, eles ainda têm dúvidas não deludidas. Até mesmo Bodhisattvas do décimo solo não compreendem plenamente as boas qualidades do corpo, da fala e da mente de um Buda, e ainda têm algumas dúvidas sobre eles. Os seres superiores não têm dúvidas deludidas porque realizaram a vacuidade diretamente.

COMO ABANDONAR A DÚVIDA DELUDIDA

A dúvida deludida é abandonada com o desenvolvimento de conhecedores válidos. Quando desenvolvermos dúvidas sobre o Dharma, em vez de deixá-las permanecer em nossa mente, devemos tomar medidas para solucioná-las. Devemos pensar cuidadosamente sobre os ensinamentos e pedir às outras pessoas que compartilhem a compreensão delas. Podemos fazer perguntas aos professores e ler livros relevantes para determinar o verdadeiro sentido das instruções. Desse modo, iremos eliminar nossas dúvidas. Se permitirmos que dúvidas sobre os ensinamentos permaneçam em nossa mente, elas irão, por fim, se transformar em dúvidas deludidas e retardar e obstruir nossa prática. De modo inverso, se formos incentivados por nossas dúvidas a pensar mais profundamente sobre o Dharma, elas irão nos ajudar a melhorar nossa compreensão e, por fim, a obter conhecedores válidos.

Em especial, podemos solucionar rapidamente dúvidas se desenvolvermos sabedoria rápida. Um método poderoso para desenvolver sabedoria rápida é meditar na letra-semente de Manjushri: a letra DHI. Para fazer isso, visualizamos, na raiz de nossa língua, uma letra DHI alaranjada, que é, em essência, a sabedoria rápida de Manjushri. Convidamos a sabedoria rápida de todos os Budas no aspecto de muitas letras DHI para que se dissolvam no DHI que está na raiz de nossa língua. Então, luz irradia-se dessa letra DHI e preenche nosso corpo por inteiro. Cada átomo dessa luz é uma letra DHI e, portanto, nosso corpo por inteiro é preenchido por letras DHI. Recitamos "DHI" quantas vezes for possível em uma única respiração e, então, engolimos o DHI que está em nossa língua, junto com um pouco de saliva. A letra se dissolve em nossa mente raiz, em nosso coração, e imaginamos que nossa mente se transforma na sabedoria rápida de todos os Budas. Se fizermos essa prática com forte fé todos os dias, bem cedo pela manhã, com certeza absoluta desenvolveremos sabedoria rápida.

A única maneira de, finalmente, eliminarmos uma dúvida é compreendendo o objeto com um conhecedor válido. Existem duas maneiras de conhecer corretamente um objeto: por meio de crença correta e por meio de um conhecedor válido. A compreensão obtida por meio de uma crença correta é útil, mas não é forte e tampouco estável; se, mais tarde, ouvirmos instruções incorretas, nossa compreensão poderá se transformar em dúvida ou, até mesmo, em percepção errônea. Conhecedores válidos, por outro lado, conhecem seus objetos clara e completamente, com total certeza. Mesmo se ouvirmos, com um conhecedor válido, argumentos hábeis e engenhosos que tentem negar um objeto que conhecemos, não desenvolveremos nenhuma dúvida e nosso conhecedor válido será inabalável. Por essas razões, devemos nos empenhar para compreender o Dharma com conhecedores válidos.

VISÃO DELUDIDA

DEFINIÇÃO DA VISÃO DELUDIDA

A definição da visão deludida é: a visão que atua para obstruir a aquisição da libertação.

Em geral, existem dois tipos de visão: visões corretas e visões incorretas. Todas as visões deludidas são visões incorretas. A visão correta é uma sabedoria. Porque os seres humanos seguem diferentes visões incorretas, muitos problemas surgem na sociedade e na vida pessoal. Os animais estão livres de tais problemas.

CLASSES DA VISÃO DELUDIDA

Existem cinco tipos de visão deludida:

1. Visão da coleção transitória;
2. Visão extrema;
3. Sustentar visões falsas como supremas;
4. Sustentar disciplinas morais e condutas errôneas como supremas;
5. Visão errônea.

VISÃO DA COLEÇÃO TRANSITÓRIA

DEFINIÇÃO DA VISÃO DA COLEÇÃO TRANSITÓRIA

A definição da visão da coleção transitória é: um tipo de agarramento ao em-si de pessoas, que se agarra (ou se aferra) ao nosso próprio *eu* como um *eu* inerentemente existente.

Nossa mente que observa nosso próprio *eu* ou nosso self – que é a coleção transitória – e que se agarra a ele como um eu inerentemente existente é denominada "a visão da coleção transitória". A visão da coleção transitória é a raiz do samsara e a fonte de todas as delusões. Em *Guia ao Caminho do Meio*, Chandrakirti diz:

A sabedoria vê que todas as delusões e todas as falhas
Surgem da visão da coleção transitória.

Porque nos aferramos fortemente a um *eu* inerentemente existente, desenvolvemos autoapreço, apego, raiva e todas as demais delusões; e isso nos faz cometer ações contaminadas que, por sua vez, nos fazem experienciar os sofrimentos do samsara. A visão da coleção transitória permeia todas as delusões porque ela está atuante sempre que uma delusão está manifesta. Se quisermos fugir do samsara, precisaremos erradicar a visão da coleção transitória, mas antes que consigamos fazer isso, precisamos aprender a identificá-la. Embora a visão da coleção transitória esteja sempre manifesta na mente dos seres comuns, ela não é fácil de ser reconhecida logo de início.

Para reconhecer a visão da coleção transitória, precisamos compreender a diferença entre seu objeto observado e seu objeto concebido. Por exemplo, no caso de confundirmos uma cobra de brinquedo com uma cobra de verdade, o *objeto observado* é a cobra de brinquedo, e o *objeto concebido* é essa cobra de brinquedo tomada como uma cobra de verdade. De modo semelhante, no caso da visão da coleção transitória, o objeto observado é o *eu* convencionalmente existente – ou seja, o *eu* que é meramente imputado, ou atribuído, na dependência dos agregados. O objeto concebido da visão da coleção transitória é esse *eu* convencionalmente existente tomado como um *eu* inerentemente existente. O objeto observado da visão da coleção transitória (ou seja, o *mero eu*) existe; porém, o objeto concebido (o *eu* inerentemente existente) não existe.

Quando percebemos a nós mesmos, não apreendemos um *eu* que é meramente imputado aos nossos agregados, mas apreendemos um *eu* que aparece como sendo independente. Por exemplo, se nos perguntarmos quem está, agora, lendo este livro, não iremos pensar "meu corpo está lendo este livro" ou "minha mente está lendo este livro": simplesmente pensamos "eu estou lendo este livro", e esse *eu* aparece como sendo independente do corpo e da mente. É esse *eu* independente que é o objeto concebido da visão da coleção transitória, e esse *eu* não existe. Tudo o que existe, existe somente na dependência de outros fenômenos. O *eu* convencionalmente existente, por exemplo, existe na dependência dos agregados de corpo e mente. No entanto, o objeto concebido da visão da coleção transitória – ou seja, o *eu* ao qual habitualmente nos aferramos e com o qual normalmente nos identificamos – aparece como sendo independente dos agregados. Um *eu* como esse nunca existiu.

O que é o objeto observado da visão da coleção transitória, o *eu* convencionalmente existente? Algumas escolas não budistas acreditam que o *eu* existente é uma entidade permanente, indivisível, e que é uma entidade separada do corpo e da mente. Um *self* como esse é refutado por todas as escolas budistas. Por quê? Quando nosso corpo não está saudável, dizemos "eu estou doente", e quando nossa mente não está feliz, dizemos "eu estou infeliz"; mas, se o *eu* fosse uma entidade separada do corpo e da mente, essas afirmações não teriam sentido algum. Se Pedro ficar doente, João não pode dizer "eu estou doente", porque João e Pedro são entidades separadas. De modo semelhante, se o *eu* fosse uma entidade separada do corpo e da mente, não faria sentido dizer "eu estou doente", já que é o nosso corpo que estaria doente; também não faria sentido dizer "eu estou infeliz", já que é a nossa mente que estaria infeliz.

Embora nenhuma escola budista afirme um *eu* que seja uma entidade separada dos agregados mental e físico, todas as escolas budistas inferiores identificam o *eu* como existindo dentro de alguma parte dos agregados. Algumas escolas – como a escola Vaibhashika e uma parte da escola Sautrantika – afirmam que a coleção dos cinco agregados é o *eu*, ao passo que outra parte da escola Sautrantika identifica a consciência mental como sendo o *eu*. Os Chittamatrins dizem que o *eu* é a consciência-base-de-tudo, e os Madhyamika-Svatantrikas afirmam que o *eu* é o continuum da consciência mental sutil. No entanto, de acordo com a mais elevada escola do budismo, a escola Madhyamika-Prasangika, todas essas afirmações são incorretas. Os Madhyamika-Prasangikas negam que o *eu* possa ser encontrado nos agregados ou fora dos agregados. Não importa quão cuidadosamente procuremos o *eu* entre os agregados mental e físico, nunca o encontraremos. O *eu* é apenas um rótulo imputado na dependência dos cinco agregados. A coleção dos cinco agregados é a base para imputar o *eu*, mas essa base não é o *eu* propriamente dito. Se ficarmos satisfeitos com o *eu* como o mero termo ou rótulo "eu" imputado na dependência dos agregados, seremos capazes de determinar um *eu* que existe e que atua (o *eu* convencionalmente existente); mas, se procurarmos por um *eu* verdadeiro, real, que exista "detrás" do rótulo, não encontraremos nada.

É muito importante identificar a visão da coleção transitória a partir de nossa própria experiência, por meio de identificá-la dentro de nossa própria mente. No começo, a maneira mais fácil de fazer isso é fazer com que a visão da coleção transitória se manifeste mais fortemente do que o habitual – para isso, relembramos ou imaginamos situações nas quais fomos falsamente acusados, ficamos amedrontados, ou situações em que fomos elogiados ou que ficamos envergonhados. Então, observamos como o *eu* aparece em situações como essas. Devemos dirigir a maior parte de nossa atenção para recriar ou imaginar a situação, mas manter uma parte de nossa mente observando como o *eu* aparece. Se não formos habilidosos e tentarmos observar o *eu* diretamente, é provável que fracassemos. Precisamos praticar essa maneira de observar o *eu* com um "canto" da nossa mente e tentar percebê-lo de relance, de maneira oculta. Essa é uma habilidade que requer considerável prática para ser adquirida. Por fim, veremos que o *eu* está aparecendo independente do nosso corpo e mente. É como se nossa mente estivesse "deste lado" e o *eu* estivesse "daquele lado". É esse *eu* independente que é o objeto concebido da visão da coleção transitória.

Por observar nossa mente desse modo, obteremos uma imagem genérica clara do *eu* inerentemente existente. Embora esse *eu* não exista, podemos, todavia, ter uma imagem genérica dele. Por exemplo, unicórnios não existem, mas podemos ter, em nossa mente, a imagem de um unicórnio. Quando formos capazes de identificar a visão da coleção transitória agindo em circunstâncias extremas – quando estamos amedrontados ou envergonhados, por exemplo – devemos passar, então, a tentar identificá-la em situações menos extremas. Por exemplo, podemos sentar para meditar e perguntar a nós mesmos "quem está meditando?" e, então, tentar observar o *eu* inerentemente existente à medida que pensamos "eu estou meditando".

É muito útil compreender a etimologia da expressão "visão da coleção transitória". De acordo com a escola budista inferior, a escola Sautrantika, a visão da coleção transitória é a visão deludida que observa os agregados e apreende um *eu* autossustentado e substancialmente existente. Assim, os Sautrantikas dizem que o objeto observado dessa visão são os cinco agregados. De acordo com eles, os agregados são, eles próprios, a "coleção transitória". Os agregados são transitórios porque são impermanentes, e são uma "coleção" porque existem vários deles. Assim, os Sautrantikas afirmam que a visão da coleção transitória observa os agregados e, equivocadamente, apreende um *eu* substancialmente existente e autossustentável dentro deles.

De acordo com a explicação da escola Madhyamika-Prasangika, o termo "coleção transitória" refere-se não somente aos agregados eles próprios, mas também ao *eu* imputado aos agregados. Buda denominou o *eu* de "coleção transitória" em contraposição aos não-budistas, como os Samkhyas, que afirmam que o *eu* é uma entidade independente, indivisível e permanente. Os Samkhyas dizem que o *eu* é permanente porque ele não pode ser destruído pela morte. Eles acreditam que o *eu* existe desde tempos sem início e que, em cada vida, o *eu* toma um corpo e mente diferentes, como um ator que coloca uma máscara diferente a cada vez que aparece no palco. Assim como um ator muda de aparência, mas permanece essencialmente o mesmo, o *eu* muda a aparência de uma vida para outra, mas permanece a mesma entidade.

Os Samkhyas acreditam que se o *eu* não fosse permanente e independente do corpo e da mente, não existiria renascimento, porque o *eu* cessaria quando o corpo morresse. Assim, eles acreditam que o *eu* de nossa vida anterior, que criou o carma que causou esta vida, ainda existe; e continuará a existir para sempre. Isso indica que eles não compreendem a impermanência sutil. Em verdade, não permanecemos os mesmos (ou seja, sem mudança alguma) sequer por um momento – o que dirá por toda uma vida! Sem que o *eu* do momento anterior cesse, o *eu* do momento seguinte não pode surgir. O *eu* de um momento é a causa do *eu* do momento seguinte, e uma causa e seu efeito não podem existir ao mesmo tempo. Um broto, por exemplo, pode se desenvolver somente quando sua causa, a semente, se desintegrar. É precisamente porque o *eu* desintegra-se momento a momento que Buda denominou o *eu* de "transitório". Já que o *eu* de um momento é uma entidade diferente do *eu* do momento anterior, não é necessário dizer que o *eu* de uma vida é uma entidade diferente do *eu* da vida anterior.

Os Samkhyas também acreditam que o *eu* é indivisível, ou impartível. Eles dizem que, se o *eu* não fosse impartível, ele poderia ser decomposto em suas partes componentes e, portanto, não seria indestrutível e tampouco imortal. Todas as escolas budistas rejeitam isso, e os Madhyamikas, em particular, refutam a ideia de objetos impartíveis. É fácil perceber que o corpo tem partes, tais como os membros, a cabeça e o tronco. A mente também tem partes, tais como as sensações, discriminações, experiências, conhecimento e aparências, bem como momentos passados, presente e futuros. De modo semelhante, pessoas ou *"selves"* possuem partes. Uma pessoa pode ser professor, pai e praticante de Dharma. Tudo isso são diferentes partes de uma mesma pessoa. Do mesmo modo, uma pessoa tem partes que olham, ouvem, saboreiam, sentem, pensam e assim por diante. Se olharmos para um grupo de cem pessoas, por exemplo, teremos uma centena de partes, cada uma observando uma pessoa diferente. Podemos, também, dividir uma pessoa em seus momentos passados, presente e futuros. A partir disso, podemos entender que cada pessoa tem muitas partes e, ao invés de ser uma entidade única indivisível, a natureza de cada pessoa é ser uma coleção. É por essa razão que Buda denominou o *eu* de "coleção".

A partir dessa explicação, podemos compreender que o termo "coleção transitória" na expressão "visão da coleção transitória" refere-se não somente aos agregados, mas também ao *eu*. A visão da coleção transitória é, portanto, uma visão deludida que observa o *eu*, a coleção transitória que é meramente imputada na dependência dos agregados, e o concebe como sendo um *eu* inerentemente existente.

CLASSES DA VISÃO DA COLEÇÃO TRANSITÓRIA

Existem dois tipos de visão da coleção transitória:

1. Visão da coleção transitória que concebe *eu*;
2. Visão da coleção transitória que concebe *meu*.

O primeiro tipo observa somente o *eu* dentro de nosso continuum e o concebe como sendo inerentemente existente; o segundo tipo (a visão da coleção transitória que concebe *meu*) observa tanto o *eu* quanto o *meu* dentro de nosso continuum e concebe *meu* como sendo inerentemente existente. É importante identificar o objeto observado do segundo tipo. A visão da coleção transitória é, necessariamente, um agarramento ao em-si de pessoas, que concebe nosso próprio *eu* como sendo inerentemente existente, e que toma necessariamente o *eu* dentro de nosso próprio continuum como seu objeto observado. A visão da coleção transitória que concebe *meu*, portanto, precisa observar nosso próprio *eu* e concebê-lo como inerentemente existente. Quando vemos o aspecto das demais coisas, como nossas roupas ou o nosso corpo, desenvolvemos uma sensação ou sentimento de "meu". Em momentos como esse, estamos observando nosso *eu* como um possuidor, como um "meu", e concebendo-o como sendo inerentemente existente. Assim, neste contexto, "meu" não se refere aos objetos que estão sendo tomados ou considerados como meus, já que esse é o uso normal da palavra; *meu*, neste contexto, refere-se ao sujeito que está sendo tomado ou considerado como o possuidor. Se "meu" se referisse aos objetos, tais como nossas roupas ou nosso próprio corpo, então o objeto observado seria um fenômeno outro que pessoas, e a mente que se aferrasse a eles como sendo inerentemente existentes seria um agarramento ao em-si de fenômenos, e não um agarramento ao em-si de pessoas. Mesmo assim, não é incorreto dizer que objetos, como nossas roupas e nosso corpo, sejam exemplos de *meu*.

Existe outra classificação dupla da visão da coleção transitória:

1. Visão inata da coleção transitória;
2. Visão intelectualmente formada da coleção transitória.

Tanto a visão da coleção transitória que concebe *eu* quanto a visão da coleção transitória que concebe *meu* têm os dois tipos: inato e intelectualmente formado. Temos tido a visão inata da coleção transitória desde tempos sem início. Ela surge naturalmente em nossa mente por força das marcas e está o tempo todo manifesta na mente dos seres comuns, inclusive durante o sono. A visão inata da coleção transitória é a raiz do samsara.

Assim como a visão inata, a visão intelectualmente formada da coleção transitória é, também, uma mente que se agarra, ou se aferra, ao nosso próprio *eu* como sendo inerentemente existente. Porém, ao passo que a visão inata se desenvolve naturalmente por força das marcas da ignorância, a visão intelectualmente formada surge como resultado de contemplar razões e raciocínios errôneos ou de receber ensinamentos enganosos. Temos a tendência de fabricar tais visões falsas sobre o *eu* porque estamos muito habituados à visão inata da coleção transitória. A visão inata é, portanto, a fonte de todas as visões intelectualmente formadas.

Em *Guia ao Caminho do Meio*, Chandrakirti relaciona vinte visões intelectualmente formadas da coleção transitória – quatro visões para cada um dos cinco agregados:

(1) A visão que sustenta que o nosso agregado forma é um *eu* inerentemente existente;
(2) A visão que sustenta que o nosso agregado forma é a posse de um *eu* inerentemente existente;
(3) A visão que sustenta que o nosso agregado forma é a base da qual um *eu* inerentemente existente depende;
(4) A visão que sustenta que o nosso agregado forma é dependente de um *eu* inerentemente existente;

(5) A visão que sustenta que o nosso agregado sensação é um *eu* inerentemente existente;
(6) A visão que sustenta que o nosso agregado sensação é a posse de um *eu* inerentemente existente;
(7) A visão que sustenta que o nosso agregado sensação é a base da qual um *eu* inerentemente existente depende;
(8) A visão que sustenta que o nosso agregado sensação é dependente de um *eu* inerentemente existente;
(9) A visão que sustenta que o nosso agregado discriminação é um *eu* inerentemente existente;
(10) A visão que sustenta que o nosso agregado discriminação é a posse de um *eu* inerentemente existente;
(11) A visão que sustenta que o nosso agregado discriminação é a base da qual um *eu* inerentemente existente depende;
(12) A visão que sustenta que o nosso agregado discriminação é dependente de um *eu* inerentemente existente;
(13) A visão que sustenta que o nosso agregado fatores de composição é um *eu* inerentemente existente;
(14) A visão que sustenta que o nosso agregado fatores de composição é a posse de um *eu* inerentemente existente;
(15) A visão que sustenta que o nosso agregado fatores de composição é a base da qual um *eu* inerentemente existente depende;
(16) A visão que sustenta que o nosso agregado fatores de composição é dependente de um *eu* inerentemente existente;
(17) A visão que sustenta que o nosso agregado consciência é um *eu* inerentemente existente;
(18) A visão que sustenta que o nosso agregado consciência é a posse de um *eu* inerentemente existente;
(19) A visão que sustenta que o nosso agregado consciência é a base da qual um *eu* inerentemente existente depende;
(20) A visão que sustenta que o nosso agregado consciência é dependente de um *eu* inerentemente existente.

Nosso agregado forma refere-se ao nosso corpo. Nosso agregado forma não é um *eu* inerentemente existente, mas a primeira visão sustenta-o como se fosse. Um *eu* inerentemente existente não é o possuidor do nosso agregado forma, mas a segunda visão sustenta que nosso agregado forma é a posse de um *eu* inerentemente existente. Um *eu* inerentemente existente não depende do nosso agregado forma, mas a terceira visão sustenta que o nosso agregado forma é a base da qual um *eu* inerentemente existente depende. Nosso agregado forma não depende de um *eu* inerentemente existente, mas a quarta visão sustenta que o nosso agregado forma é dependente de um *eu* inerentemente existente. As demais dezesseis visões podem ser compreendidas da mesma maneira.

COMO ABANDONAR A VISÃO DA COLEÇÃO TRANSITÓRIA

Primeiramente, precisamos identificar, de modo correto e preciso, a visão da coleção transitória a partir de nossa própria experiência. Depois, temos de compreender que seu objeto concebido – o eu inerentemente existente – não existe, e nos familiarizarmos com esse conhecimento por meio de meditação, por um longo tempo. Progredindo nessa meditação, por fim iremos abandonar totalmente essa visão.

Se o *eu* inerentemente existente existisse, seríamos capazes de encontrá-lo por meio de investigação; mas não importa quão profunda ou rigorosamente investiguemos – quer procuremos nos agregados de corpo e mente, quer em qualquer outro lugar – nunca o encontraremos. A partir disso, podemos seguramente concluir que o *eu* inerentemente existente não existe. Onde, anteriormente, percebíamos um *eu* aparecendo de modo muito vívido, agora percebemos um vazio ou ausência – uma vacuidade. Essa vacuidade é a não-existência do *eu* inerentemente existente. É a natureza última do nosso *eu*. Familiarizando-nos com essa ausência, ou não-existência, do *eu* inerentemente existente, iremos gradualmente reduzir e, por fim, abandonar por completo a visão da coleção transitória que se agarra a um *eu* como esse.

Em *Comentário à Cognição Válida*, Dharmakirti diz:

Sem que seu objeto seja negado,
O agarramento ao em-si não pode ser abandonado.

Isso significa que, para abandonar a visão da coleção transitória, precisamos compreender e realizar a não-existência do *self* inerentemente existente. Isso se assemelha a remover o medo que temos de uma cobra ao compreender e realizar que não existe uma cobra. No entanto, não devemos pensar que, ao negar o objeto concebido da visão da coleção transitória, estaremos expulsando o *eu* inerentemente existente para fora da existência, pois um *eu* como esse jamais existiu. Neste caso, negar o objeto concebido é, simplesmente, compreender e realizar que algo que anteriormente tomávamos ou sustentávamos como existente não existe de fato.

Suponha que uma criança seja registrada, por seus pais, com o nome "Buda". A criança irá crescer pensando "eu sou Buda", mas, quando descobrir que Buda é alguém que é livre das duas obstruções, irá examinar seu corpo e mente e irá compreender e realizar que ela não é, de fato, um Buda, mas tão somente uma pessoa comum com o nome "Buda". Embora essa pessoa possa continuar a se chamar "Buda", ela saberá que é meramente um nome e que esse nome não implica que ela seja, de fato, um Buda. Nossa situação é semelhante, pois sempre temos pensado em nós mesmos como um *eu*, e assumido que, correspondendo a esse nome, existe um *eu* verdadeiro. Assim como essa criança, devemos examinar nosso corpo e mente para verificar se essa suposição é correta. Se procurarmos por esse *eu*, não o encontraremos, quer o procuremos dentro de nosso corpo e mente, quer o procuremos fora de nosso corpo e mente. Assim, compreenderemos e realizaremos que "eu" é, apenas, um nome. O *eu* verdadeiramente existente que esperávamos encontrar "detrás" do nome não existe de modo algum. Portanto, embora possamos continuar a nos referir a nós mesmos como "eu", podemos ter a certeza de que ele é apenas um nome e que, de maneira alguma, implica em um *eu* inerentemente existente.

Buda explicou que existem dois tipos de agarramento ao em-si: agarramento ao em-si de pessoas e agarramento ao em-si de fenômenos. O primeiro (agarramento ao em-si de pessoas) é qualquer mente que conceba um *self* ou pessoa que seja inerentemente existente, e o segundo tipo (agarramento ao em-si de fenômenos) é qualquer mente que conceba fenômenos – que não sejam pessoas – como sendo inerentemente existentes. Como foi mencionado anteriormente, a visão da coleção transitória é um tipo de agarramento ao em-si de pessoas. O agarramento ao em-si de pessoas tem dois tipos: agarrar-se ao nosso próprio *self* como sendo inerentemente existente e agarrar-se (ou aferrar-se) às outras pessoas como sendo inerentemente existentes. Somente o primeiro tipo – agarrar-se ao nosso próprio *self* como sendo inerentemente existente – é a visão da coleção transitória. Ambos os tipos de agarramento ao em-si de pessoas são idênticos, no sentido de que se aferram a um *self* inerentemente existente, mas diferem em seus objetos observados. O primeiro (agarrar-se ao nosso próprio *self* como sendo inerentemente existente) observa o *self* dentro de nosso próprio continuum e o concebe como sendo inerentemente existente, e o segundo tipo (aferrar-se às outras pessoas como sendo inerentemente existentes) observa o *self* dos outros e o concebe como sendo inerentemente existente.

Como a visão da coleção transitória surge? Em *Guirlanda Preciosa*, Nagarjuna diz:

Enquanto existir o agarramento aos agregados,
Existirá o agarramento ao eu.

Isso significa que a visão da coleção transitória, que se agarra a um eu inerentemente existente, surge do agarramento aos nossos agregados como sendo inerentemente existentes. Quando observamos nossos agregados, eles aparecem como sendo inerentemente existentes e, desse modo, desenvolvemos a mente que se aferra a agregados inerentemente existentes. Isso é uma instância do agarramento ao em-si de fenômenos. Na dependência de nos aferrarmos aos nossos agregados como inerentemente existentes, desenvolvemos a mente que se agarra ao nosso *eu* como sendo inerentemente existente – a visão da coleção transitória. Isso é uma instância do agarramento ao em-si de pessoas. Se compreendermos isso, iremos realizar que, para abandonar completamente a visão da coleção transitória, precisamos realizar não somente a ausência do em-si de pessoas como também a ausência do em-si de fenômenos. Por exemplo, se uma pessoa que estiver andando pelo campo ao anoitecer, enxergar um pedaço de corda e equivocá-lo com uma cobra, essa pessoa desenvolverá medo; mas, uma vez que ela compreenda e realize que não há uma cobra, seu medo irá cessar. No entanto, se ela não remover o pedaço de corda, haverá o perigo de, no futuro, cometer novamente o mesmo equívoco. Da mesma maneira, na escuridão de nossa ignorância observamos nossos agregados e, equivocadamente, concebemos um *eu* inerentemente existente; e, porque nos aferramos a esse *eu*, vivenciamos todos os medos e sofrimentos do samsara. Para remover esses medos e sofrimentos, precisamos remover o agarramento a um *eu* inerentemente existente, por meio de realizar que um *eu* inerentemente existente não existe; mas, se não removermos também o agarramento aos agregados por meio de realizar a vacuidade de nossos agregados, haverá o perigo da visão da coleção transitória surgir novamente. Por essa razão, para alcançar a libertação do samsara, precisamos realizar tanto a ausência do em-si de pessoas quanto a ausência do em-si de fenômenos.

Em *Guia ao Caminho do Meio*, Chandrakirti diz:

Eu me curvo à compaixão por todos os seres vivos
Que, primeiramente, concebem "eu" com relação ao self;
Depois, pensando "isto é meu" e gerando apego pelas coisas,
Ficam sem autocontrole, como o rodopiar da manivela de
  um poço.

Nessa estrofe, Chandrakirti mostra como podemos desenvolver compaixão por todos os seres vivos ao contemplar como estão aprisionados ao samsara pelos dois tipos da visão da coleção transitória. Assim, a partir da visão da coleção transitória que concebe *eu*, os seres sencientes desenvolvem a visão da coleção transitória que concebe *meu*. A partir disso, eles desenvolvem um forte sentimento de "meu prazer", "minha dor" e assim por diante; e desse modo, desenvolvem apego pelas coisas que os satisfazem e ódio pelas coisas que os desagradam. Disso, desenvolvem todas as demais delusões que os fazem criar o carma para, repetidamente, renascerem no samsara. Quando os seres vivos tomam um renascimento samsárico, eles têm de vivenciar sofrimento sem escolha alguma, assim como um balde, num poço, balança descontroladamente de um lado para outro e, por causa disso, é golpeado, amassado, arranhado e danificado. Se pensarmos profundamente sobre isso, desenvolveremos renúncia pelo nosso próprio samsara e compaixão pelos outros. Iremos entender que, para livrar a nós mesmos e aos outros dos sofrimentos do samsara, precisamos cortar o samsara pela raiz, por meio de erradicar a visão da coleção transitória.

VISÃO EXTREMA

DEFINIÇÃO DA VISÃO EXTREMA

A definição da visão extrema é: uma visão incorreta exagerada.

Sabemos que pessoas causam muitos problemas por seguirem visões extremas. Em geral, existem dois extremos: o extremo da existência e o extremo da não-existência; porém, nenhum dos dois extremos existe porque o que quer que exista é, necessariamente, o *caminho do meio* – que é livre dos dois extremos.

CLASSES DA VISÃO EXTREMA

Existem dois tipos de visão extrema: a visão extrema da existência e a visão extrema da não-existência. Um exemplo do primeiro tipo é a visão extrema que acredita que os fenômenos existem inerentemente, e um exemplo do segundo tipo é a visão extrema que acredita que os fenômenos não existem de modo algum. À medida que nossa sabedoria aumentar, as visões extremas irão enfraquecer cada vez mais, até que, por fim, irão cessar totalmente.

SUSTENTAR VISÕES FALSAS COMO SUPREMAS

DEFINIÇÃO DE SUSTENTAR VISÕES FALSAS COMO SUPREMAS

A definição de sustentar visões falsas como supremas é: a visão deludida que acredita que nossas próprias visões incorretas, ou as dos outros, são visões supremas.

Essa visão é a fonte de decisões errôneas e, portanto, causa muitos problemas para nós mesmos e para os outros. Devemos evitar visões como essas, melhorando nosso conhecimento, educação e sabedoria.

Porque apreciamos a nós mesmos tão fortemente, sentimos naturalmente que tudo o que pensamos é correto, superior a outros pontos de vista, e achamos difícil aceitar que algumas das nossas visões possam estar equivocadas. Muitas discussões e guerras acontecem porque cada grupo ou facção considera sua visão como sendo superior à de seu oponente. Toda vez que nos aferramos firmemente a uma visão equivocada, pensando que é uma visão correta e a melhor visão, estamos a sustentar visões falsas como supremas. Um exemplo é insistir em que a visão da coleção transitória é a visão correta.

SUSTENTAR DISCIPLINAS MORAIS E CONDUTAS ERRÔNEAS COMO SUPREMAS

DEFINIÇÃO DE SUSTENTAR DISCIPLINAS MORAIS E CONDUTAS ERRÔNEAS COMO SUPREMAS

A definição de sustentar disciplinas morais e condutas errôneas como supremas é: a visão deludida que sustenta qualquer disciplina moral ou conduta errôneas como sendo corretas e as considera superiores a outras formas de disciplina moral ou conduta.

Essa visão deludida tem dois tipos: sustentar disciplinas morais errôneas como supremas e sustentar conduta errônea como suprema. Algumas religiões advogam o sacrifício animal como um meio de satisfazer os deuses e alcançar a libertação. Outras ensinam que tratar o corpo de maneira rude e severa ajuda a superar as delusões e, por essa razão, os seguidores dessas tradições saltam em fogueiras, jejuam por longos períodos, dilaceram a si próprios ou permanecem por longos períodos na água fria durante o inverno. Essas visões floresceram amplamente no passado e ainda existem nos dias de hoje. Eu mesmo vi ascetas na Índia, que estavam em pé sobre uma perna por três anos, acreditando que isso poderia torná-los grandes iogues. Por que eles se castigam tanto? O motivo é que acreditam que as delusões são parte do corpo e, por essa razão, se reduzirem o vigor do corpo, eles serão capazes de reduzir a força de suas delusões. Esses são exemplos de visões que se aferram a disciplinas morais ou condutas errôneas como supremas. De acordo com o budismo, visões como essas são caminhos errôneos porque não conduzem à verdadeira libertação, mas fazem com que desperdicemos nossa vida humana.

Visões deludidas como essas são, normalmente, o resultado de ouvir ensinamentos religiosos ou filosóficos enganosos. Devemos ser cuidadosos para não seguir ensinamentos equivocados como esses. Sustentar visões incorretas sobre conduta moral e prática espiritual faz com que desperdicemos nosso tempo em práticas inferiores, incorretas ou perversas, e impede-nos de fazer melhor uso de nossa preciosa vida humana. Algumas pessoas podem pensar que uma autêntica vida espiritual implica em viver na pobreza, jejuando constantemente, usando roupas velhas, mal conservadas, e assim por diante, mas Buda ensinou que devemos tratar nosso corpo com carinho porque ele é o veículo com o qual progredimos à iluminação e, portanto, nosso corpo é muito precioso. Um corpo fraco ou maltratado não será capaz de sustentar e manter nosso desenvolvimento espiritual. Portanto, sem estarmos apegados ao nosso corpo, devemos alimentá-lo, vesti-lo, providenciar abrigo adequado e assim por diante; e então, concentrar nossa energia em treinar nossa mente. Como Nagarjuna disse:

> Ascetismo físico não proporciona qualquer benefício, mas ascetismo mental é muito necessário.

Com isso, Nagarjuna quis dizer que existe pouca finalidade em suportar sofrimento físico desnecessário, mas que é muito importante suportar as dificuldades envolvidas em domar e controlar nossa mente.

VISÃO ERRÔNEA

DEFINIÇÃO DA VISÃO ERRÔNEA

A definição da visão errônea é: uma percepção errônea intelectualmente formada que nega a existência de um objeto que é necessário compreender para se alcançar a libertação ou a iluminação.

Nem todas as percepções errôneas são visões errôneas. Por exemplo, as delusões inatas (como a visão inata da coleção transitória), assim como todas as percepções sensoriais equivocadas, são percepções errôneas, mas não são visões errôneas. Existem também muitas visões falsas que não são visões errôneas. Negar a existência de *yetis*, por exemplo, não obstrui nosso progresso à libertação ou à iluminação e, portanto, não é uma visão errônea. Exemplos de visões errôneas são: negar a existência de vidas passadas e futuras; negar a existência das duas verdades; negar a existência de Buda, Dharma e *Sangha*; negar a existência das Quatro Nobres Verdades; e negar a existência dos Cinco Caminhos. Visões errôneas como essas bloqueiam nosso progresso à libertação e à iluminação. Os efeitos de desenvolvermos tais visões errôneas são que ficaremos muito estúpidos e ignorantes e renasceremos em países onde não há o Budadharma ou durante uma era negra, na qual nenhum Buda ensinou a doutrina. Já que as visões errôneas são tão prejudiciais, devemos nos empenhar para superá-las por meio de desenvolver visões corretas.

É importante compreender que nem todas as visões deludidas são visões errôneas. A visão errônea é, necessariamente, uma mente negativa, e é uma das dez ações não virtuosas. A visão errônea consiste em negar ativamente algo em que precisamos acreditar para alcançar a libertação ou a iluminação. No entanto, outras visões deludidas (como a visão inata da coleção transitória) não são estados mentais negativos tampouco ações não virtuosas. A visão inata da coleção transitória é uma mente neutra – ela não é negativa nem positiva – embora seja a fonte de todas as nossas mentes negativas e de todas as nossas ações não virtuosas.

Conquiste libertação permanente deste ciclo do samsara, onde não existe felicidade verdadeira

As Vinte Delusões Secundárias

A PARTIR DAS seis delusões raízes, vinte delusões secundárias se desenvolvem:

1. Agressividade;
2. Ressentimento;
3. Rancor;
4. Inveja;
5. Avareza;
6. Dissimulação;
7. Pretensão (ou fingimento);
8. Recusa;
9. Autocomplacência;
10. Nocividade;
11. Falta de senso de vergonha;
12. Desconsideração;
13. Torpor (ou obtusidade);
14. Distração;
15. Excitação mental;
16. Antifé;
17. Preguiça;
18. Anticonsciênciosidade;
19. Esquecimento deludido;
20. Antivigilância.

AGRESSIVIDADE

A definição de agressividade é: o fator mental deludido que é o aumento da delusão raiz raiva e que deseja ferir ou prejudicar os outros, física ou verbalmente.

Enquanto a raiva estiver escondida em nosso coração e não puder ser detectada pelos outros, ela não será o fator mental deludido agressividade, mas a delusão raiz raiva. Se essa raiva se tornar mais forte (por exemplo, se começarmos a pensar em maneiras de prejudicar os outros física ou verbalmente), mostrarmos sinais exteriores de raiva (tais como expressões faciais ameaçadoras) e se o nosso comportamento ficar sob a influência dessa raiva, então a raiva terá se tornado o fator mental deludido agressividade.

RESSENTIMENTO

A definição de ressentimento é: o fator mental deludido que mantém o continuum da raiva sem esquecê-la, e que deseja retaliar.

Se alguém nos prejudicou há um ano e ainda guardamos rancor, isso é ressentimento. O ressentimento origina-se da delusão raiz raiva. Primeiramente, desenvolvemos raiva; depois, mantemos essa raiva, não nos permitindo esquecer o mal que experienciamos. O ressentimento é muito mais prejudicial que a delusão raiz raiva ou a delusão secundária agressividade. Devido ao ressentimento, pessoas retaliam e envolvem-se em disputas e guerras que podem prosseguir por muitos anos. Mesmo que desenvolvamos a delusão secundária agressividade, se rapidamente esquecermos nossa raiva, isso será menos prejudicial que guardar rancor por muitos anos.

RANCOR

A definição do rancor é: o fator mental deludido que, motivado por ressentimento ou agressividade, deseja falar de modo áspero e rude.

A fala áspera ou rude perturba a paz interior dos outros, destrói nossas boas relações e faz com que os outros fiquem com raiva; mas sem o fator mental rancor, não há base para a fala áspera. No entanto, falar de modo rude com uma motivação virtuosa e especial não é, de fato, uma fala áspera.

INVEJA

A definição da inveja é: o fator mental deludido que sente desprazer quando observa os prazeres, boas qualidades ou boa sorte dos outros.

Se nosso vizinho comprar um carro novo, ou nosso amigo se tornar bastante próximo de alguém, e ficarmos com inveja, isso irá tornar nossa mente muito desconfortável sempre que pensarmos sobre a boa fortuna deles. Existem três tipos de inveja: inveja que observa as posses dos outros; inveja que observa as boas qualidades, habilidades, conhecimento etc. dos outros; e inveja que observa a boa reputação, fama, popularidade etc. dos outros. Inveja é a fonte de muita raiva, descontentamento e desarmonia. Ela é semelhante a um espinho em nosso coração. Quando estamos invejosos, nossa mente se torna estreita, mesquinha e obsessiva, tornando difícil, para nós, pensar em qualquer outra coisa ou ver a situação a partir do ponto de vista da outra pessoa. A inveja é totalmente fútil porque não faz com que a boa sorte ou as boas qualidades dos outros diminuam e tampouco aumenta a nossa fortuna ou qualidades; tudo o que a inveja faz é nos privar da nossa própria paz e felicidade.

    A inveja é totalmente contraditória com a maneira de um Bodhisattva ver as coisas. Os Bodhisattvas constantemente rezam

"Que todos os seres sencientes tenham felicidade"; por essa razão, como os Bodhisattvas poderiam sentir desprazer quando alguém consegue obter um pouco de alegria? Em *Guia do Estilo de Vida do Bodhisattva*, Shantideva diz que as pessoas que são invejosas das posses e das boas qualidades dos outros nunca irão desenvolver a bodhichitta. Aqueles que têm grande sabedoria nunca irão se tornar invejosos, pois têm uma profunda compreensão das falhas da inveja.

AVAREZA

A definição da avareza é: o fator mental deludido que, motivado por apego desejoso, retém firmemente as coisas e não quer separar-se delas.

Às vezes, devido à avareza, desejamos reter nossas posses para sempre, mas, já que isso é impossível, experienciamos muito sofrimento. Se nossas posses diminuírem ou desaparecerem, ou se formos forçados a dá-las, vivenciaremos grande dor. Quanto maior for nossa avareza, mais preocupados ficaremos com nossas posses e sofreremos de mais aflição e ansiedade.

A avareza é o oposto da mente de generosidade. Algumas vezes, a avareza nos impede de dar tudo, e, outras vezes, faz com que desenvolvamos um sentimento de perda ou arrependimento quando praticamos generosidade. Embora a avareza possa aparecer como sendo uma atitude prudente que garante nossa segurança material nesta vida, ela é muito tola sob um ponto de vista de longo prazo. Por impedir que surja o desejo de praticar o dar, ou generosidade, a avareza causa pobreza nas vidas futuras. No *Sutra Perfeição de Sabedoria Condensado*, Buda diz:

> Os avarentos renascem na terra dos espíritos famintos;
> E quando renascem como seres humanos, eles vivenciam
> pobreza.

E em *Carta Amigável*, Nagarjuna diz:

Não há melhor amigo para o futuro
Que a prática de dar – dar presentes adequadamente
Às pessoas ordenadas, brâmanes, pobres e amigos –
Tendo conhecimento de que os prazeres são transitórios
e sem essência.

Se quisermos desfrutar de boa saúde, amigos, parentes e recursos materiais nas vidas futuras, precisamos praticar o dar, ou generosidade, agora. Como resultado de sermos generosos nesta vida, desfrutaremos de boas condições nas vidas futuras; portanto, dar é o nosso melhor amigo para o futuro. Para assegurar nosso bem-estar nesta vida, trabalhamos duramente para acumular posses materiais, mas não devemos esquecer que, para sermos felizes nas vidas futuras, também precisamos de recursos materiais. A única maneira de assegurarmos esses recursos é praticando o dar agora.

Se acharmos difícil dar, devemos meditar sobre a impermanência e a falta de essência de nossas posses e prazeres. Milarepa disse:

Já que teremos de partir sozinhos, deixando tudo para trás,
É mais significativo deixar tudo agora.

Quando morrermos, não podemos levar nossas posses conosco. Não importa quão fortemente retemos nossas posses agora, por fim todas serão passadas adiante para os outros. Se esperarmos até que morramos, isso acontecerá involuntariamente e não terá nenhum significado para nós. Portanto, é muito melhor dar nossas posses agora, enquanto estamos vivos, e, desse modo, acumular algum sentido por tê-las possuído. Os objetos samsáricos, em si mesmos, não têm essência; mas, ao utilizá-los para praticar o dar, adquirem significado. Se compreendermos os benefícios da prática de dar, desenvolveremos deleite e prazer com essa prática.

DISSIMULAÇÃO

A definição da dissimulação é: o fator mental deludido que, motivado por apego à riqueza ou à reputação, deseja dissimular ou esconder nossas falhas dos outros.

Embora seja inabilidoso revelar publicamente todas as nossas falhas, não devemos desenvolver o desejo de dissimular, por apego ou má motivação, nossas falhas dos outros.

PRETENSÃO (ou FINGIMENTO)

A definição da pretensão, ou fingimento, é: o fator mental deludido que, motivado por apego à riqueza ou à reputação, deseja fingir que temos qualidades que não possuímos.

A pretensão faz com que nos envolvamos nas ações não virtuosas de mentir e enganar os outros, e também faz com que vivenciemos muitos problemas.

RECUSA

A definição da recusa é: o fator mental deludido que não deseja purificar ações não virtuosas que cometemos ou quedas morais que incorremos.

Se cometermos ações não virtuosas ou incorrermos em quedas dos votos *Pratimoksha*, bodhisattva ou tântricos, devemos imediatamente desenvolver o desejo de purificá-las, desenvolvendo arrependimento. Se não fizermos isso, nossas ações não virtuosas e quedas morais irão aumentar dia a dia e irão causar grandes obstáculos ao nosso desenvolvimento espiritual.

AUTOCOMPLACÊNCIA

A definição de autocomplacência é: o fator mental deludido que observa nossa própria beleza física, riqueza ou quaisquer outras qualidades e, estando interessado somente nisso, não tem interesse no desenvolvimento espiritual.

Em *Carta Amigável*, Nagarjuna explica cinco tipos diferentes de autocomplacência:

(1) Autocomplacência relacionada a *status*;
(2) Autocomplacência relacionada à beleza física;
(3) Autocomplacência relacionada a conhecimentos, habilidades e assim por diante;
(4) Autocomplacência relacionada à juventude e vitalidade;
(5) Autocomplacência relacionada ao poder.

Todos esses cinco tipos de autocomplacência irão, por fim, nos enganar e desapontar. Já que *status*, beleza e assim por diante são impermanentes, se nos permitirmos nos tornar complacentes por causa deles, iremos experienciar somente sofrimento quando, por fim, os perdermos.

A autocomplacência torna a nossa preciosa vida humana sem sentido e é a raiz de toda anticonsciencciosidade. A autocomplacência nos impede de ver nossas próprias falhas e, portanto, torna difícil para nós desenvolver o desejo de superá-las. Por exemplo, algumas pessoas podem achar que têm *status* ou origem racial (ou étnica) superior e, por essa razão, pensam que não precisam observar disciplina moral e que podem fazer qualquer coisa que desejem; porém, os resultados dessa maneira de pensar serão, tão somente, que elas irão vivenciar muitas dificuldades. A autocomplacência impede, seriamente, a conquista de realizações espirituais, como disciplina moral superior, concentração superior e sabedoria superior.

NOCIVIDADE

A definição da nocividade é: o fator mental deludido que deseja que os outros seres vivos sofram.

Nocividade é o oposto da compaixão. Uma intenção nociva pode surgir por meio da raiva, inveja, apego desejoso ou ignorância. Por exemplo, devido à raiva podemos desejar que alguém sofra, experiencie problemas ou, até mesmo, desejar que morra; devido à inveja, podemos achar impossível suportar o sucesso ou a boa fortuna dos outros e desejar que eles percam tudo isso; devido ao apego desejoso, podemos ficar apegados à riqueza e às posses dos outros e, inclusive, desejar que morram para que possamos herdá-las; e devido à ignorância, podemos nos regozijar com o infortúnio ou até mesmo com a morte de alguém. Também devido à ignorância, algumas pessoas sustentam visões errôneas, acreditando que o sacrifício animal é uma ação virtuosa e, como resultado, desenvolvem o desejo de matar animais. Tudo isso são exemplos de intenções nocivas.

A nocividade é o principal objeto a ser abandonado pelos budistas. Um dos compromissos de buscar refúgio é não prejudicar os outros. Nos Sutras, Buda diz:

> Aqueles que prejudicam os outros não são praticantes do treino em virtudes.

Isso significa que as pessoas que, deliberadamente, prejudicam os outros não são praticantes dos ensinamentos de Buda.

FALTA DE SENSO DE VERGONHA

A definição de falta de senso de vergonha é: o fator mental deludido que é o oposto do senso de vergonha.

Devido à falta de senso de vergonha, podemos quebrar os compromissos que tomamos diante dos Budas visualizados ou diante de nosso Guia Espiritual. A falta de senso de vergonha nos leva para caminhos não virtuosos e, como resultado, vivenciamos sofrimentos nesta vida e em muitas vidas futuras.

DESCONSIDERAÇÃO

A definição da desconsideração é: o fator mental deludido que é o oposto da consideração pelos outros.

A desconsideração e a falta de senso de vergonha são a base para incorrer em todas as quedas morais e para acumular todo carma não virtuoso. Elas nos conduzem ao renascimento inferior e fazem com que todas as nossas boas qualidades degenerem. A desconsideração e a falta de senso de vergonha causam muitas dificuldades, tanto para nós mesmos quanto para os outros.

TORPOR (ou OBTUSIDADE)

A definição de torpor, ou obtusidade, é: o fator mental deludido que atua tornando nosso corpo e mente pesados e inflexíveis.

Quando o torpor se desenvolve, é como se nossa mente se tornasse envolta pela escuridão e seus objetos se tornassem obscuros, indistintos, do mesmo modo que objetos exteriores tornam-se indistintos quando está escuro ou o tempo está neblinoso. Algumas vezes, devido ao torpor, os ensinamentos de Dharma parecem obscuros para nós; porém, em verdade, é a nossa mente que está obscura. Torpor é a causa de afundamento mental e de sono e, por isso, é o maior obstáculo à meditação. A razão pela qual algumas vezes adormecemos quando estamos meditando é que havíamos desenvolvido torpor sem nos darmos conta disso. Precisamos ser cuidadosos para distinguir entre torpor e afundamento mental. Torpor é a causa de afundamento mental e é, necessariamente, uma delusão, ao passo que o afundamento mental não é, necessariamente, uma delusão.

É de vital importância, para aqueles que têm a intenção de fazer progressos na meditação, superar o torpor. Sem um método que se contraponha ao torpor, ou obtusidade, iremos perceber que esse fator mental irá naturalmente se desenvolver e fará com que a agudeza de nossa inteligência diminua, e a nossa mente irá se tornar pesada, preguiçosa e sonolenta. Como resultado, nosso corpo irá também se tornar pesado, nossa concentração irá se deteriorar e rapidamente esqueceremos nosso objeto de meditação. Mesmo que não esqueçamos o objeto, nossa meditação será prejudicada pelo afundamento mental e nossa concentração será imperfeita, com falhas.

DISTRAÇÃO

A definição de distração é: o fator mental deludido que se desvia para qualquer objeto de delusão.

A distração nos faz perder nossa concentração em nossa prática espiritual, fazendo com que nossa mente siga o curso de um objeto contaminado – por exemplo, um lugar, um corpo ou um prazer samsáricos. O objeto da distração pode ser um objeto de raiva, um objeto de apego ou um objeto de ignorância. A distração é o pior obstáculo para o nosso desenvolvimento espiritual.

EXCITAÇÃO MENTAL

A definição de excitação mental é: o fator mental deludido que se desvia para algum objeto de apego.

A excitação mental está estreitamente relacionada ao apego. Ela interrompe seriamente tanto a meditação analítica quanto a meditação posicionada. Quando estamos tentando fazer progressos em nossa meditação, nossa excessiva familiaridade com objetos de apego faz com que a excitação mental naturalmente se desenvolva, destruindo nossa concentração.

AS VINTE DELUSÕES SECUNDÁRIAS

ANTIFÉ

A definição da antifé é: o fator mental deludido que é o oposto da fé.

A antifé torna a nossa mente semelhante a uma semente seca, da qual os brotos das realizações espirituais jamais poderão crescer. Por mais que estudemos o Dharma, se carecermos de fé, nunca iremos obter quaisquer realizações. Portanto, para obter resultados do nosso estudo do Dharma, precisamos melhorar nossa fé no Dharma e em nossos professores.

PREGUIÇA

A definição da preguiça é: o fator mental deludido que, motivado por apego aos prazeres mundanos ou às atividades mundanas, não gosta ou tem antipatia por atividades virtuosas.

A preguiça sobre a qual se fala nos ensinamentos de Dharma e a preguiça sobre a qual falamos na vida diária são diferentes. O fator mental preguiça é, necessariamente, uma mente deludida. Não gostar ou ter aversão por se envolver em ações não virtuosas não é uma delusão – normalmente, é uma mente virtuosa. De modo semelhante, a mente que carece de entusiasmo por ações neutras, tais como limpar ou cozinhar, também não é, necessariamente, uma mente deludida.

Logo do lado de fora da entrada da caverna de Geshe Karakpa – um dos geshes kadampa – havia um espinheiro e, como o caminho era estreito, Geshe Karakpa arranhava-se toda vez que entrava e saía de sua caverna. Todo dia, ele tomava a decisão de cortar o espinheiro, mas, como seus horários de intervalo entre as sessões do retiro eram muito pequenos, ele nunca encontrava tempo para fazê-lo. Mês após mês, o espinheiro ficava maior, até que, por fim, bloqueou totalmente o caminho. As pessoas locais pensavam que Geshe Karakpa era muito preguiçoso porque ele não se dava nem mesmo ao trabalho de podar o arbusto; porém, em verdade, sua inatividade não era um sinal de preguiça, mas de seu esforço em suas práticas espirituais.

Assim como a antifé, a preguiça é muito prejudicial para os praticantes de Dharma. Neste grande éon, mil Budas irão aparecer. A única diferença entre esses Budas e nós é que, por meio de seus esforços, os Budas conquistaram a grande iluminação, ao passo que nós, devido a nossa preguiça, permanecemos no samsara.

ANTICONSCIENCIOSIDADE

A definição da anticonsciencjosidade é: o fator mental deludido que deseja, sem restrição, envolver-se em ações não virtuosas.

A anticonsciencjosidade é o oposto da consciencjosidade, pois a consciencjosidade atua para guardar nossa mente contra as delusões e nos protege de nos envolvermos em ações não virtuosas. A anticonsciencjosidade é a porta de entrada para cometermos ações não virtuosas. Ela é uma das quatro portas por meio das quais incorremos em quedas morais. Se guardarmos nossa mente por meio de colocar em prática a consciencjosidade, evitaremos cometer ações não virtuosas, e todas as nossas ações de corpo, fala e mente irão se tornar puras; mas, se permitirmos que a anticonsciencjosidade se desenvolva, agiremos de maneiras desregradas, irrestritas, e alegremente nos envolveremos em ações negativas.

Em *Carta Amigável*, Nagarjuna diz:

O Mestre, Buda Shakyamuni, disse que
Consciencjosidade é semelhante a néctar
E anticonsciencjosidade é semelhante à morte.

A consciencjosidade é semelhante a néctar porque ela faz com que experienciemos êxtase e felicidade agora e no futuro. A anticonsciencjosidade é semelhante à morte porque destrói o sentido de ter uma vida humana. Consideramos a morte como sendo o pior que pode nos acontecer, mas, em verdade, viver sem consciencjosidade é muito pior. Se desperdiçarmos as preciosas oportunidades proporcionadas por esta vida humana, não nos empenhando em ações virtuosas, é como se já estivéssemos mortos. Como Shantideva diz em *Guia do Estilo de Vida do Bodhisattva*, qual o sentido em tomar um renascimento humano se o utilizarmos, somente, para cometer o mal? A morte é muito menos desagradável que os efeitos de longo prazo de nossas não-virtudes.

ESQUECIMENTO DELUDIDO

A definição de esquecimento deludido é: o fator mental deludido que faz com que nos esqueçamos de um objeto virtuoso.

Nem todo esquecimento é deludido. Se nos esquecermos de tomar o café da manhã, por exemplo, isso não será uma delusão. Alguns esquecimentos – como esquecer objetos de apego ou de raiva – podem ser, inclusive, esquecimentos virtuosos. Um exemplo de esquecimento deludido é esquecermos o objeto de meditação porque estamos distraídos com um objeto de apego.

O esquecimento é um dos maiores obstáculos à meditação. Se esquecermos o objeto de meditação, não teremos nada em que nos concentrarmos. Um dos cinco obstáculos a serem eliminados quando treinamos o tranquilo-permanecer é o esquecimento do objeto de meditação, e seu principal oponente é a contínua-lembrança. A contínua-lembrança é a força vital da meditação, e esquecer o objeto é o inimigo que destrói a vida da meditação.

ANTIVIGILÂNCIA

A definição de antivigilância é: o fator mental deludido que, sendo incapaz de fazer a distinção entre falhas e não-falhas, faz com que desenvolvamos falhas.

A antivigilância é o oposto da vigilância. Algumas pessoas podem ter um forte desejo de seguir um caminho espiritual, mas, porque carecem de vigilância, continuam a cometer ações não virtuosas.

Se carecermos de sabedoria para distinguir o que é virtuoso daquilo que é não virtuoso, nossas ações serão, com frequência, falhas, incorretas, mesmo que sejamos bem-intencionados.

A vigilância é um tipo de sabedoria que sabe o que é uma falha e o que não é uma falha. Quando meditamos, a vigilância age como um espião, que verifica para ver se nossa concentração é pura. A vigilância examina a mente para ver se torpor, distração, excitação mental ou afundamento mental estão se desenvolvendo. Se não usarmos a vigilância para manter guarda sobre nossa mente durante a meditação, não notaremos o torpor ou o afundamento mental quando eles surgirem e, por essa razão, há o grande perigo de que adormeçamos durante nossa meditação. Sem vigilância, não seremos capazes de superar os obstáculos que ocorrem na meditação e, por isso, nossa concentração será imperfeita e não alcançaremos o tranquilo-permanecer. Mesmo durante nossas atividades diárias, se não utilizarmos a vigilância para manter guarda sobre nossa mente, poderemos incorrer em muitas quedas morais.

Em *Guia do Estilo de Vida do Bodhisattva*, Shantideva diz:

> Além do mais, para aqueles cujas mentes carecem de vigilância,
> As sabedorias de ouvir, contemplar e meditar
> Não ficarão conservadas em suas memórias
> Mais do que a água pode permanecer em um pote furado.

> Mesmo aqueles que têm muito aprendizado e fé
> E que, sinceramente, têm aplicado grande esforço
> Irão se tornar maculados pelas quedas morais
> Devido à falha de carecerem de vigilância.

Existem quatro causas principais de quebrarmos nossa disciplina moral, que são conhecidas como "as quatro portas que fazem incorrer em quedas morais". A primeira causa é não conhecer quais são essas quedas morais – isso é a antivigilância. As outras três causas são: carecer de respeito pelo Dharma, fortes delusões e anticonscienciosidade.

As vinte delusões explicadas neste capítulo são ramificações das seis delusões raízes. Essas vintes delusões são denominadas "delusões secundárias" porque podem surgir de qualquer uma das delusões raízes. A fonte de todas as delusões são os três venenos – apego desejoso, ódio e ignorância. Os três venenos são os principais objetos a serem abandonados por aqueles que buscam a libertação.

Venha para debaixo do para-sol do Budismo

Os Quatro Fatores Mentais Mutáveis

OS QUATRO FATORES mentais mutáveis são:

1. Sono;
2. Arrependimento;
3. Investigação;
4. Análise.

Dependendo da motivação desses fatores mentais, eles podem ser virtuosos, não virtuosos ou neutros, razão pela qual são denominados "mutáveis".

SONO

A definição do sono é: o fator mental que é desenvolvido por torpor (ou obtusidade) ou suas marcas e que atua para reunir interiormente as percepções sensoriais.

O sono é uma mente sutil. Quando a mente sutil se torna manifesta, mentes densas – como as percepções sensoriais – tornam-se necessariamente não manifestas: essa é a razão pela qual o sono tem a função de reunir as percepções sensoriais interiormente. Para os seres comuns, o sono ajuda a renovar a energia do corpo e traz harmonia aos elementos do corpo, tornando-o confortável e prolongando a vida. Para os praticantes de Tantra, o ioga de dormir auxilia o desenvolvimento da clara-luz de êxtase. No entanto, se formos apegados ao sono, isso irá causar o aumento da nossa preguiça.

Praticantes de Dharma habilidosos utilizam sua compreensão sobre o processo de dormir, sonhar e acordar para compreender de que modo se desenvolve o processo de morte, estado intermediário e renascimento, já que o sono é semelhante à morte, os sonhos são semelhantes ao estado intermediário e acordar é semelhante a renascer. Dormir é, também, a base para o desenvolvimento de todas as coisas que experienciamos nos sonhos.

ARREPENDIMENTO

A definição do arrependimento é: o fator mental que sente remorso pelas ações feitas no passado.

Existem três tipos de arrependimento: virtuoso, não virtuoso e neutro. O arrependimento por ações não virtuosas cometidas no passado é arrependimento virtuoso porque nos encoraja a purificar nossas ações negativas passadas e age como o primeiro dos quatro poderes oponentes. Esse tipo de arrependimento é desenvolvido pelo reconhecimento das falhas e desvantagens das ações não virtuosas. No entanto, aqueles que não ouviram ensinamentos sobre o carma encontrarão dificuldade para desenvolver arrependimento sincero e, por essa razão, não serão capazes de purificar suas ações negativas. Um dos mais magníficos presentes do Dharma é que ele nos ensina como purificar nossas não-virtudes passadas.

Precisamos desenvolver arrependimento pelas ações negativas passadas antes que seus efeitos tenham amadurecido. Não faz sentido sentir arrependimento por ações não virtuosas cujos efeitos já amadureceram, pois será muito tarde para fazer qualquer coisa em relação a eles. Por exemplo, alguém pode ter nascido cego como resultado de uma ação não virtuosa – como ter machucado maliciosamente os olhos de alguém em uma vida passada – mas sentir arrependimento agora por essa ação é inútil porque seus efeitos já amadureceram. Desenvolver arrependimento por ações negativas que já amadureceram somente faz com que nos sintamos abatidos e desanimados. É melhor aceitar pacientemente nosso infortúnio. Devemos refletir:

Não tenho escolha a não ser vivenciar esses efeitos presentes das minhas ações não virtuosas passadas; porém, irei me proteger de tal infortúnio no futuro por meio de não acumular mais nenhum carma negativo.

Sentir arrependimento por ações virtuosas criadas no passado é arrependimento não virtuoso. Alguns praticantes de Dharma podem desenvolver esse tipo de arrependimento quando, por exemplo, se arrependem de terem tomado votos; ou quando se sentem infelizes por terem assumido compromissos espirituais; ou se arrependem de terem feito uma oferenda. Por exemplo, se tomarmos os Oito Preceitos Mahayana pela manhã e, à noite, sentirmos fome e desenvolvermos arrependimento por termos tomado esses preceitos, isso é arrependimento não virtuoso. Nunca devemos desenvolver tal arrependimento. Aqueles que tomaram a ordenação têm de manter disciplina moral estrita e isso lhes causa, de vez em quando, alguma inconveniência; mas, em momentos como esse, eles não devem pensar que teria sido melhor não ter tomado os votos.

O arrependimento neutro é muito comum. Por exemplo, se comermos um alimento não saudável e, depois, nos sentirmos doentes, iremos nos arrepender de tê-lo comido. Isso é arrependimento neutro. Embora o arrependimento neutro não seja não-virtuoso, em geral é melhor evitá-lo, pois ele pode nos levar à infelicidade e não possui uma função útil. Por exemplo, se abrirmos um negócio que logo após irá falir, não faz sentido nos arrependermos de tê-lo começado. Antes de fazer qualquer coisa, devemos considerar cuidadosamente se ela é vantajosa e se vale a pena, e devemos considerar se somos capazes de levar a ação até sua conclusão. Isso é muito melhor que agir irrefletida e precipitadamente e, depois, arrepender-se. Existe um ditado no Tibete:

O sábio verifica cuidadosamente com antecedência;
O tolo sente arrependimento posteriormente.

Se, apesar de termos planejado cuidadosamente nossas ações, não formos bem-sucedidos, não há necessidade de ficarmos infelizes ou de culpar os outros. Devemos reconhecer que isso é o resultado de nossas ações negativas passadas e aceitá-las, de modo alegre e voluntário.

INVESTIGAÇÃO

A definição de investigação é: o fator mental que examina um objeto para obter uma compreensão de sua natureza densa.

Existem muitas maneiras pelas quais podemos examinar, pesquisar ou explorar um objeto. Por exemplo, podemos examiná-lo superficialmente ou de modo bastante detalhado. Normalmente, se estivermos procurando algo, iremos interromper a busca tão logo encontremos o que estamos procurando. Por exemplo, se estivermos procurando nosso carro, saberemos bem quando o encontrarmos e não prosseguiremos com a investigação, fazendo perguntas do tipo "o que é, exatamente, o carro?". Somente pessoas envolvidas com análise filosófica investigam um objeto dessa maneira. Todos nós podemos reconhecer nosso corpo muito facilmente porque temos uma compreensão superficial dele, mas somente os proponentes de princípios filosóficos que têm investigado o corpo profundamente chegam a conclusões sobre sua natureza última. Ao formular questões do tipo "será o corpo uma de suas partes ou a coleção de suas partes?", chegaremos à conclusão sobre a verdadeira natureza do corpo. Alguns concluem que o corpo é possível de ser encontrado, ao passo que outros – particularmente os Madhyamika-Prasangikas – concluem que o corpo não pode ser encontrado. Compreender a análise que mostra que o corpo não é possível de ser encontrado nos aproxima da compreensão e da realização da vacuidade. Esse tipo de investigação é bastante diferente das investigações que conduzimos na vida diária.

Existem dois tipos de objeto a serem investigados: os objetos convencionais e os objetos últimos. Primeiramente, devemos investigar os objetos convencionais. Eles são de muitos diferentes tipos: de natureza densa, natureza sutil e natureza muito sutil. Por exemplo, um carro, suas partes, sua cor e formato são, tudo isso, a natureza densa do carro; o carro dependente de suas partes é a natureza sutil do carro; e o carro existindo como mero nome é a natureza muito sutil do carro. Em *Guia ao Caminho do Meio*, Chandrakirti diz:

> As verdades nominais são o método para realizar a verdade última.

Aqui, "verdade última" refere-se à vacuidade, e "verdades nominais" refere-se a todos os demais fenômenos.

Em geral, devemos, primeiramente, obter uma compreensão aproximada dos temas do Dharma antes de analisá-los em detalhes. Se tentarmos fazer, por força de investigação, a análise pormenorizada de um tema de Dharma antes de obtermos uma imagem genérica aproximada dele, por fim encontraremos dificuldades. Portanto, a maneira correta de proceder com o estudo do Dharma é, primeiramente, se empenhar para compreender objetos densos por meio de se apoiar em investigação e, depois, se empenhar em compreender objetos sutis por meio de se apoiar em análise.

ANÁLISE

A definição de análise é: o fator mental que examina um objeto para obter uma compreensão de sua natureza sutil.

Após termos compreendido superficialmente um objeto por tê-lo investigado, precisamos aguçar nossa sabedoria analisando o objeto em seus pormenores. Por exemplo, tendo obtido uma compreensão conceitual aproximada sobre a vacuidade por meio de investigação, precisamos então analisar a vacuidade detalhadamente para obtermos dela uma imagem genérica clara e precisa. Com isso, poderemos então prosseguir para alcançar um percebedor diretoióguico que realiza a vacuidade.

Quando começamos a meditar em qualquer objeto, percebemos somente uma imagem mental muito aproximada dele, mas, por continuarmos a meditar no objeto com a meditação analítica e posicionada, gradualmente perceberemos o objeto de modo mais claro até, por fim, alcançarmos uma total aparência clara do objeto. Isso ocorre quando a imagem genérica cessa e nossa mente se transforma em um percebedor direto ióguico. Por continuarmos a meditar no objeto, esse percebedor direto ióguico irá, por fim, se transformar na mente incontaminada de um Buda. A única maneira de progredir de nossa compreensão conceitual superficial inicial de um objeto para a sabedoria perfeita de um Buda é na dependência de investigação e análise.

Se não nos empenharmos em análise, nossa compreensão irá permanecer no nível de uma crença correta – que não é totalmente confiável – e que pode regredir. Portanto, precisamos nos empenhar em análise para transformar nossas crenças corretas em conhecedores válidos e, por fim, em percebedores diretos ióguicos.

PARTE DOIS

Mantenha harmonia e alegria o tempo todo

Mentes Conceituais e Mentes Não Conceituais

DO PONTO DE vista de como as mentes se conectam a seus objetos, elas podem ser classificadas em dois tipos: mentes conceituais e mentes não conceituais. Ao passo que as mentes não conceituais se conectam a seus objetos diretamente, as mentes conceituais conectam-se a seus objetos por meio de uma imagem genérica. Até que nos tornemos um Buda, precisaremos das mentes conceituais e das mentes não conceituais. Até mesmo elevados Bodhisattvas, por exemplo, realizam simultaneamente as duas verdades somente com suas mentes conceituais.

Algumas pessoas acreditam que todos os pensamentos conceituais são prejudiciais e que devem ser abandonados. Essa visão equivocada foi ensinada no século VIII pelo monge chinês Hashang, que entendeu de maneira errada o que Buda ensinou nos *Sutras Perfeição de Sabedoria* e acreditou que a maneira de meditar na vacuidade era, simplesmente, esvaziar a mente de todos os pensamentos conceituais. Essa visão ainda tem muitos adeptos hoje, mas, se sustentarmos essa visão, não teremos oportunidade de progredir nos caminhos espirituais. O motivo é que, se impedirmos que mentes conceituais surjam, não seremos capazes de recordar nada e, como resultado, todo o nosso desenvolvimento espiritual irá cessar. Além disso, realizações conceituais são as causas principais das realizações de percebedores diretos ióguicos e, sem percebedores diretos ióguicos, a aquisição da libertação é impossível.

MENTE CONCEITUAL

DEFINIÇÃO DA MENTE CONCEITUAL

A definição da mente conceitual é: o pensamento que apreende seu objeto por meio de uma imagem genérica.

Embora outros eruditos tenham explicações diferentes, essa definição foi ensinada por Khedrubje em *Ornamento das Sete Categorias*. Quando pensamos em um objeto ou lembramos dele – um elefante, por exemplo – o que aparece para a nossa mente conceitual é um objeto que é o oposto de não-elefante. Essa aparência é a imagem genérica do elefante. Embora não haja, de fato, um elefante diante de nós, há, todavia, a imagem genérica de um elefante aparecendo para a nossa mente. Assim, nossa mente conceitual apreende elefante por meio da imagem genérica de elefante. Podemos aplicar isso a todos os demais fenômenos.

Existem cinco tipos de objeto: objeto aparecedor, objeto observado, objeto conectado, objeto apreendido e objeto concebido. Quando, por exemplo, vemos uma mesa com nossa percepção visual, essa mesa é o *objeto aparecedor* de nossa percepção visual porque a mesa aparece diretamente para a nossa percepção visual. A mesa é, também, o *objeto observado*, o *objeto conectado* e o *objeto apreendido* de nossa percepção visual porque, naquele momento em que estamos vendo a mesa, nossa percepção visual está focada na mesa, compreende a mesa e apreende a mesa. No entanto, a mesa não é o objeto concebido de nossa percepção visual porque somente mentes conceituais têm objetos concebidos. Para nós, mentes não conceituais não conseguem conceber um objeto.

Quando nossa percepção visual vê uma mesa, podemos desenvolver o pensamento "isto é uma mesa". Esse pensamento é uma mente conceitual que apreende a mesa por meio de uma imagem genérica da mesa. Para essa mente conceitual, a mesa é o objeto observado, o objeto conectado, o objeto apreendido e o objeto concebido. No entanto, a mesa não é o *objeto aparecedor* dessa mente porque o objeto aparecedor dessa mente conceitual é a imagem genérica da mesa, não a mesa ela própria.

A definição de imagem genérica é: o objeto aparecedor de uma mente conceitual. Embora outros textos deem uma explicação diferente, essa definição está de acordo com a intenção de Khedrubje. A imagem genérica de um objeto é como o reflexo desse objeto. Quando olhamos num espelho, vemos diretamente o reflexo de nosso rosto e, devido a isso, conhecemos de fato a aparência de nosso rosto. De modo semelhante, a mente conceitual conhece seu objeto por meio da aparência da imagem genérica desse objeto, mas não por ver o objeto diretamente. Falando de modo preciso, devemos dizer que a mesa aparece para uma mente conceitual apreendendo mesa porque o aspecto geral da mesa aparece para essa mente. *Aspecto geral da mesa* e *imagem genérica da mesa* são sinônimos. No entanto, a mesa não é o objeto aparecedor de uma mente conceitual apreendendo mesa. Isso pode ser aplicado a todos os demais objetos.

Assim como os demais tipos de mente, a natureza da mente conceitual é clareza, que carece totalmente de características físicas e tem o poder de perceber objetos. No entanto, a mente conceitual atua de maneira diferente dos demais tipos de mente. A função (ou atuação) principal da mente conceitual é imputar, ou atribuir, nomes ao pensar "isto é uma mesa", "isto é uma cadeira", "eu sou Pedro", "ele é João" e assim por diante. Todos os fenômenos são, meramente, imputados pela mente conceitual desse modo.

Outra maneira da mente conceitual atuar é encontrar o objeto de meditação. Sempre que meditamos, precisamos primeiramente encontrar o objeto sobre o qual iremos meditar. Isso significa tentar perceber claramente a imagem genérica do objeto de meditação, e isso é obtido pela mente conceitual. Além disso, a raiz da meditação é manter contínua-lembrança, o que significa reter o objeto sem esquecê-lo, e, para nós, isso é também uma função do pensamento conceitual porque nossa mente *não conceitual* não pode fazer isso.

Quando realizamos pela primeira vez a natureza última dos fenômenos, a vacuidade, fazemos isso com nossa mente conceitual.

Se, depois, meditarmos repetidamente nessa realização conceitual, por fim realizaremos a vacuidade diretamente. Nesse momento, nossa realização conceitual irá se transformar em um percebedor direto ióguico que realiza a vacuidade diretamente, o antídoto direto às delusões. É por meio desse percebedor direto ióguico que seremos libertos do oceano de sofrimentos samsáricos.

CLASSES DA MENTE CONCEITUAL

Existem três tipos de mente conceitual:

1. Mentes conceituais que percebem a imagem genérica de um objeto principalmente por força de ouvir ou ler;
2. Mentes conceituais que percebem a imagem genérica de um objeto principalmente por força de contemplar o significado desse objeto;
3. Mentes conceituais que percebem a imagem genérica de um objeto principalmente por força de marcas anteriores.

Um exemplo do primeiro tipo é um pensamento percebendo a aparência do oposto de não-yeti, e que se desenvolve principalmente por força de ouvir alguém dando alguma explicação sobre yetis. Outros exemplos podem ser compreendidos a partir desse exemplo dado. Um exemplo do segundo tipo é um pensamento percebendo a aparência do oposto de não-yeti, e que se desenvolve principalmente por força de nossa própria contemplação de yetis, após ouvirmos uma explicação sobre eles. Novamente, outros exemplos podem ser compreendidos a partir desse exemplo dado. Exemplos do terceiro tipo são todos os pensamentos conceituais naturais, tais como o agarramento inato ao em-si e demais delusões inatas.

Existe, também, uma classificação dupla da mente conceitual:

1. Mentes conceituais corretas;
2. Mentes conceituais errôneas.

O primeiro tipo inclui todas as mentes conceituais cujos objetos concebidos existem, como as mentes conceituais que concebem caneta, papel e assim por diante. O segundo tipo inclui todas as mentes conceituais cujos objetos concebidos não existem, tais como a mente conceitual que concebe o reflexo de um rosto como sendo um rosto de fato, a mente de agarramento ao em-si ou a mente conceitual que concebe o carma, a reencarnação ou os seres iluminados como sendo não-existentes.

COMO AS MENTES CONCEITUAIS SÃO GERADAS

Existem três maneiras pelas quais as mentes conceituais são geradas: por força de ouvir nomes, por força de contemplar e por força de marcas anteriores. Isso pode ser compreendido a partir das explicações dadas anteriormente sobre os três tipos de mente conceitual.

APLICAÇÃO DAS MENTES CONCEITUAIS À PRÁTICA DE DHARMA

É muito importante fazer a distinção entre as mentes conceituais que são prejudiciais e que devem ser abandonadas e as mentes conceituais que são benéficas e que devem ser cultivadas. Embora existam incontáveis atitudes e pensamentos errôneos, existem dezesseis em particular que devemos conhecer e nos empenhar em abandonar, porque impedem diretamente as realizações das etapas do caminho. São eles:

(1) Antipatia ou desrespeito por nosso Guia Espiritual;
(2) Não ter o desejo de extrair o verdadeiro significado de nossa preciosa vida humana;
(3) Não se lembrar da morte;
(4) Estar apegado aos prazeres e à felicidade apenas desta vida;
(5) Não temer o renascimento em reinos inferiores;
(6) Não desejar buscar refúgio nas Três Joias;

(7) Não ter fé ou convicção nas leis do carma;
(8) Empenhar-se em acumular ações não virtuosas ao invés de ações virtuosas;
(9) Considerar o samsara como tendo a natureza da felicidade;
(10) Ter o desejo de aumentar as delusões e ações contaminadas;
(11) Estar desinteressado, ou indiferente, em obter a libertação;
(12) Não ter o desejo de praticar os três treinos superiores, que são as causas de libertação;
(13) Abandonar os seres vivos-mães, ou desistir deles;
(14) Autoapreço;
(15) Agarramento ao em-si;
(16) Antipatia ou aversão pela prática do Mantra Secreto.

Correspondendo a esses dezesseis pensamentos e atitudes errôneos, existem dezesseis pensamentos e atitudes corretos que precisamos cultivar:

(1) Confiar com fé e devoção e ter respeito por nosso Guia Espiritual;
(2) Ter o desejo de extrair o verdadeiro significado de nossa preciosa vida humana;
(3) Lembrar-se da morte;
(4) Não estar apegado aos prazeres e à felicidade desta vida;
(5) Temer o renascimento em reinos inferiores;
(6) Ter o desejo de buscar refúgio nas Três Joias;
(7) Ter fé e convicção nas leis do carma;
(8) Empenhar-se em acumular ações virtuosas ao invés de ações não virtuosas;
(9) Considerar o samsara como tendo a natureza do sofrimento;
(10) Ter o desejo de abandonar as delusões e as ações contaminadas – as causas de renascimento samsárico;

(11) Estar determinado a alcançar a libertação;
(12) Ter o desejo de praticar os três treinos superiores;
(13) Apreciar e cuidar de todos os seres vivos-mães;
(14) Abandonar o autoapreço;
(15) Realizar a ausência do em-si;
(16) Apreciar a prática do Mantra Secreto.

Devemos nos esforçar para compreender bem todas essas mentes conceituais, estudando explicações autênticas como as que estão dadas no livro *Caminho Alegre da Boa Fortuna* e, depois, fundamentados nessa compreensão, tomar a forte determinação de abandonar os dezesseis pensamentos errôneos e cultivar os dezesseis pensamentos corretos. Depois, precisamos colocar essa determinação em prática.

MENTE NÃO CONCEITUAL

DEFINIÇÃO DA MENTE NÃO CONCEITUAL

A definição da mente não conceitual é: o conhecedor para o qual seu objeto aparece claramente sem estar misturado com uma imagem genérica.

CLASSES DA MENTE NÃO CONCEITUAL

Existem dois tipos de mente não conceitual:

1. Percepções sensoriais;
2. Percepções mentais não conceituais.

Todas as percepções sensoriais são mentes não conceituais, mas as percepções mentais podem ser conceituais ou não conceituais. *Percepção mental conceitual* e *mente conceitual* são sinônimos.

Existem três tipos de percepção mental não conceitual:

1. Percebedores diretos mentais não conceituais;
2. Percebedores diretos ióguicos;
3. Percepções mentais não conceituais que não são nenhum desses dois.

Um exemplo do primeiro tipo é um percebedor direto mental para o qual uma forma aparece claramente sem estar misturada com uma imagem genérica – por exemplo, clarividência visual. Um exemplo do segundo tipo é um percebedor direto que realiza a vacuidade. Um exemplo do terceiro tipo é uma percepção visual onírica que apreende uma montanha onírica como sendo uma montanha de fato. Essa percepção visual onírica não é a percepção visual propriamente dita porque a percepção visual não existe durante o sono. Como Chandrakirti diz em *Guia ao Caminho do Meio*:

> Porque a percepção visual é impossível no sono, ela não existe;
> Somente a percepção mental existe.

Isso significa que, na medida em que não pode existir percepção sensorial – como a percepção visual – durante o sono, os objetos do sonho que são objetos da percepção sensorial não existem. Somente a percepção mental existe durante o sono. Portanto, percepção visual onírica, percepção auditiva onírica, percepção olfativa onírica, percepção gustativa onírica e percepção tátil onírica são percepções mentais. E porque seus objetos aparecem claramente a essas percepções, sem estarem misturados com uma imagem genérica, elas são percepções mentais não conceituais.

Nesse ponto, deve ser notado que, se um objeto aparece claramente para a mente, essa mente não é, necessariamente, não conceitual. Por exemplo, algumas mentes conceituais que são concentrações claras e fortes percebem seus objetos claramente, mas, porque são mentes conceituais, seus objetos são percebidos por meio de uma imagem genérica daquele objeto.

Existe outra divisão dupla da mente não conceitual:

1. Mentes não conceituais corretas;
2. Mentes não conceituais errôneas.

Uma mente não conceitual correta é uma mente não conceitual cujo objeto apreendido existe. Todos os percebedores diretos sensoriais são mentes não conceituais corretas. Do mesmo modo, em geral, as percepções oníricas visual, auditiva, olfativa, gustativa e tátil são mentes não conceituais corretas porque elas são mentes não conceituais e seus objetos apreendidos existem. Para as mentes não conceituais, *objeto apreendido* e *objeto aparecedor* são sinônimos. Portanto, uma montanha onírica que aparece para a percepção visual onírica, existe. Ela é uma forma que é uma fonte-fenômenos, e é semelhante ao reflexo de uma montanha. Coisas oníricas, sonhadas, não podem ser objetos da percepção sensorial – elas são, somente, objetos da percepção mental; por essa razão, coisas oníricas são fontes-fenômenos.

Mentes não conceituais – como uma percepção visual apreendendo uma cobra de brinquedo como sendo uma cobra de verdade; ou uma percepção auditiva apreendendo um eco como sendo o som real de alguém falando – são mentes não conceituais errôneas porque elas são mentes não conceituais e seus objetos apreendidos não existem.

COMO AS MENTES NÃO CONCEITUAIS SÃO GERADAS

Todas as mentes não conceituais estão incluídas nas percepções sensoriais e percepções mentais não conceituais. Todas as cinco percepções sensoriais são geradas a partir de seu próprio continuum anterior e do encontro de sua faculdade sensorial específica com o objeto sensorial correspondente. Percepções mentais não conceituais são geradas a partir de seu próprio continuum anterior e de sua condição dominante, a faculdade mental.

APLICAÇÃO DAS MENTES NÃO CONCEITUAIS À PRÁTICA DE DHARMA

No momento presente, não podemos usar nossa percepção mental não conceitual em nossas atividades diárias. As únicas percepções não conceituais que podemos usar são as nossas percepções sensoriais. Embora nossas percepções sensoriais não sejam o nosso *eu*, todavia, quando vemos uma forma, escutamos um som e assim por diante, dizemos "eu vi isto e aquilo", "eu escutei isto e aquilo" e assim por diante. Se usarmos nossas percepções sensoriais para atividades virtuosas, iremos experienciar resultados benéficos e desenvolveremos boas qualidades; mas, se as usarmos para atividades não virtuosas, iremos vivenciar sofrimentos e problemas. Sabendo isso, devemos tomar a determinação de não usar nossas percepções sensoriais para propósitos não virtuosos, mas utilizá-las somente para propósitos virtuosos. Depois, devemos colocar essa determinação em prática.

Uma maneira especial de usar nossas percepções sensoriais para propósitos virtuosos, que é explicada nos *Sutras Perfeição de Sabedoria*, é: sempre que virmos formas, ouvirmos sons, percebermos odores, experienciarmos sabores ou tocarmos objetos táteis, devemos reconhecer imediatamente que esses objetos carecem de existência verdadeira. Por nos familiarizarmos com esse reconhecimento, reduziremos gradualmente nosso apego, raiva e demais delusões e, especialmente, nosso agarramento ao em-si.

Percepções Sensoriais e Percepções Mentais

DO PONTO DE vista de sua condição dominante incomum, as mentes podem ser classificadas em dois tipos: percepções sensoriais e percepções mentais.

PERCEPÇÃO SENSORIAL

DEFINIÇÃO DA PERCEPÇÃO SENSORIAL

A definição da percepção sensorial é: a percepção que é desenvolvida na dependência de sua condição dominante incomum – uma faculdade sensorial que possui forma.

Assim como as demais mentes, a natureza da percepção sensorial é clareza, mas a percepção sensorial atua de maneira diferente dos demais tipos de mente. A percepção sensorial atua, principalmente, vendo formas visuais, ouvindo sons e experienciando odores, sabores e objetos táteis. Existem cinco percepções sensoriais, que são denominadas "as percepções das cinco portas". As cinco portas são: os olhos, os ouvidos, o nariz, a língua e o corpo. Na dependência de suas respectivas portas, a percepção visual vê formas visuais, a percepção auditiva ouve sons, e assim por diante.

À medida que elas nos permitem ler e ouvir instruções de Dharma, as percepções sensoriais são úteis para a nossa prática de Dharma; mas, do ponto de vista de sua obstrução a nossa meditação e concentração, elas são bastante prejudiciais. Se uma percepção sensorial se manifestar quando estivermos meditando estritamente focados em um objeto, ela imediatamente irá perturbar nossa concentração, causando distração por outros objetos. É como um espinho agudo espetando nossa carne. É por esse motivo que muitos meditadores que estão enfatizando a aquisição do tranquilo-permanecer desenvolvem renúncia pelas percepções sensoriais.

Como resultado de terem desenvolvido renúncia pelas percepções sensoriais em suas vidas anteriores, os seres do reino da forma e do reino da sem-forma não possuem suas próprias percepções sensoriais. Os seres do reino da forma, por exemplo, podem ver formas e ouvir sons, mas eles fazem isso utilizando-se da percepção visual e da percepção auditiva do reino do desejo, de uma maneira muito semelhante à que utilizamos para ver formas distantes com um binóculo ou para ouvir sons distantes com um telefone. Os seres do reino da forma não necessitam de modo algum das percepções olfativa, gustativa e tátil porque eles não têm necessidade de desfrutar aromas, saborear comida ou bebida ou sentir objetos táteis. Em vez disso, eles obtêm contínuo desfrute do alimento interior da maleabilidade da concentração.

CLASSES DA PERCEPÇÃO SENSORIAL

Existem cinco tipos de percepção sensorial: percepção visual, percepção auditiva, percepção olfativa, percepção gustativa e percepção tátil. Existem, também, cinco objetos sensoriais: formas visuais, sons, odores, sabores e objetos táteis. A definição da percepção visual é: a percepção que é desenvolvida na dependência de sua condição dominante incomum – a faculdade sensorial visual. Essa definição pode ser aplicada às demais quatro percepções sensoriais, substituindo a condição dominante incomum pela faculdade sensorial auditiva, faculdade sensorial olfativa, faculdade sensorial gustativa e faculdade sensorial tátil.

A faculdade sensorial visual é um poder-energia interior que reside bem no centro do órgão da visão e que atua diretamente para gerar a percepção visual. A faculdade sensorial auditiva é um poder-energia interior que reside bem no centro do órgão da audição e que atua diretamente para gerar a percepção auditiva. As demais faculdades sensoriais podem ser compreendidas do mesmo modo. A faculdade sensorial visual, ela própria, não é forma, mas possui forma. Isso é semelhante a uma pessoa. Pessoas não são forma, mas possuem forma – a saber, seu agregado forma, ou seja, seu corpo.

É dito que a faculdade sensorial visual é um objeto muito oculto. As escolas budistas Vaibhashika e Sautrantika acreditam que a faculdade sensorial visual é forma. Essas escolas dizem que a faculdade sensorial visual é uma forma muito clara e transparente, localizada no centro do órgão da visão, na qual as formas visuais são refletidas. No entanto, as escolas Madhyamika rejeitam essa asserção.

As consciências sensoriais são mentes primárias. Seus séquitos de mentes secundárias – ou fatores mentais – são percepções sensoriais, mas não são consciências sensoriais. *Consciência* e *mente primária* são sinônimos.

COMO AS PERCEPÇÕES SENSORIAIS SÃO GERADAS

Percepções sensoriais são geradas na dependência de duas condições – sua condição dominante e sua condição imediata.

A definição de condição dominante da percepção sensorial é: aquilo que auxilia, principalmente, no desenvolvimento de uma percepção sensorial. Existem dois tipos de condição dominante: condição dominante comum e condição dominante incomum. Para a nossa percepção visual, a condição dominante comum é a luz. Se houver escuridão, não conseguimos ver objeto algum com nossa percepção visual; portanto, a luz é uma condição necessária para a percepção visual. Ela é denominada "condição dominante comum" porque é uma condição comum para todos. A condição dominante incomum da percepção visual é a faculdade sensorial visual. Ela é denominada *incomum* porque é específica para cada pessoa. Diferentes tipos de seres têm diferentes tipos de faculdade sensorial visual. Por exemplo, a faculdade sensorial visual humana necessita de uma quantidade considerável de luz para funcionar bem, ao passo que a faculdade sensorial visual de um gato funciona igualmente bem tanto na luz quanto na escuridão, e a faculdade sensorial visual de uma coruja é, particularmente, adequada à escuridão.

Uma faculdade sensorial específica pode, somente, fazer surgir sua percepção sensorial específica. Assim, a faculdade sensorial visual, por exemplo, somente pode dar surgimento a uma percepção visual. No entanto, no *Sutra Estreito Posicionamento da Contínua-Lembrança*, Buda diz que as cobras têm uma faculdade sensorial visual especial que as capacita a ouvir sons com sua percepção visual. A luz não é uma condição necessária para ouvir e, portanto, embora as cobras utilizem seus olhos para ouvir, elas podem ouvir na escuridão. A percepção visual de um Buda pode ver, ouvir, saborear, cheirar e tocar.

A condição imediata de uma percepção visual apreendendo uma forma é uma consciência mental que se desenvolve imediatamente antes dessa percepção visual e que é o mesmo continuum que essa percepção visual. Ela existe simultaneamente com a faculdade sensorial visual.

De acordo com os Sautrantikas, a percepção sensorial e a percepção mental têm também uma "*condição objeto observado*", que precisa ser tanto um objeto observado de uma percepção quanto a causa dessa percepção. Para os Sautrantikas, a cor azul é tanto o objeto observado de uma percepção visual apreendendo azul quanto a causa dessa percepção e, por isso, o azul é a *condição objeto observado* de uma percepção visual apreendendo azul.

Os Chittamatrins não asseveram *condições objeto observado* porque eles acreditam que a mente e seus objetos surgem simultaneamente de uma mesma semente. Assim, eles dizem que um objeto não pode ser a causa de uma mente que apreende esse objeto, porque o objeto é a mesma entidade que a mente. De acordo com as escolas que afirmam *condições objeto observado*, um objeto é a causa da mente que apreende esse objeto e, portanto, o objeto e a mente são entidades diferentes; porém, para os Chittamatrins, essa diferença de entidade entre um objeto e a mente que apreende esse objeto é a principal coisa a ser negada.

APLICAÇÃO DAS PERCEPÇÕES SENSORIAIS À PRÁTICA DE DHARMA

A aplicação das percepções sensoriais à prática de Dharma pode ser compreendida a partir da explicação anterior sobre a aplicação das mentes não conceituais à prática de Dharma.

PERCEPÇÃO MENTAL

DEFINIÇÃO DA PERCEPÇÃO MENTAL

A definição da percepção mental é: a percepção que é desenvolvida na dependência de sua condição dominante incomum – a faculdade mental.

A definição de faculdade mental é: uma mentalidade que atua, principalmente, de modo direto para produzir o aspecto incomum de uma percepção mental. Por exemplo, após o último momento de uma consciência visual apreendendo azul, normalmente desenvolvemos um percebedor direto mental apreendendo diretamente azul. Isso é uma percepção mental. Sua condição dominante, a faculdade mental, é o último momento da consciência visual apreendendo azul. Essa consciência visual é uma mentalidade porque é uma mente primária. Ela produz diretamente o aspecto incomum de um percebedor direto mental apreendendo diretamente azul, que é seu azul apreendido e não *não-azul*. Após o último momento do percebedor direto mental apreendendo diretamente azul, normalmente desenvolvemos uma percepção conceitual que pensa "isto é azul". A condição dominante dessa percepção mental conceitual é o último momento do percebedor direto mental apreendendo diretamente azul. Todas as demais percepções mentais podem ser compreendidas do mesmo modo.

CLASSES DA PERCEPÇÃO MENTAL

Existem dois tipos de percepção mental:

1. Percepções mentais conceituais;
2. Percepções mentais não conceituais.

Percepção mental conceitual e mente conceitual são sinônimos. Exemplos de percepção mental não conceitual são: a percepção sensorial onírica apreendendo objetos oníricos, e a sabedoria que realiza diretamente a vacuidade.

Existe, também, uma classificação tripla da percepção mental:

1. Percepções mentais não virtuosas;
2. Percepções mentais virtuosas;
3. Percepções mentais neutras.

Dentre as percepções mentais, as percepções mentais deludidas (tais como cobiça, pensamento prejudicial, visão errônea, raiva e inveja) são percepções mentais não virtuosas. Todas as não-virtudes surgem das delusões, e as delusões surgem de quatro causas: a raiz, a semente, o objeto e atenção imprópria. A raiz de todas as delusões é o agarramento ao em-si; a semente de uma delusão é um potencial deixado no continuum mental por delusões semelhantes no passado, e esse potencial age como a causa substancial daquela delusão; o objeto é qualquer objeto contaminado; a atenção imprópria é um fator mental que se foca em um objeto de maneira equivocada, e essa atenção imprópria atua como a causa cooperante das delusões. Para que uma delusão surja, todas as quatro causas são necessárias.

Algumas pessoas acreditam que as delusões, ou aflições mentais, são causadas pelo vigor físico, porque suas delusões parecem se fortalecer quando sua energia vital aumenta; por essa razão, para reduzir suas delusões, elas se esforçam para enfraquecer seu corpo empenhando-se em severas práticas ascéticas, como jejuar e expor o corpo aos extremos do calor e do frio. Em verdade, no entanto, as causas das delusões existem dentro da mente – não existem no corpo. Por essa razão, Nagarjuna disse que o ascetismo físico não é muito importante. Para superar as delusões, precisamos de ascetismo mental, ou seja, de práticas como meditação e paciência.

A maneira mais fácil de impedir que as delusões surjam é interromper a atenção imprópria ao não permitir que nossa mente se prolongue e exagere as características atrativas ou não atrativas de objetos contaminados. Desse modo, seremos capazes de, temporariamente, impedir as delusões. No entanto, para erradicar totalmente as delusões, precisamos abandonar sua raiz, o agarramento ao em-si, por meio de obtermos um percebedor direto ióguico que realiza a vacuidade. Uma vez que tenhamos obtido uma realização direta da vacuidade, gradualmente erradicaremos as sementes de todas as delusões. No Caminho da Visão, erradicaremos as sementes de todas as delusões intelectualmente formadas, e, no Caminho da Meditação, erradicaremos as sementes de todas as delusões inatas.

Nagarjuna disse que as mentes podem ser semelhantes a escrever em uma pedra, escrever na areia ou escrever na água. As mentes que são semelhantes a escrever em uma pedra são profundamente arraigadas e difíceis de serem removidas; as mentes semelhantes a escrever na areia podem ser removidas facilmente; e as mentes semelhantes a escrever na água desaparecem naturalmente, quase tão rápido quanto surgem. No momento presente, nossas mentes deludidas são semelhantes a escrever em uma pedra, e nossas mentes virtuosas são semelhantes a escrever na água. Devemos nos esforçar para reverter essa situação. É difícil interromper totalmente as delusões, mas, se conscientemente aplicarmos seus oponentes, poderemos enfraquecê-las gradualmente, de modo que não mais permaneçam gravadas em nossa mente, como algo escrito em uma pedra. No início, as delusões irão se tornar como algo escrito na areia, que pode ser removido com pequeno esforço e, depois, gradualmente, à medida que sua força continuar a diminuir, elas irão se tornar como algo escrito na água. Por fim, as delusões desaparecerão totalmente.

Com relação às percepções mentais virtuosas, elas incluem todas as etapas do caminho à iluminação, desde o respeito por nosso Guia Espiritual até a visão superior. Todas as mentes virtuosas surgem de quatro causas: marcas, o objeto, atenção apropriada e o poder conferido pelas bênçãos dos Budas. Embora todos os seres sencientes tenham, ao menos, algumas marcas virtuosas, aqueles que têm pouquíssimas marcas acham extremamente difícil gerar mentes virtuosas, ao passo que aqueles que têm uma quantidade muito grande de marcas desenvolvem mentes virtuosas naturalmente. Os objetos a partir dos quais mentes virtuosas se desenvolvem são as Três Joias e suas representações e representantes – tais como nosso Guia Espiritual e nossos amigos espirituais. Atenção apropriada é o fator mental atenção que possui uma maneira especial de pensar que atua como causa cooperativa para uma mente virtuosa. A quarta causa, o poder conferido pelas bênçãos dos Budas, é um pouco mais difícil de compreender. É dito que todas as mentes virtuosas dos seres sencientes são o resultado das atividades iluminadas dos Budas. As duas principais maneiras pelas quais os Budas ajudam os seres sencientes são: dando ensinamentos e abençoando suas mentes. Sem as bênçãos dos Budas, é impossível que uma mente virtuosa surja. Todos os seres sencientes recebem, em um momento ou outro, bênçãos de Buda. É quase impossível para os animais desenvolverem pensamentos virtuosos por sua própria conta, mas existem muitos casos de animais que naturalmente desenvolvem pensamentos virtuosos como resultado de receberem as bênçãos de Buda. Se isso acontecer no momento em que estão morrendo, esses animais irão renascer em um dos reinos superiores. Assim como as mentes deludidas, todas as quatro causas aqui apresentadas são necessárias para que uma mente virtuosa se desenvolva.

A percepção mental neutra é um pensamento que não é uma motivação virtuosa tampouco uma motivação não virtuosa – por exemplo, simplesmente desejar comer ou sair para passear.

COMO A PERCEPÇÃO MENTAL É GERADA

A percepção mental é gerada na dependência de duas condições: a condição dominante e a condição imediata. A condição dominante de uma percepção mental é a faculdade mental. A condição imediata de uma percepção mental é uma percepção cuja atuação principal é produzir diretamente a natureza de uma percepção mental. Por exemplo, a natureza de uma percepção mental apreendendo azul é a clareza dessa percepção. Essa natureza é produzida por sua condição imediata, que é o mesmo continuum daquela percepção. Em resumo, a percepção mental é gerada a partir do encontro de sua condição dominante e de sua condição imediata.

APLICAÇÃO DA PERCEPÇÃO MENTAL À PRÁTICA DE DHARMA

A prática da meditação depende quase inteiramente da percepção mental, porque não podemos contemplar ou meditar com as nossas percepções sensoriais. Inicialmente, nossa meditação é uma percepção mental conceitual, mas, gradualmente, ela se torna uma percepção mental não conceitual. Além disso, todas as ações virtuosas de corpo e de fala são iniciadas por uma percepção mental virtuosa. Devemos praticar os métodos para cultivar percepções mentais virtuosas, explicadas nos ensinamentos de Lamrim. Desse modo, seremos capazes de reduzir e, por fim, abandonar por completo todas as percepções mentais não virtuosas.

*Pegue, do precioso vaso do Dharma Kadam,
as preciosas joias da sabedoria e da compaixão*

Percebedores Diretos

A MENTE TAMBÉM pode ser classificada em sete tipos:

1. Percebedores diretos;
2. Conhecedores subsequentes;
3. Reconhecedores;
4. Crenças corretas;
5. Percebedores não determinadores;
6. Dúvida não deludida;
7. Percepções errôneas.

Todas as mentes estão incluídas nessa classificação sétupla. O principal propósito de explicar essa classificação é capacitar-nos para compreender como podemos nos tornar um ser superior – um iogue – pela obtenção de percebedores diretos ióguicos.

PERCEBEDORES DIRETOS

DEFINIÇÃO DE PERCEBEDOR DIRETO

A definição de percebedor direto é: o conhecedor que apreende seu objeto correta e diretamente.

Todas as percepções sensoriais e percepções mentais que apreendem seus objetos correta e diretamente são percebedores diretos.

CLASSES DOS PERCEBEDORES DIRETOS

Existem três tipos de percebedor direto:

1. Percebedores diretos sensoriais;
2. Percebedores diretos mentais;
3. Percebedores diretos ióguicos.

PERCEBEDORES DIRETOS SENSORIAIS

DEFINIÇÃO DE PERCEBEDOR DIRETO SENSORIAL

A definição de percebedor direto sensorial é: o percebedor direto que é gerado na dependência de sua condição dominante incomum – uma faculdade sensorial que possui forma.

Exemplos de percebedores diretos sensoriais são: a consciência visual vendo a cor azul, a consciência auditiva ouvindo um som, e assim por diante. Embora todas as percepções sensoriais sejam mentes não conceituais, elas não são percebedores diretos sensoriais, necessariamente. Por exemplo, percepções sensoriais errôneas (tais como uma percepção visual que, sob a influência da droga datura, vê o solo como amarelo; ou uma percepção visual que, devido a uma doença ocular, vê montanhas nevadas como que possuindo cor azulada) não são percebedores diretos sensoriais.

CLASSES DOS PERCEBEDORES DIRETOS SENSORIAIS

Porque existem cinco tipos de objetos sensoriais, existem cinco tipos de percebedores diretos sensoriais: percebedores diretos sensoriais visuais, percebedores diretos sensoriais auditivos, e assim por diante. Eles são distinguidos por sua condição dominante incomum e por seu objeto. Por exemplo, percebedores diretos sensoriais visuais são produzidos a partir da faculdade sensorial visual (sua condição dominante incomum) e têm formas visuais como seus objetos; percebedores diretos sensoriais auditivos são gerados na dependência da faculdade sensorial auditiva e têm os sons como seus objetos; e assim por diante. Os demais tipos de percebedores diretos sensoriais podem ser compreendidos do mesmo modo.

Existe, também, uma classificação tripla dos percebedores diretos sensoriais:

1. Percebedores diretos sensoriais que são conhecedores válidos, mas não são reconhecedores;
2. Percebedores diretos sensoriais que são conhecedores válidos e reconhecedores;
3. Percebedores diretos sensoriais que são percebedores não determinadores.

Um exemplo do primeiro tipo é o primeiro momento de uma percepção sensorial apreendendo um dos cinco objetos sensoriais – formas, sons, odores, sabores e objetos táteis. Essas mentes não são reconhecedores porque realizam seu objeto por meio de seu próprio poder. Todos os percebedores diretos sensoriais e mentais de um Buda são conhecedores válidos que não são reconhecedores, pois os Budas não têm reconhecedores. Exemplos do segundo tipo são o segundo momento e os momentos subsequentes de uma percepção sensorial apreendendo um dos cinco objetos sensoriais. Essas percepções sensoriais são reconhecedores porque elas realizam seu objeto por meio do poder do primeiro momento daquela percepção. O objeto do primeiro momento, do segundo momento e dos momentos subsequentes de tais percebedores diretos sensoriais é o mesmo, mas a maneira de realizá-lo é diferente. Exemplos do terceiro tipo (percebedores diretos sensoriais que são percebedores não determinadores) são: a percepção visual de um bebê recém-nascido vendo o rosto de seu pai; e a percepção visual que enxerga rostos desconhecidos em uma multidão.

COMO OS PERCEBEDORES DIRETOS SENSORIAIS SÃO GERADOS

Todos os fenômenos estão incluídos tanto nas doze fontes quanto nos dezoito elementos. As doze fontes são as seis fontes-objetos (fonte forma visual, fonte som, fonte cheiro, fonte sabor, fonte objeto tátil e fonte-fenômenos) e as seis fontes-faculdades (fonte visão, fonte audição, fonte olfato, fonte paladar, fonte tato e fonte mentalidade). Essas doze fontes são denominadas "fontes" porque, geralmente, são as fontes da consciência. As primeiras seis fontes são objetos que são fontes de consciência, e as demais seis fontes são faculdades (ou condições dominantes incomuns) que são fontes de consciência. Dentre as seis fontes-objetos, a fonte-fenômenos diz respeito aos objetos que aparecem somente para a percepção mental.

Os dezoito elementos são as doze fontes mais os seus efeitos, que são as seis consciências: consciência visual, consciência auditiva, consciência olfativa, consciência gustativa, consciência tátil, e consciência mental. Quando uma fonte forma visual e a fonte visão se encontram, a consciência visual se desenvolve; quando uma fonte som e a fonte audição se encontram, a consciência auditiva se desenvolve; quando uma fonte-fenômenos e a fonte mentalidade se encontram, a consciência mental se desenvolve; e assim por diante.

Uma consciência auditiva, por exemplo, se desenvolve somente quando um som e a faculdade sensorial auditiva se encontram. Se alguém, distante, disparar um revólver, não ouviremos o tiro no momento em que o revólver foi disparado porque leva um certo tempo para que o som nos alcance. Assim, não desenvolvemos uma consciência auditiva apreendendo esse som até que o som e a faculdade sensorial auditiva se encontrem. De modo semelhante, se olharmos para a Lua, a consciência visual apreendendo a Lua se desenvolve quando a luz que vem da Lua se encontra com a nossa faculdade sensorial visual. Para que a percepção mental se desenvolva, não é necessário que um objeto e a faculdade mental se encontrem. Assim, podemos pensar na Lua sem que a Lua esteja presente diante de nós. A distância não impede um objeto de aparecer claramente para a percepção mental, mas, para perceber coisas distantes de modo claro com a percepção sensorial, precisamos utilizar instrumentos ou aparelhos especiais, como telescópios, ou ter clarividência.

Devido ao carma, os seres sencientes têm diferentes faculdades sensoriais e podem, portanto, perceber diferentes objetos. Assim, os seres do reino do desejo têm faculdades sensoriais contaminadas, com as quais experienciam os cinco objetos de desejo contaminados: formas, sons, e assim por diante. Podemos desfrutar desses objetos somente porque temos essas faculdades sensoriais. Se purificarmos nossas faculdades sensoriais, poderemos alcançar determinados tipos de clarividência – como a clarividência do olho físico, com a qual formas visuais sutis e distantes, que estão além do âmbito da visão comum, podem ser vistas com os olhos.

Para desenvolver um percebedor direto sensorial, uma faculdade sensorial não defectiva e um objeto sensorial não enganoso precisam se encontrar. Um exemplo de uma faculdade sensorial *defectiva* – ou seja, imperfeita – é a faculdade sensorial visual de uma pessoa que sofre de icterícia, o que faz com que essa pessoa veja as coisas como se fossem amarelas. Um exemplo de objeto enganoso é quando giramos uma vareta de incenso e ela aparece como um círculo de luz. Se tanto o objeto quanto a faculdade sensorial estiverem livres de falhas como essas, um percebedor direto sensorial será gerado quando se encontrarem.

APLICAÇÃO DOS PERCEBEDORES DIRETOS SENSORIAIS À PRÁTICA DE DHARMA

Sempre que nossos percebedores diretos sensoriais visuais virem formas atraentes, não atraentes ou neutras, ou sempre que nossos percebedores diretos sensoriais auditivos ouvirem comentários agradáveis, desagradáveis ou neutros e assim por diante, devemos impedir que o apego, a raiva e a confusão surjam dentro de nossa mente por meio de não permitir que a atenção imprópria se desenvolva com relação a esses objetos. Essa é uma grande e magnífica prática de Dharma que pode ser praticada durante nossas atividades diárias. Ela é denominada "restrição das portas sensoriais". É muito importante enfatizar essa prática se quisermos ser capazes de meditar sem distrações.

PERCEBEDORES DIRETOS MENTAIS

DEFINIÇÃO DE PERCEBEDOR DIRETO MENTAL

A definição de percebedor direto mental é: o percebedor direto que é gerado na dependência de sua condição dominante incomum – a faculdade mental.

CLASSES DOS PERCEBEDORES DIRETOS MENTAIS

Existem três tipos de percebedores diretos mentais:

1. Percebedores diretos mentais induzidos por percebedores diretos sensoriais;
2. Percebedores diretos mentais induzidos por meditação;
3. Percebedores diretos mentais que não são induzidos nem por percebedores diretos sensoriais nem por meditação.

Existem cinco tipos de percebedores diretos mentais induzidos por percebedores diretos sensoriais: são percebedores diretos mentais que apreendem formas, sons, odores, sabores e objetos táteis. Esses cinco percebedores diretos mentais são fenômenos muito ocultos e, porque sua duração é de apenas um único instante, é extremamente difícil reconhecê-los. Por exemplo, após uma percepção visual apreendendo azul ter se desenvolvido, normalmente desenvolvemos uma mente conceitual que pensa "isso é azul" e, entre essas duas mentes, desenvolvemos também um percebedor direto mental apreendendo azul. Esse percebedor direto mental é induzido por um percebedor direto sensorial, mas é difícil reconhecê-lo porque sua duração é de apenas um único instante.

Um exemplo de percebedor direto mental induzido por meditação é o percebedor direto mental que realiza a vacuidade diretamente.

Percebedores diretos mentais que não são induzidos nem por percebedores diretos sensoriais nem por meditação são tipos de clarividência que, devido ao carma, enxerga coisas além da visão comum, ouve sons muito distantes ou vê alguns acontecimentos futuros.

APLICAÇÃO DOS PERCEBEDORES DIRETOS MENTAIS À PRÁTICA DE DHARMA

Se quisermos obter autênticas realizações de Dharma que tenham o poder de, efetivamente, remover o sofrimento, precisamos desenvolver percebedores diretos mentais induzidos por meditação. No *Sutra Rei da Concentração*, Buda diz:

> Assim como não podemos saciar nossa sede por ouvir o som da água e observá-la fluir, também não podemos superar nosso sofrimento simplesmente por ouvir ensinamentos sobre a vacuidade e compreendê-los intelectualmente, sem meditar sobre eles.

O ponto principal dessa citação é que, uma vez que tenhamos desenvolvido alguma compreensão do Dharma pelo seu estudo sincero, precisamos então familiarizar nossa mente com essa compreensão por meio de meditar sobre ela repetidamente. Somente então seremos capazes de obter profundas realizações que irão nos capacitar a pacificar nosso sofrimento e superar nossos problemas.

PERCEBEDORES DIRETOS IÓGUICOS

DEFINIÇÃO DE PERCEBEDOR DIRETO IÓGUICO

A definição de percebedor direto ióguico é: o percebedor direto que realiza diretamente a verdadeira natureza dos fenômenos, na dependência de sua condição dominante incomum – a concentração que é a união do tranquilo-permanecer com a visão superior.

Alguém que tenha a realização de um percebedor direto ióguico recebe o nome de "iogue", ou ser superior. Porque não realizamos a verdadeira natureza dos fenômenos, permanecemos um ser comum que habita o profundo oceano do samsara, continuamente experienciando sofrimento sem-fim. No entanto, com a sabedoria de um percebedor direto ióguico, iremos nos tornar um ser superior, um iogue, que reside no oceano pleno de êxtase do tranquilo-permanecer e da visão superior absortos na vacuidade, e seremos permanentemente livres dos problemas do samsara. Compreendendo isso, devemos tomar a determinação de treinar percebedores diretos ióguicos. O objeto de treino dos percebedores diretos ióguicos é a vacuidade de todos os fenômenos, a mera ausência de todos os fenômenos que normalmente vemos ou percebemos. Mais à frente, no capítulo *Meditação*, será explicado como treinar percebedores diretos ióguicos.

CLASSES DE PERCEBEDORES DIRETOS IÓGUICOS

Todos os percebedores diretosióguicos estão incluídos em dois tipos:

1. Percebedores diretos ióguicos no continuum de Hinayanistas;
2. Percebedores diretos ióguicos no continuum de Mahayanistas.

Existe, também, uma classificação tripla dos percebedores diretos ióguicos:

1. Percebedores diretos ióguicos que são Caminhos da Visão;
2. Percebedores diretos ióguicos que são Caminhos da Meditação;
3. Percebedores diretos ióguicos que são Caminhos do Não-Mais-Aprender.

COMO OS PERCEBEDORES DIRETOS IÓGUICOS SÃO GERADOS

Embora os percebedores diretos ióguicos sejam mentes não conceituais, a maneira como são gerados é bastante diferente da maneira como as demais mentes não conceituais – como as percepções sensoriais – são geradas. Por exemplo, um percebedor direto ióguico é gerado como segue. Primeiramente, ouvimos ensinamentos sobre a vacuidade e desenvolvemos a crença correta de que todos os fenômenos que normalmente vemos ou percebemos não existem. Depois, por contemplar razões conclusivas, desenvolvemos um conhecedor subsequente que realiza a vacuidade, a mera ausência de todos os fenômenos que normalmente vemos. Esse é o nosso primeiro conhecedor válido que realiza a vacuidade, e é a primeira permanência mental.

Por posicionar nossa mente de modo estritamente focado nessa vacuidade, gradualmente progredimos pelas demais permanências mentais até alcançarmos o tranquilo-permanecer. Nesse ponto, temos uma experiência muito vívida e poderosa da vacuidade, mas ainda não teremos realizado a vacuidade diretamente. Nossa mente é, ainda, uma mente conceitual que apreende seu objeto por meio de uma imagem genérica. Antes que consigamos realizar a vacuidade diretamente sem uma imagem genérica, precisamos primeiramente alcançar a visão superior que observa a vacuidade. Então, continuamos meditando sobre a vacuidade com a concentração do tranquilo-permanecer até alcançarmos a sabedoria especial da visão superior que observa a vacuidade. Nessa etapa, nossa mente ainda é conceitual, e a vacuidade ainda aparece para a nossa mente misturada com uma imagem genérica. Se continuarmos a meditar sobre a vacuidade com a união da concentração do tranquilo-permanecer e da sabedoria da visão superior, a imagem genérica irá gradualmente enfraquecer até desaparecer totalmente, e a vacuidade aparecerá diretamente para a nossa mente.

Essa mente que realiza diretamente a vacuidade, gerada na dependência da união do tranquilo-permanecer e da visão superior, é um percebedor direto ióguico. Todas as concentrações anteriores, desde a segunda permanência mental até o instante imediatamente anterior à obtenção do percebedor direto ióguico, são reconhecedores.

APLICAÇÃO DOS PERCEBEDORES DIRETOS IÓGUICOS À PRÁTICA DE DHARMA

Os percebedores diretos ióguicos são essenciais para o nosso desenvolvimento espiritual porque, sem eles, não podemos realizar diretamente a vacuidade e, assim, conquistar a libertação. No entanto, já que não podemos obter percebedores diretos ióguicos até que nos tornemos seres superiores, ou iogues, talvez nos perguntemos como podemos aplicá-los a nossa prática atual de Dharma. A maneira de fazer isso é meditando em "*fac-símiles*" de percebedores diretos ióguicos. Fazemos isso sempre que nos empenhamos em meditação conceitual correta sobre a vacuidade com a motivação de obter percebedores diretos ióguicos. Embora, no início, talvez alcancemos somente uma imagem genérica aproximada do objeto, se fizermos a meditação repetidamente, com a forte motivação de obter um percebedor direto ióguico, estaremos plantando as sementes para que o objeto apareça mais e mais claramente, e estaremos criando a causa para obter, de fato, um percebedor direto ióguico no futuro.

Conhecedores Subsequentes

CONHECEDOR SUBSEQUENTE SIGNIFICA uma mente que realiza seu objeto após ouvir ou contemplar razões conclusivas.

DEFINIÇÃO DE CONHECEDOR SUBSEQUENTE

A definição de conhecedor subsequente é: um conhecedor totalmente confiável cujo objeto é compreendido ou realizado na dependência direta de uma razão conclusiva.

Existem três tipos de objeto: objetos manifestos, objetos levemente ocultos e objetos profundamente ocultos. Em geral, objetos manifestos são fenômenos (como as formas visuais e sons) que podem ser percebidos diretamente por seres comuns; objetos levemente ocultos são fenômenos (como a impermanência e a vacuidade) que podem ser conhecidos inicialmente apenas na dependência de uma razão conclusiva; e objetos profundamente ocultos são fenômenos (como o funcionamento específico das leis do carma) que podem ser percebidos diretamente apenas pelos Budas. No entanto, esses três tipos de objeto são relativos. Por exemplo, do ponto de vista humano, os seres-do-inferno são fenômenos profundamente ocultos, mas, do ponto de vista dos seres-do-inferno, eles são objetos manifestos para eles próprios. Os objetos manifestos podem ser inicialmente compreendidos ou realizados por conhecedores diretos, mas os dois tipos de objeto oculto podem ser inicialmente compreendidos ou realizados somente por conhecedores subsequentes. Alguns livros utilizam as palavras "conhecedor *inferente*" em vez de "conhecedor subsequente", mas o significado é o mesmo.

Conhecedores subsequentes são muito comuns, e normalmente temos muitos deles na vida diária. Por exemplo, se virmos uma pessoa entrando em uma sala que possui apenas uma entrada e ela não deixar a sala por essa entrada, saberemos, com certeza absoluta, que ainda está na sala, embora não possamos vê-la. De modo semelhante, se virmos fumaça elevando-se da chaminé de uma casa, saberemos, com certeza absoluta, que há fogo na casa, embora não possamos ver o fogo diretamente. Ambos os exemplos são exemplos de conhecedores subsequentes que compreendem ou realizam seu objeto na dependência de razões conclusivas. A maior parte do conhecimento científico e histórico está fundamentado em conhecedores subsequentes. Por exemplo, se um arqueólogo encontrar alguns poucos ossos, potes quebrados e ferramentas de pedra, ele pode inferir muitas coisas sobre a vida das pessoas a quem esses objetos originalmente pertenciam e, desde que o arqueólogo não vá além das evidências, seu conhecimento será confiável.

Existe uma escola filosófica, conhecida como Charavaka, que nega a existência de objetos ocultos e afirma que tudo o que existe pode ser compreendido ou realizado diretamente pelas percepções sensoriais comuns. Assim, eles não aceitam os conhecedores subsequentes e negam que possamos ter um conhecimento confiável de qualquer coisa que não apareça diretamente para uma de nossas cinco percepções sensoriais. Essa visão é, obviamente, incorreta, pois é refutada pela nossa experiência diária. Por exemplo, se misturarmos açúcar ao chá, podemos saber que o chá ficará doce sem que precisemos provar o chá para sabê-lo. De modo semelhante, se virmos um carro podemos saber, com certeza absoluta, que precisou ter havido uma pessoa ou um grupo de pessoas que o fabricaram, embora talvez nunca tenhamos visto essas pessoas. Sabemos desses fatos porque compreendemos ou realizamos esses fatos com conhecedores subsequentes.

Conhecedores subsequentes são muito importantes para a nossa prática espiritual. A maioria dos tópicos essenciais explicados no Dharma são objetos ocultos, que podem ser inicialmente compreendidos ou realizados somente por meio de conhecedores subsequentes. Uma vez que tenhamos compreendido esses objetos com um conhecedor subsequente, se continuarmos a meditar neles, por fim os realizaremos diretamente e, então, eles irão se tornar, para nós, objetos manifestos. Existem alguns objetos que não são, neste momento, manifestos para nós, mas que podem se tornar manifestos se nós, simplesmente, mudarmos para uma posição diferente ou apenas ficarmos à espera de que algo aconteça. Por exemplo, podemos constatar que há fogo dentro de uma casa simplesmente entrando na casa e dando uma olhada, ou podemos perceber que uma vela irá, finalmente, queimar por completo simplesmente por ficar esperando isso acontecer; porém, não podemos provar por esse modo a existência de objetos sutis, como a vacuidade. A única maneira pela qual podemos obter conhecimento incontestável desses objetos é gerando conhecedores subsequentes na dependência de razões conclusivas.

Sempre que compreendemos ou realizamos algo por meio de uma razão conclusiva, estamos utilizando uma forma especial de argumentação lógica conhecida como "silogismo". Um exemplo de argumentação silogística é "há fogo na casa porque há fumaça". Assim como todos os silogismos, o silogismo desse exemplo possui três partes: o sujeito, o predicado e a razão. O sujeito é "na casa", o predicado é "há fogo", e a razão é "porque há fumaça". A combinação do sujeito com o predicado é conhecida como "*probandum*" [*aquilo que deve ser provado*, em latim]. Neste caso, o *probandum* é "há fogo na casa", e é isso que iremos compreender ou realizar na dependência da razão.

Uma razão conclusiva é uma razão que é capaz de estabelecer um *probandum* – ou seja, uma prova – incontestável. Uma razão conclusiva necessita ter uma relação precisa, exata, com o predicado. Em geral, existem dois tipos de relação: relações naturais e relações causais. Uma relação natural é uma relação obtida entre objetos que têm a mesma entidade, ou natureza. Por exemplo, existe uma relação natural entre *cachorro* e *animal*, porque cachorro é um animal. De modo semelhante, existe uma relação natural entre *reconhecedores* e *conhecedores válidos* porque tudo que é um reconhecedor é também, necessariamente, um conhecedor válido. Uma relação causal é uma relação obtida entre objetos quando um é a causa do outro. Assim, exemplos de relações causais são: a relação causal existente entre a bolota de carvalho e um carvalho, a relação causal existente entre fogo e fumaça e a relação causal existente entre faculdade sensorial visual e a percepção visual. Porque existem dois tipos de relação, existem também dois tipos de razão – razões fundamentadas na relação natural (conhecidas como "razões naturais") e razões fundamentadas na relação causal (conhecidas como "razões de efeito, ou consequentes"). Exemplos de razões naturais são: a razão natural na sentença "este cachorro branco é um animal porque ele é um cachorro" e a razão natural na sentença "o segundo momento de um conhecedor subsequente é um conhecedor válido porque é um reconhecedor". Exemplos de razões de efeito, ou consequentes, são: a razão de efeito na sentença "há fogo na casa porque há fumaça" e a razão de efeito na sentença "a mente de um bebê recém-nascido precisa ter surgido de seu continuum de consciência anterior porque é uma mente".

A definição de razão conclusiva é: uma razão que é qualificada pelos três modos. Os três modos são: o atributo, ou propriedade, do sujeito; a implicação direta; e a implicação inversa. Qualquer razão conclusiva será qualificada por todos esses três modos. Podemos compreender esses três modos considerando o silogismo declarado anteriormente: "há fogo na casa porque há fumaça".

O primeiro modo é denominado "atributo, ou propriedade, do sujeito" porque, para uma razão ser conclusiva, ela precisa ser aplicada ao sujeito, ou ser um atributo ou propriedade do sujeito. Nesse caso, a razão é um atributo do sujeito porque "há fumaça" (razão) "na casa" (sujeito). O segundo modo é denominado "implicação direta" porque, para uma razão ser uma razão conclusiva, ela precisa estar implicada – ou pressuposta – pelo predicado. Nesse caso, a razão está qualificada pelo segundo modo porque, sempre que há fumaça (razão), há fogo (predicado). O terceiro modo é denominado "implicação inversa" porque, se o predicado não for aplicável, a razão também não deverá se aplicar. Nesse caso, a razão é qualificada pelo terceiro modo porque, se *não* "há fogo" (predicado), *não* "há fumaça" (razão). Se uma razão carecer de qualquer um desses três modos, ela não será uma razão conclusiva. Assim, se dissermos "há fogo na casa porque há uma chaminé", a razão não será uma razão conclusiva porque não será qualificada pelo segundo e pelo terceiro modos. De maneira semelhante, a sentença "há fogo na casa porque o fogo é quente" também não tem uma razão conclusiva.

Considerando exemplos como os utilizados aqui, podemos aprender a identificar os diferentes componentes de um silogismo e compreender os três modos de uma razão conclusiva. Então, uma vez que tenhamos compreendido esses diferentes componentes e os três modos, poderemos aplicá-los em nossa prática de Dharma. Por exemplo, para realizar a vacuidade do nosso corpo, precisamos, primeiramente, gerar conhecedores subsequentes sobre a vacuidade do nosso corpo. Assim, para realizar que nosso corpo é vazio de existência inerente, podemos começar contemplando o silogismo "meu corpo é vazio de existência inerente porque, quando procuro por ele com sabedoria, ele desaparece como uma miragem". Esse raciocínio é correto porque a razão utilizada é uma razão conclusiva. Essa razão é qualificada pelo primeiro modo porque nosso corpo desaparece quando procuramos por ele com sabedoria; ela é qualificada pelo segundo modo porque, o que quer que desapareça quando procuramos com sabedoria é, necessariamente, vazio de existência inerente; e essa razão é qualificada pelo terceiro modo porque, se algo não for vazio de existência inerente, necessariamente não desaparecerá quando procurarmos por ele com sabedoria.

CLASSES DE CONHECEDORES SUBSEQUENTES

Do ponto de vista do tipo de razão da qual dependem, existem três tipos de conhecedores subsequentes:

1. Conhecedores subsequentes fundamentados no poder de um fato;
2. Conhecedores subsequentes fundamentados em crença;
3. Conhecedores subsequentes fundamentados em renome.

Conhecedores subsequentes fundamentados no poder de um fato compreendem ou realizam objetos levemente ocultos. Exemplos disso são: o conhecedor subsequente que realiza que há fogo em uma casa porque há fumaça; e o conhecedor subsequente que realiza que o corpo é impermanente porque se desintegra. A maioria dos nossos conhecedores subsequentes é desse tipo. Obtemos realizações iniciais sobre a impermanência, vacuidade, sofrimento-que-permeia e assim por diante por meio de conhecedores subsequentes fundamentados no poder de um fato.

Conhecedores subsequentes fundamentados em crença compreendem ou realizam objetos ocultos – como a lei específica do carma que diz que da prática de dar vem riqueza e da disciplina vem felicidade. Os seres sencientes não conseguem provar a existência de objetos profundos como esses, seja por sua própria experiência direta ou por meio de conhecedores subsequentes pelo poder de um fato. A única maneira pela qual podemos conhecer, de modo incontestável, objetos como esses é confiando nas escrituras de Buda, já tendo averiguado e determinado que Buda é uma pessoa totalmente não enganosa.

Por exemplo, para compreender que a escritura que revela "da prática de dar vem riqueza, da disciplina vem felicidade" é uma escritura totalmente confiável, precisamos utilizar o seguinte raciocínio: "essa escritura é totalmente confiável porque é livre de contradição por percepção direta, é livre de contradição por conhecedores subsequentes fundamentados no poder de um fato e é livre de contradição por conhecedores subsequentes fundamentados em crença". Na dependência desse raciocínio, podemos gerar o conhecedor subsequente que compreende que a escritura é totalmente confiável. Depois, podemos gerar o conhecedor subsequente que compreende que *da prática de dar vem riqueza e da disciplina vem felicidade* porque a escritura que revela isso é totalmente confiável. Esse conhecedor subsequente é um conhecedor subsequente fundamentado em crença.

Conhecedores subsequentes fundamentados em renome compreendem e realizam a adequabilidade de termos fundamentados no renome, ou convenção. Em princípio, qualquer objeto é adequado para ser chamado por qualquer nome, pois a adequabilidade de um nome específico não surge de características que estão no objeto – surge, simplesmente, por convenção. Assim, o disco branco que vemos à noite no céu é adequado para ser chamado "lua" porque é assim que esse disco branco é comumente conhecido; porém, esse círculo poderia facilmente ser conhecido por qualquer outro nome. De modo semelhante, o termo "lua" poderia ser usado para designar qualquer outro objeto. Assim, por exemplo, se crescêssemos acostumados a nos referir ao disco branco no céu noturno como "sol" e o disco amarelo no céu diurno como "lua", esses termos seriam totalmente adequados porque teriam sido estabelecidos por convenção.

Conhecedores subsequentes fundamentados em renome compreendem e realizam a adequabilidade da terminologia – que um objeto é adequado para ser chamado por qualquer outro nome porque ele existe entre objetos de concepção. Não há nenhuma relação natural entre objetos e sons. Assim, podemos chamar uma pessoa de "Paciência", embora essa pessoa não consiga ser paciente, já que paciência é um estado mental, não uma pessoa. Porém, é adequado chamar uma pessoa de "Paciência" simplesmente porque esse nome está estabelecido pelo uso comum. Além disso, já que existem incontáveis línguas diferentes, qualquer objeto de uma mente conceitual pode ser o objeto de qualquer língua e, assim, qualquer objeto é adequado para ser chamado de qualquer coisa.

Em *Comentário à Cognição Válida*, Dharmakirti diz:

> Um som expressivo é dependente do desejo de quem quer que o expresse.

Uma pessoa pode dizer "João é bom" porque essa é a sua experiência de João, mas outra pessoa, com uma experiência diferente de João, pode dizer "João é mau". Portanto, nossa fala não tem liberdade porque o que dizemos depende da nossa mente. Nesse mesmo texto, Dharmakirti diz "o som está em todo lugar", que significa que podemos expressar um som para qualquer coisa.

Do ponto de vista de como são gerados, existe também uma classificação dupla dos conhecedores subsequentes:

1. Conhecedores subsequentes surgidos de ouvir ou ler;
2. Conhecedores subsequentes surgidos de contemplação.

Um exemplo do primeiro tipo é um conhecedor subsequente que compreende e realiza que o corpo é vazio de existência inerente simplesmente na dependência de ouvir ou ler a afirmação "o corpo é vazio de existência inerente porque, quando procuramos por ele com sabedoria, o corpo desaparece". Se gerarmos um conhecedor subsequente que compreenda e realize a vacuidade do corpo principalmente por força de nossa contemplação do significado de uma afirmação como essa, isso será um exemplo de um conhecedor subsequente surgido de contemplação.

Quando, inicialmente, compreendemos e realizamos objetos sutis – como a vacuidade – na dependência de conhecedores subsequentes, obtemos uma compreensão intelectual deles, mas não devemos ficar satisfeitos com isso. Precisamos aprofundar nossa experiência do objeto por meio de meditação.

COMO OS CONHECEDORES SUBSEQUENTES SÃO GERADOS

Como foi mencionado anteriormente, podemos gerar um conhecedor subsequente na dependência de ouvir ou de ler ou na dependência de contemplar, mas ambas as maneiras são necessárias para que realizemos plenamente os três modos. Quando é dito que uma razão conclusiva é qualificada pelos três modos, isso significa que, para uma razão ser conclusiva, precisamos realizar todos os três modos. Por exemplo, se simplesmente pensarmos "meu corpo é impermanente porque, por fim, irá morrer" sem que realizemos cada um dos três modos, essa razão não será uma razão conclusiva e nossa compreensão não será um conhecedor subsequente. A razão irá se tornar conclusiva e nos levará a um conhecedor subsequente somente se realizarmos plenamente os três modos: que o nosso corpo por fim irá morrer; que tudo o que, por fim, morre, é impermanente; e que tudo o que não é impermanente, não irá, por fim, morrer.

APLICAÇÃO DOS CONHECEDORES SUBSEQUENTES À PRÁTICA DE DHARMA

Muitos objetos de meditação mencionados nos Sutras e nos Tantras são objetos levemente ocultos ou profundamente ocultos e, portanto, precisamos compreendê-los inicialmente por meio de gerarmos conhecedores subsequentes. Esse conhecimento inicial obtido por meio de conhecedores subsequentes é semelhante a um broto que, mais tarde, irá crescer e se transformar numa farta colheita de realizações de Dharma. Por meditarmos continuamente no continuum desses conhecedores subsequentes, por fim iremos obter profundas realizações de Sutra e de Tantra, como uma plantação que amadurece na forma de uma opulenta safra. Sabendo isso, devemos tomar a forte determinação de gerar esses preciosos conhecedores subsequentes da maneira como foi explicada aqui e, depois, colocar essa determinação em prática.

Desfrute da pureza de sua mente e de suas ações

Reconhecedores

DEFINIÇÃO DE RECONHECEDOR

A **DEFINIÇÃO DE** reconhecedor é: o conhecedor que compreende e realiza o que já havia sido compreendido e realizado por força de um conhecedor válido anterior.

Um reconhecedor atua mantendo o continuum de uma compreensão inicialmente obtida por um conhecedor válido. O primeiro momento de uma percepção visual apreendendo uma árvore, por exemplo, compreende seu objeto de maneira totalmente nova, fresca, por meio de seu próprio poder. Os momentos subsequentes dessa percepção visual não compreendem a árvore por meio de seu próprio poder, mas pelo poder do primeiro momento; é por essa razão que são denominados *reconhecedores*. De modo semelhante, o primeiro momento de um conhecedor subsequente que realiza a vacuidade é gerado diretamente na dependência de uma razão conclusiva e realiza seu objeto por meio de seu próprio poder. Os momentos subsequentes do mesmo conhecedor subsequente realizam a vacuidade por meio do poder do primeiro momento. Ao passo que o primeiro momento de um conhecedor subsequente faz com que a mente passe de um estado de crença correta para um estado de compreensão e de realização incontestável, os momentos posteriores meramente prolongam essa compreensão ou realização iniciais. "Momento", neste contexto, significa o menor instante que se leva para perceber, compreender ou realizar um objeto.

Embora o segundo e o terceiro momentos de uma mente onisciente realizem o que já havia sido realizado pelo primeiro momento, o segundo e terceiro momentos o fazem por seu próprio poder e não são meras continuações do primeiro momento. Todo momento da mente de um Buda é consciente de todos os fenômenos de uma maneira totalmente nova, fresca, por força de ter eliminado as duas obstruções, e não simplesmente por relembrar a compreensão obtida pelo primeiro momento. Por essa razão, os Budas não têm reconhecedores. O segundo momento da percepção visual de um Buda, por exemplo, é tão novo e fresco quanto o primeiro momento. Por contraste, o segundo momento de nossa percepção visual compreendendo ou realizando um objeto específico carece da qualidade de novidade ou frescor do primeiro momento. O segundo momento de nossa percepção não compreende o objeto de uma maneira nova, mas meramente mantém a compreensão original.

Os reconhecedores são, necessariamente, conhecedores válidos. No entanto, de acordo com os Sautrantikas, esse não é o caso, pois eles asseveram que todos os conhecedores válidos, necessariamente, compreendem e realizam seus objetos de maneira totalmente nova.

CLASSES DOS RECONHECEDORES

Porque existem dois tipos de conhecedores válidos, existem dois tipos de reconhecedores:

1. Reconhecedores não conceituais;
2. Reconhecedores conceituais.

Existem três tipos de reconhecedores não conceituais:

1. Reconhecedores que são percebedores diretos sensoriais;
2. Reconhecedores que são percebedores diretos mentais;
3. Reconhecedores que são percebedores diretos ióguicos.

Um exemplo do primeiro tipo é o segundo momento de uma percepção visual compreendendo ou realizando uma forma; um exemplo do segundo tipo é o segundo momento da clarividência; e um exemplo do terceiro tipo é o segundo momento de uma realização direta da vacuidade. Quando olhamos para um objeto, o primeiro momento dessa percepção visual apreende o objeto por seu próprio poder; os momentos posteriores são reconhecedores que são percebedores diretos sensoriais. No entanto, se desviarmos nosso olhar do objeto e, novamente, olharmos para ele, o primeiro momento da nova percepção visual necessariamente irá se conectar com o objeto de uma maneira totalmente nova, fresca, por meio de seu próprio poder; essa percepção não pode se apoiar na percepção visual anterior porque o continuum foi interrompido. O primeiro momento dessa nova percepção visual não é, portanto, um reconhecedor, embora perceba ou compreenda um objeto que já foi percebido ou compreendido. De modo semelhante, durante a sessão de meditação, todos os momentos do equilíbrio meditativo de um ser superior meditando na vacuidade, após o primeiro momento, são *reconhecedores*, mas quando ele (ou ela) começar uma nova sessão, o primeiro momento não será um reconhecedor.

Existem dois tipos de reconhecedores conceituais: reconhecedores conceituais induzidos por percebedores diretos e reconhecedores conceituais induzidos por conhecedores subsequentes. Os reconhecedores de primeiro tipo (induzidos por percebedores diretos) podem ser classificados em: reconhecedores conceituais induzidos por percebedores diretos *sensoriais*, reconhecedores conceituais induzidos por percebedores diretos *mentais* e reconhecedores conceituais induzidos por percebedores diretos *ióguicos*. Desses três tipos, um exemplo do primeiro tipo é uma mente conceitual que pensa "isto é uma flor", que ocorre quando olhamos uma flor. Um exemplo do segundo tipo é relembrar coisas sonhadas que foram anteriormente vistas pela percepção visual onírica em um sonho. Um exemplo do terceiro tipo é a aquisição subsequente semelhante-a-um-sonho, de um ser superior, induzida por sua realização direta da vacuidade. Exemplos de reconhecedores conceituais induzidos por conhecedores subsequentes são: o segundo momento de um conhecedor subsequente e a segunda permanência mental.

COMO OS RECONHECEDORES SÃO GERADOS

Por meio de gerarmos e mantermos reconhecedores, devemos continuamente manter, sem nos esquecermos, qualquer conhecimento perfeito dos temas e assuntos de Dharma que obtivemos por estudo sincero; e a maneira de fazer isso é mantendo contínua-lembrança. O objeto da contínua-lembrança é um objeto que já havia sido compreendido ou realizado; a natureza da contínua-lembrança é não se esquecer de seu objeto; e a função da contínua-lembrança é impedir distrações. Manter contínua-lembrança é o melhor método para aperfeiçoar nosso conhecimento e experiência de Dharma, e é a raiz de todas as práticas meditativas.

APLICAÇÕES DOS RECONHECEDORES
À PRÁTICA DE DHARMA

Aqueles que desejam se libertar do sofrimento precisam compreender a verdade última dos fenômenos. Em tibetano, a verdade última é denominada *"don dam denpa"*, em que *"don"* significa objeto, *"dam"* significa sagrado, e *"denpa"* significa verdade. Assim, a verdade última é o objeto supremo de conhecimento. Todos os fenômenos carecem de existência verdadeira, e essa carência de existência verdadeira é a verdade última. No *Sutra Rei da Concentração*, Buda diz:

> Um mágico cria várias coisas
> Como cavalos, elefantes e assim por diante.
> Suas criações não existem verdadeiramente;
> Deves conhecer todas as coisas do mesmo modo.

Se contemplarmos sinceramente as razões conclusivas dadas em escrituras autênticas – tais como *Budismo Moderno*, *Novo Coração de Sabedoria* e *Oceano de Néctar* – iremos gerar um conhecedor subsequente que realiza a verdade última. Esse é o primeiro passo na direção da aquisição do tranquilo-permanecer e da visão superior que observa a vacuidade. Portanto, devemos meditar no continuum desse conhecedor subsequente, que é a natureza de um reconhecedor, até que alcancemos a união do tranquilo-permanecer e da visão superior que observa a vacuidade.

Com relação a objetos virtuosos, a prática de reconhecedores é de suprema importância porque é por meio dessa prática que iremos manter e aumentar todas as nossas experiências espirituais.

*Ouça o precioso som da concha do Dharma
e contemple e medite sobre seu significado*

Crenças Corretas

DEFINIÇÃO DA CRENÇA CORRETA

A **definição da** crença correta é: o conhecedor não válido que compreende ou realiza seu objeto concebido.

Em geral, as mentes conceituais apreendendo cadeira, mesa, árvore e assim por diante são crenças corretas, com exceção das mentes conceituais induzidas por percebedores diretos sensoriais – essas mentes não são crenças corretas, mas reconhecedores. Uma mente que acredita que vidas futuras não existem não é uma crença correta – ela é uma crença incorreta porque é uma mente conceitual errônea.

Nos Sutras, Buda explica uma prática meditativa especial para abandonarmos o apego aos ambientes samsáricos – nessa prática, meditamos que o solo inteiro está coberto por ossos, tutano, pus e sangue. Essa meditação é uma concentração que torna real seu objeto concebido: um solo imaginário coberto com ossos, tutano, pus e sangue imaginários. Essa concentração pode ser uma crença correta ou um conhecedor válido. As meditações do estágio de geração, mencionadas nos ensinamentos tântricos, também podem ser compreendidas dessa maneira.

CLASSES DA CRENÇA CORRETA

Existem dois tipos de crença correta:

1. Crenças corretas que não dependem de uma razão;
2. Crenças corretas que dependem de uma razão.

Um exemplo do primeiro tipo é a crença correta na impermanência, que se desenvolve por apenas ouvir instruções sobre ela. Um exemplo do segundo tipo é uma crença correta que se desenvolve a partir de contemplar uma razão correta ou uma razão incorreta. Algumas pessoas, assim como os Vaibhashikas, pensam e acreditam que o corpo é impermanente porque, *primeiramente*, o corpo é produzido; *depois*, o corpo permanece; e *por fim*, o corpo se desintegra. Contemplando essas razões, essas pessoas desenvolvem a mente conceitual que concebe o corpo com sendo impermanente. Essa mente conceitual é uma crença correta desenvolvida a partir de uma razão incorreta.

Algumas pessoas podem pensar que a visão Vaibhashika sobre as coisas funcionais (a visão de que, primeiramente, as coisas funcionais são produzidas; depois, permanecem; e, por fim, se desintegram) seja correta. Isso indica que essas pessoas não compreendem a impermanência sutil. Em verdade, a produção e a desintegração de coisas funcionais ocorrem simultaneamente. Já que nenhuma coisa funcional permanece sem mudar por mais do que um instante, a razão mencionada acima é incorreta. Por outro lado, se contemplarmos "meu corpo é impermanente porque, por fim, ele irá morrer", podemos desenvolver uma compreensão aproximada de que nosso corpo é impermanente. Esse conhecimento é uma crença correta desenvolvida a partir de contemplar uma razão correta. Essa crença correta pode, mais tarde, se transformar em um conhecedor subsequente que compreende e realiza, perfeitamente, a impermanência do corpo.

COMO AS CRENÇAS CORRETAS SÃO GERADAS

Em geral, crença correta é uma mente que simplesmente acredita em algo que existe. Esse tipo de crença correta é fácil de ser gerado porque pode se desenvolver a partir, simplesmente, de ouvir ou de contemplar. As crenças corretas mais significativas são aquelas que fazem com que os seres vivos se libertem do sofrimento, como as crenças no carma, reencarnação, os seis reinos, as Três Joias e as Quatro Nobres Verdades. Essas crenças corretas podem ser geradas por desenvolvermos forte fé em Buda e em seus ensinamentos. Acreditar que todos os seres vivos são nossas mães é uma crença correta muito benéfica porque nos ajuda a desenvolver a bodhichitta. Os métodos para gerar crenças corretas como essas estão explicadas nos ensinamentos de Lamrim.

Os ensinamentos tântricos explicam uma prática especial de imaginação correta, que é considerar a si próprio como uma Deidade e tudo como completamente puro. Esse tipo de imaginação correta são crenças corretas especiais que podemos gerar quando tivermos recebido uma iniciação.

APLICAÇÃO DAS CRENÇAS CORRETAS
À PRÁTICA DE DHARMA

Em geral, todos os objetos de conhecimento são objetos de crença correta. Dentre estes, os mais significativos são os objetos de conhecimento apresentados nos ensinamentos de Lamrim e nos ensinamentos tântricos. Por ouvir e contemplar esses ensinamentos, iremos, primeiramente, obter uma compreensão aproximada de seu significado. Essa compreensão terá a natureza de uma crença correta. Isso é semelhante a pintar uma imagem de Buda: inicialmente, desenhamos um esboço aproximado da imagem. Quando tivermos obtido uma compreensão aproximada dos ensinamentos de Lamrim e dos ensinamentos tântricos, iremos obter, se continuarmos a estudá-los e a praticá-los sinceramente, um conhecimento e experiência profundos de todo o Lamrim e de todo o Tantra e, por fim, conquistaremos a plena iluminação. Isso é semelhante a um pintor concluindo a pintura da imagem de um Buda. Contemplando isso, devemos tomar uma forte determinação, pensando "eu preciso realizar tanto o conhecimento inicial quanto a aquisição final" e, depois, colocar essa determinação em prática.

Aplique grande esforço para alcançar a iluminação

Percebedores Não Determinadores

DEFINIÇÃO DE PERCEBEDOR NÃO DETERMINADOR

A DEFINIÇÃO DE percebedor não determinador é: o percebedor para o qual um fenômeno que seja seu objeto conectado aparece claramente, sem que esteja determinado (ou identificado).

Um exemplo é a percepção visual de um bebê recém-nascido que apreende o rosto de seu pai. Outro exemplo é: quando estamos em uma grande cidade, vemos muitas pessoas, mas não sabemos quem elas são. Nossa mente que vê essas pessoas é um percebedor não determinador porque vê claramente algo, mas não o compreende ou não o realiza.

Percebedores não determinadores estão sempre manifestos em nossa mente, mesmo durante uma meditação estritamente focada. Todos os seres vivos têm esse tipo de mente – somente os Budas são completamente livres delas. A maioria das percepções sensoriais de bebês recém-nascidos são percebedores não determinadores.

CLASSES DOS PERCEBEDORES NÃO DETERMINADORES

Existem dois tipos de percebedor não determinador:

1. Percepção sensorial não determinadora;
2. Percepção mental não determinadora.

Um exemplo do primeiro tipo é uma percepção auditiva que ocorre quando estamos olhando, absortos, uma forma atraente. Embora os sons apareçam para essa percepção auditiva, eles não são reconhecidos ou compreendidos porque a maior parte de nossa atenção está dirigida para a forma visual. Podemos também desenvolver uma percepção auditiva não determinadora enquanto estamos ouvindo ensinamentos dados em uma língua estrangeira. Os sons aparecem para a nossa percepção auditiva, mas, já que não compreendemos a língua, não determinamos – ou identificamos – seu significado. Exemplos de percepção mental não determinadora são percepções oníricas apreendendo a cor azul em um sonho.

COMO OS PERCEBEDORES
NÃO DETERMINADORES SÃO GERADOS

Em geral, um percebedor não determinador desenvolve-se quando as condições para que um fenômeno apareça estão reunidas, mas as condições para que sua natureza seja compreendida não estão reunidas. Quando considerados do ponto de vista de suas causas, podemos distinguir cinco tipos principais de percebedores não determinadores. Eles serão agora explicados.

O primeiro tipo ocorre quando a mente está incapaz de determinar a natureza de seu objeto devido a condições exteriores. Por exemplo, uma percepção visual pode não ser capaz de reconhecer o que vê porque a luz está muito fraca, ou porque o objeto está muito distante, ou é muito pequeno, ou move-se muito rápido; ou porque o objeto tem uma semelhança muito grande com outro objeto. De modo semelhante, uma percepção auditiva pode ser incapaz de determinar seu objeto porque o som é muito fraco ou pouco nítido. Essas condições podem, também, levar a dúvidas ou a percepções errôneas. Por exemplo, podemos não ser capazes de dizer se um som específico é o som de um carro ou o som do vento. Se simplesmente ouvirmos um som, sem sermos capazes de identificá-lo, isso será um percebedor não determinador. Se, então, começarmos a nos perguntar "isso é um carro ou é o vento?", isso será uma dúvida.

Se, incorretamente, decidirmos que é o som de um carro quando, de fato, é o som do vento, isso é uma percepção errônea. Percebedores não determinadores conduzem, com frequência, a dúvidas ou a percepções errôneas.

O segundo tipo de percebedor não determinador é dependente da faculdade mental. Algumas vezes, percebedores não determinadores desenvolvem-se porque as consciências densas estão se reunindo interiormente – por exemplo, durante o processo da morte ou quando adormecemos. À medida que o processo da morte progride, outras mentes – como os percebedores diretos válidos, conhecedores subsequentes, reconhecedores e crenças corretas – gradualmente cessam, e os percebedores não determinadores aumentam. Mesmo antes de suas faculdades sensoriais visuais deixarem de funcionar, as pessoas que estão morrendo perdem a habilidade de reconhecer as pessoas que estão reunidas ao seu redor porque sua discriminação tornou-se pouco clara. No momento presente, nossas mentes sutis são percebedores não determinadores porque, embora aparências sutis (como a aparência branca ou a clara-luz) apareçam para nossas mentes sutis, não as reconhecemos.

O álcool e outras drogas também podem tornar nossa discriminação obscura e, mesmo que nem sempre possam causar alucinações, frequentemente nos impedem de reconhecer o que aparece para nós. A fadiga tem um efeito semelhante. Outro exemplo é um bebê recém-nascido vendo sua mãe. Embora todas as condições para que a percepção visual apreendendo a mãe estejam reunidas, as condições para identificar ou compreender a mãe não se reuniram. Porque o objeto, a faculdade sensorial visual e a percepção visual estão reunidas, o bebê apreende sua mãe; mas, porque a discriminação do bebê é obscura, essa discriminação não compreende o que percebe. No entanto, à medida que o bebê crescer, ele irá aprender a reconhecer sua mãe como sendo sua mãe.

O terceiro tipo de percebedor não determinador pode se desenvolver quando tomamos a decisão ou aprendemos a ignorar um estímulo específico. Por exemplo, pessoas que vivem próximas a estradas muito movimentadas aprendem a ignorar o barulho do tráfego. Esse tipo de percebedor não determinador pode ser muito útil porque nos capacita a prestar total atenção em objetos mais significativos. Assim, uma mãe que vive em uma casa próxima a uma rodovia movimentada pode ser capaz de ignorar o barulho do tráfego enquanto lê um livro e, ainda assim, ser capaz de ouvir e identificar o som extremamente fraco de seu bebê começando a chorar. Seu percebedor não determinador com relação ao som do tráfego surge do poder de sua decisão de não prestar atenção a ele e, por essa razão, mesmo quando esse som aparece para sua percepção auditiva, ele não atrai a atenção de sua percepção mental.

O quarto tipo de percebedor não determinador é semelhante ao terceiro, no sentido de que um estímulo é excluído; mas, neste quarto tipo, o motivo é que fomos distraídos por um objeto de delusão. Por exemplo, quando estamos absortos em um objeto de apego ou quando estamos muito bravos, ficamos "cegos" para muitas coisas que acontecem ao nosso redor – inclusive, com nossa própria dor física. Acidentes de carro frequentemente acontecem porque o motorista foi distraído por objetos de apego, como uma pessoa atraente na calçada.

O quinto tipo de percebedor não determinador ocorre quando não compreendemos alguma parte da natureza de um objeto. Um exemplo disso pode ocorrer quando estamos fazendo compras em um país estrangeiro. Vemos muitas frutas e vegetais desconhecidos ou estranhos, mas não sabemos o que são, se são saborosos ou como prepará-los. Nossa percepção visual percebe claramente os itens, mas não determina, ou identifica, os aspectos que são relevantes para nós. Esse tipo de percebedor não determinador desenvolve-se porque não aprendemos anteriormente a reconhecer o aspecto do objeto que, agora, desejamos reconhecer. Em geral, sempre que percebemos de modo bastante claro um objeto, mas não sabemos o que ele é, o que faz ou para que serve, desenvolvemos esse tipo de percebedor não determinador.

APLICAÇÃO DE PERCEBEDORES NÃO DETERMINADORES À PRÁTICA DE DHARMA

No momento presente, quando encontramos um objeto atrativo, normalmente prestamos atenção considerável nele e tentamos obter uma percepção tão vívida quanto possível desse objeto. De modo semelhante, quando encontramos um objeto não atrativo, nos demoramos permanecendo em suas más qualidades, até que a raiva se desenvolve. Ao invés de prestarmos tanta atenção em objetos de delusão, é mais sábio desenvolver percebedores não determinadores em relação a eles. Treinar percebedores não determinadores em relação a objetos de delusão é a prática de restrição das portas das faculdades sensoriais.

Em *Guia do Estilo de Vida do Bodhisattva*, Shantideva nos aconselha a permanecer como um bloco de madeira sempre que encontrarmos um objeto que estimula fortes delusões, ou aflições mentais. O significado disso é que devemos praticar percebedores não determinadores com relação a esses objetos. Quando nosso apego ou raiva dirigidos a esses objetos ficarem menos intensos, poderemos começar a praticar outros métodos para superar nossas delusões. Se formos bem-sucedidos em superar nossa raiva dirigida a alguém, então, quando virmos novamente essa pessoa, ela não mais será um objeto de raiva para nós, mas um objeto de paciência. Por fim, ela poderá, inclusive, se tornar um objeto de amor e compaixão puros!

Para aqueles que desejam obter o tranquilo-permanecer, é muito importante restringir as portas das faculdades sensoriais pela prática de percebedores não determinadores em relação a objetos de distração. Durante a sessão de meditação, é necessário praticar percebedores não determinadores em relação a todos os objetos dos sentidos, para que possamos prestar total atenção ao objeto interior sobre o qual estamos meditando.

Para impedir o surgimento de muitas distrações ou pensamentos conceituais desnecessários, é melhor não prestar muita atenção em coisas que não são relevantes para a nossa prática espiritual;

por exemplo, as atividades profissionais mundanas, a qualidade da nossa comida ou a qualidade da nossa acomodação.

As cinco mentes explicadas até aqui – percebedores diretos, conhecedores subsequentes, reconhecedores, crenças corretas e percebedores não determinadores – são, todas, mentes corretas. *Mente correta* é uma mente que não está equivocada com relação a seu objeto conectado. No entanto, isso não significa que todas as mentes corretas sejam percepções inequívocas. Dentre as mentes dos seres sencientes, somente a excelsa percepção do equilíbrio meditativo dos seres superiores observando a vacuidade é uma percepção inequívoca. Todas as demais mentes dos seres sencientes são percepções equivocadas, porque seus objetos aparecem como sendo verdadeiramente existentes, e essa aparência é uma aparência equivocada que é, por natureza, uma obstrução à onisciência. Somente os Budas abandonaram essa obstrução. Essas explicações são muito diferentes das explicações das escolas budistas inferiores, como a escola Sautrantika.

Dúvidas Não Deludidas

DEFINIÇÃO DE DÚVIDA NÃO DELUDIDA

A DEFINIÇÃO DE dúvida não deludida é: a dúvida que não perturba nossa paz mental e faz surgir resultados positivos.

Por exemplo, quando pensamos "talvez eu precise praticar o Dharma puramente", a palavra "talvez" implica que esse pensamento é uma dúvida; contudo, é uma dúvida benéfica. No começo, precisamos desenvolver essa dúvida e, depois, transformá-la na intenção "eu irei praticar o Dharma puramente" – essa intenção é muito preciosa.

CLASSES DA DÚVIDA NÃO DELUDIDA

Existem dois tipos de dúvida não deludida:

1. Dúvidas não deludidas com relação à verdade última;
2. Dúvidas não deludidas com relação às verdades convencionais.

Exemplo do primeiro tipo é o pensamento "talvez as coisas que normalmente vejo não existam". Exemplo do segundo tipo é o pensamento "talvez as coisas existam como meros nomes". Essas dúvidas não deludidas irão nos conduzir gradualmente a crenças corretas, conhecedores subsequentes, reconhecedores e, por fim, a percebedores diretos ióguicos com relação à verdade última e à verdade convencional sutil. Desse modo, iremos nos tornar um iogue, um ser superior.

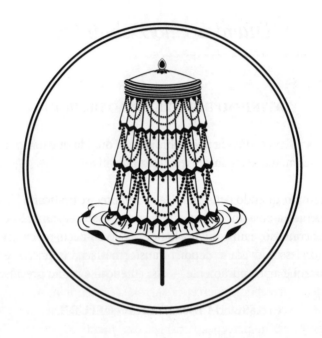

Seja vitorioso sobre o inimigo: as suas delusões

Percepções Errôneas

DEFINIÇÃO DE PERCEPÇÃO ERRÔNEA

A DEFINIÇÃO DE percepção errônea é: o conhecedor que está equivocado com relação a seu objeto conectado.

Um exemplo de percepção errônea é a mente que apreende uma cobra de brinquedo como sendo uma cobra de verdade. Já que uma cobra de brinquedo não é uma cobra de verdade, qualquer mente que apreenda isso está equivocada com relação a seu objeto conectado. Ao passo que a percepção equivocada está equivocada com relação a seu objeto aparecedor, a percepção errônea está equivocada com relação a seu objeto conectado ou com relação a seu objeto concebido. Se uma mente é uma percepção errônea, essa mente é necessariamente uma percepção equivocada; mas, se a mente for uma percepção equivocada, ela não será necessariamente uma percepção errônea. Como foi mencionado anteriormente, excetuando a excelsa percepção do equilíbrio meditativo de um ser superior, todas as mentes dos seres sencientes são percepções equivocadas porque seus objetos aparecem a elas como sendo verdadeiramente existentes, quando, de fato, não o são. No entanto, isso não significa que todas essas mentes sejam, também, percepções errôneas. Uma mente é uma percepção errônea somente se essa mente estiver equivocada com relação a seu objeto conectado ou com relação a seu objeto concebido.

Existem dois tipos de percepção errônea: percepções errôneas não conceituais e percepções errôneas conceituais. Dentre essas duas, as percepções errôneas conceituais são as mais prejudiciais. Todas as delusões são percepções errôneas conceituais. Ao passo que as percepções errôneas não conceituais podem causar problemas temporários, levando a situações embaraçosas ou desconfortáveis, acidentes e, algumas vezes, levando inclusive à morte, elas não são de modo algum tão prejudicais quanto as percepções errôneas conceituais, porque as percepções errôneas *não conceituais* não são a causa principal de nos envolvermos em ações negativas. As percepções errôneas conceituais, por outro lado, nos fazem cometer ações negativas e, portanto, nos levam para renascimentos inferiores em vidas futuras. Porque os resultados prejudiciais dessas mentes se prolongam para além desta vida, elas são muito mais danosas que as percepções errôneas não conceituais. Além disso, por obscurecer a natureza última dos fenômenos, as percepções errôneas conceituais nos impedem de alcançar a libertação e, portanto, fazem com que permaneçamos "capturados", presos ao samsara. Normalmente, culpamos os outros ou as circunstâncias exteriores por nossos problemas, mas, em verdade, todos os nossos problemas são causados por essas percepções errôneas.

Todas as percepções errôneas são objetos a serem abandonados. A totalidade do caminho espiritual consiste em eliminar percepções errôneas e desenvolver percepções corretas que sejam seus opostos. Quando tivermos removido totalmente, de nosso continuum mental, as percepções errôneas e suas marcas, seremos um Buda. A única diferença entre um ser senciente e um Buda é que um ser senciente tem percepções errôneas ou suas marcas, e um Buda não as tem.

CLASSES DA PERCEPÇÃO ERRÔNEA

Como já foi mencionado, existem dois tipos de percepção errônea:

1. Percepções errôneas não conceituais;
2. Percepções errôneas conceituais.

Percepções errôneas não conceituais podem ser classificadas em: percepções sensoriais errôneas e percepções mentais não conceituais errôneas. A percepção sensorial errônea pode estar equivocada com relação a seu objeto de sete maneiras diferentes: estar equivocada com relação ao formato, à cor, à atividade, à quantidade, ao tempo (ou momento), às medidas e à entidade do objeto.

Uma percepção sensorial pode estar equivocada com relação ao formato quando o formato de um objeto se assemelha ao formato de outro objeto. Exemplos disso são: a percepção visual vendo uma cobra de brinquedo como se fosse uma cobra de verdade; a percepção visual vendo flores artificiais como sendo flores de verdade; e a percepção visual vendo o reflexo de um rosto no espelho como se fosse um rosto de verdade.

Exemplos de percepções sensoriais que estão equivocadas com relação à cor do objeto são: a percepção visual vendo uma concha branca como sendo amarela, devido à icterícia; ou a percepção visual vendo uma montanha nevada distante como sendo azul, devido a condições atmosféricas adversas ou nebulosas.

Um exemplo de percepção sensorial equivocada com relação à atividade do objeto pode ocorrer quando estamos em um trem parado e outro trem, próximo a nós, começa a se mover. Porque, nesse momento, nossa percepção visual está iludida com relação à atividade do outro trem, é como se o nosso trem estivesse se movendo. Outro exemplo desse tipo de percepção sensorial errônea é a percepção visual vendo árvores passando por nós quando viajamos de trem ou de carro.

Um exemplo de percepção visual equivocada com relação à quantidade de um objeto é a percepção visual que vê duas luas no céu, quando olhamos para a Lua com os olhos oblíquos, de modo vesgo.

Um exemplo de percepção sensorial equivocada com relação ao tempo, ou momento, de um objeto é quando acordamos após termos dormido durante a tarde e nossa percepção visual vê a luz da manhã, fazendo-nos sentir que é de manhã.

Exemplos de percepções sensoriais que estão equivocadas com relação às medidas de um objeto são: a percepção visual que vê um objeto grande distante como sendo menor que um objeto pequeno que está próximo; a percepção visual que julga equivocadamente a distância do carro que está a nossa frente quando estamos dirigindo; a percepção visual equivocando a posição de um peixe na água devido à refração; e a percepção visual vendo um arco-íris como tendo uma localização fixa.

Todos os tipos de percepção sensorial errônea acima descritos estão equivocados com relação a um aspecto do objeto e, por essa razão, não identificam corretamente o objeto; porém, todos esses tipos não estão equivocados com relação a todos os aspectos do objeto. Uma pessoa que enxerga duas luas, por exemplo, está equivocada com relação à quantidade, mas não está equivocada com relação ao formato do objeto nem com relação ao fato de o objeto ser a Lua. Por outro lado, a percepção sensorial que está equivocada com relação à entidade do objeto está equivocada com relação ao objeto como um todo. Exemplos disso são: a percepção visual vendo fios flutuando a nossa frente quando nossos olhos estão cansados ou inflamados; a percepção visual vendo uma miragem como sendo água de verdade; ou a percepção auditiva ouvindo o eco de uma voz como sendo o próprio som da voz.

Exemplos de percepções mentais não conceituais errôneas são: a percepção visual onírica apreendendo uma montanha onírica como sendo uma montanha de verdade; dinheiro onírico como sendo dinheiro de verdade, e assim por diante.

Existem dois tipos de percepção errônea conceitual: percepções errôneas intelectualmente formadas e percepções errôneas inatas. As percepções errôneas intelectualmente formadas são aquelas que se desenvolvem a partir de visões filosóficas incorretas ou razões incorretas, e as percepções errôneas inatas são aquelas que se desenvolvem naturalmente a partir de marcas trazidas das vidas passadas. Exemplos de percepções errôneas intelectualmente formadas são as vinte visões intelectualmente formadas da coleção transitória, relacionadas nas páginas 137-138, e as dezesseis percepções errôneas, relacionadas nos Sutras, que contradizem as dezesseis características das Quatro Nobres Verdades. Podemos, também, desenvolver raiva e apego intelectualmente formados. Embora a maior parte de nossa raiva e apego surjam espontaneamente, sem que tenhamos contemplado raciocínios, algumas vezes desenvolvemos raiva como resultado de uma forte adesão a opiniões ou pontos de vista específicos, apego a um determinado estilo de vida, e assim por diante. Esses exemplos são, também, percepções errôneas intelectualmente formadas. Todas as percepções errôneas intelectualmente formadas são abandonadas no Caminho da Visão. Exemplos de percepção errônea inata são: o agarramento inato ao em-si e todas as demais delusões inatas.

É importante notar que nem todas as percepções errôneas são delusões. Por exemplo, a percepção visual que vê uma flor artificial como sendo uma flor de verdade é uma percepção errônea que surge da ignorância ou das marcas da ignorância, mas não é uma delusão.

COMO AS PERCEPÇÕES ERRÔNEAS SÃO GERADAS

Existem duas causas de percepções errôneas: causas últimas e causas temporárias. A causa última de todas as percepções errôneas é a ignorância. Enquanto a ignorância existir em nossa mente, desenvolveremos muitos tipos de percepção errônea. Mesmo após termos eliminado a ignorância de nossa mente, ainda teremos as marcas da ignorância, e essas marcas podem fazer com que desenvolvamos percepções errôneas não deludidas. No entanto, elas não são tão prejudiciais. Somente um Buda é totalmente livre de percepções errôneas.

Quanto às causas temporárias de percepções errôneas, existem causas temporárias de percepções sensoriais errôneas e causas temporárias de percepções mentais errôneas. Existem quatro causas temporárias de percepções sensoriais errôneas:

1. Uma qualidade enganosa do objeto;
2. Um contexto enganoso;
3. Uma faculdade sensorial defectiva, ou imperfeita;
4. Uma falha na percepção antecedente.

As duas primeiras causas temporárias são causas exteriores de erro, e as duas últimas causas temporárias são causas interiores de erro. Quanto à primeira (uma qualidade enganosa do objeto), os objetos podem atuar como causas de percepção errônea quando eles têm uma semelhança profunda com outros objetos. Por exemplo, flores artificiais podem ser equivocadas com flores de verdade, ou uma cobra de brinquedo pode ser equivocada com uma cobra de verdade. Outras maneiras pelas quais os objetos podem nos enganar são: se eles forem pequenos, se estiverem camuflados ou forem transparentes. Algumas vezes, os trilhos de uma estrada de ferro parecem convergir ao longe, o que faz com que a percepção visual se equivoque com relação ao formato.

Quanto à segunda causa (um contexto enganoso), certos contextos ou situações tornam difícil identificar objetos claramente e, por essa razão, eles levam frequentemente a equívocos. Por exemplo, quando está muito escuro para enxergar adequadamente, ou quando está muito barulhento ou ventoso para ouvir adequadamente, ou quando estamos nos movendo rapidamente, podemos desenvolver percepções errôneas com facilidade. Miragens e arco-íris são, ambos, aparências que surgem da interação entre condições específicas – luz, umidade e a posição do observador – mas miragens e arco-íris parecem ser reais, com uma localização definida e, por essa razão, frequentemente causam mentes equivocadas. Quando olhamos objetos minúsculos por um microscópio, eles aparecem muito grandes, e olhar através de um binóculo faz com que objetos distantes apareçam próximos. Um graveto bem reto, submerso pela metade na água, aparece inclinado, e um objeto branco visto através de óculos de sol com lentes marrons parece marrom. Esses são, todos, exemplos de como um contexto ou situação podem levar a percepções errôneas.

Quanto à terceira causa (uma faculdade sensorial defectiva, ou imperfeita) certas doenças prejudicam as faculdades sensoriais, fazendo com que apreendamos objetos incorretamente. A icterícia, por exemplo, prejudica a faculdade sensorial visual e faz com que objetos brancos apareçam amarelos; a fadiga dos olhos pode fazer surgir a aparência de fios flutuando diante de nós; e uma febre pode prejudicar a faculdade sensorial tátil e fazer com que um quarto quente pareça frio. Quando os ventos interiores, montados pelas percepções sensoriais, começam a se reunir interiormente durante o processo da morte, muitas percepções sensoriais errôneas ocorrem. Álcool e drogas podem, também, afetar nossas faculdades sensoriais. Ingerir a droga datura, por exemplo, pode fazer com vejamos o solo como se fosse dourado.

Quanto à quarta causa (uma falha na percepção antecedente), quando nossa mente está num estado muito perturbado ou preocupado, frequentemente desenvolvemos percepções sensoriais errôneas. É dito, algumas vezes, que uma raiva violenta faz com que tudo apareça vermelho. Alguém que está "no limite", devido ao nervosismo ou à ansiedade, está muito mais propenso a cometer equívocos – como, por exemplo, ver um pedaço de corda como uma cobra – do que alguém que está com um estado mental calmo. Temos a tendência, também, de cometer equívocos quando nossa atenção está fortemente direcionada para outro objeto. Por exemplo, se estivermos absortos em um livro e um estranho caminhar ao nosso lado, podemos equivocá-lo com alguém que conhecemos. Algumas vezes, quando estamos com uma forte expectativa de ver alguma coisa, "vemos" essa coisa, mesmo que ela não esteja lá.

Causas exteriores de erro não levam, sempre, ao desenvolvimento de percepções errôneas. Por exemplo, quando nos olhamos em um espelho, o reflexo de nosso rosto é igual a nosso rosto, mas não equivocamos esse reflexo com o nosso rosto e, por essa razão, nossa percepção visual vendo o reflexo não é uma percepção errônea. A razão pela qual somos, algumas vezes, enganados por causas exteriores de erro é que ainda temos a causa última de mentes equivocadas – a ignorância. Os Budas abandonaram totalmente a ignorância e, por isso, quando encontram condições exteriores enganosas, eles não desenvolvem percepções errôneas.

Existem muitas causas temporárias de percepções mentais errôneas. Normalmente, uma percepção sensorial errônea induz uma mente conceitual errônea. Por exemplo, ver uma corda como se fosse uma cobra conduz, provavelmente, a uma mente conceitual que pensa "isso é uma cobra". No entanto, se compreendermos bem o objeto, a percepção sensorial errônea não nos levará a uma mente conceitual errônea. Embora um arco-íris apareça para a nossa percepção visual como tendo uma localização precisa, se compreendermos a natureza do arco-íris saberemos que essa aparência é enganosa e não pensaremos que o arco-íris existe onde ele aparece existir.

Outra causa de percepção mental errônea é a reunião interior de nossos ventos durante o sono ou durante a morte. Quando os ventos se reúnem, a mente torna-se mais sutil e, como resultado, nossa contínua-lembrança se deteriora e não somos capazes de usar nossa mente de uma maneira confiável. Quando sonhamos, raramente compreendemos ou realizamos que estamos sonhando; por essa razão, consideramos as aparências agradáveis ou assustadoras de um sonho como sendo reais e, consequentemente, desenvolvemos apego ou medo por essas aparências. No entanto, quando Bodhisattvas avançados dormem, o poder de sua contínua-lembrança não diminui e, por isso, eles não desenvolvem percepções errôneas. Esses Bodhisattvas são capazes de transformar o sono e o sonho em caminho espiritual.

Como foi mencionado anteriormente, existem dois tipos de percepção errônea conceitual: as inatas e as intelectualmente formadas. Percepções errôneas inatas surgem por força das marcas das delusões. Essas delusões surgem naturalmente porque estamos familiarizados com as delusões desde tempos sem início. As percepções errôneas intelectualmente formadas surgem por sermos influenciados por ensinamentos enganosos ou falsos ou por nosso próprio raciocínio incorreto. Mesmo que não tenhamos estudado formalmente filosofias equivocadas, podemos adquirir visões errôneas por influência de nossos pais, amigos, e assim por diante. Por exemplo, podemos ter sido educados a pensar que, embora seja errado matar seres humanos, não há falha alguma em matar animais, ou pensar que o único propósito de uma vida humana é nos divertirmos o máximo possível. Para praticar de modo puro e sincero o Dharma, precisamos nos livrar de quaisquer visões errôneas como essas que possamos ter adotado.

Podemos desenvolver, também, percepções errôneas por meio de nosso próprio raciocínio ilógico. Por exemplo, se não nos parecer que estamos fazendo muito progresso em nossa prática de Dharma, podemos pensar que o Dharma tem pouco poder, ou pensar que Budas e Bodhisattvas não existem, ou que Budas e Bodhisattvas não estão interessados em nos ajudar. Raciocínios falsos como esses surgem muito facilmente e podem destruir nossa prática; por essa razão, precisamos estar sempre vigilantes contra esses raciocínios e nos contrapor a eles tão logo ocorram. Se estivermos desanimados com nosso progresso, devemos examinar nossa mente para ver o que está nos impedindo ou retardando. Em geral, nosso maior obstáculo é que não temos total confiança na prática que estamos fazendo ou em nosso professor, e isso nos impede de nos comprometermos sinceramente com a prática. Em vez de culpar o Dharma pelo nosso progresso vagaroso, devemos culpar nossa falta de fé.

APLICAÇÃO DE NOSSA COMPREENSÃO DAS PERCEPÇÕES ERRÔNEAS À PRÁTICA DE DHARMA

Existem dois propósitos principais da prática de Dharma – eliminar percepções errôneas e cultivar percepções corretas. Percepções errôneas são a fonte de sofrimento, e percepções corretas são a fonte de felicidade. Ao distinguir claramente essas duas percepções, devemos nos empenhar em abandonar percepções errôneas, em geral, e o agarramento ao em-si, em particular.

Para abandonar mentes como a raiva e o apego, precisamos compreender que seus objetos concebidos não existem, mas são meramente fabricações da ignorância. O objeto observado do apego, por exemplo, é um fenômeno contaminado, mas a mente de apego vê seu objeto observado como uma fonte verdadeira de felicidade. Em verdade, não existe uma coisa como essa: um fenômeno contaminado que seja uma fonte verdadeira de felicidade, porque todos os fenômenos contaminados são verdadeiros sofrimentos. Quando, por contemplar dessa maneira, compreendermos que o objeto concebido do apego – ou de qualquer outra delusão – é não-existente, acharemos fácil abandonar essa delusão.

A causa raiz de todo o nosso sofrimento é a percepção errônea – o agarramento ao em-si; mas, porque o agarramento ao em-si está tão profundamente arraigado em nossa mente, é difícil compreendermos que ele é uma percepção errônea. Os objetos do agarramento ao em-si – o eu verdadeiramente existente, e assim por diante – aparecem de modo tão vívido para nossa mente que achamos difícil acreditar que eles não existam de fato. Como pode algo aparecer tão claramente se não existe? A principal razão pela qual estudamos todos os diferentes tipos de percepção errônea não conceitual listados anteriormente é a de nos ajudar a superar dúvidas como essa. Considerando esses exemplos, que são parte de nossa experiência diária, podemos entender que o simples fato de que algo apareça de uma determinada maneira para a nossa mente não significa que essa coisa exista dessa maneira. Por exemplo, quando pressionamos nosso globo ocular e olhamos para a Lua, duas luas aparecem vividamente para a nossa percepção visual. Embora duas luas apareçam, sabemos que não existem duas luas. De modo semelhante, ainda que um *eu* verdadeiramente existente apareça vividamente para a nossa mente, isso não significa que um *eu* verdadeiramente existente exista de fato.

Toda realização espiritual tem uma percepção errônea que é seu oposto e que precisa ser removida por uma realização específica. Para eliminar esses pensamentos errôneos, precisamos, primeiramente, identificá-los, compreender como surgem e reconhecer suas falhas. Nas práticas preparatórias das etapas do caminho, oferecemos um *mandala* aos Budas e Bodhisattvas e pedimos a aquisição dos três grandes propósitos. O primeiro propósito é superar rapidamente as percepções errôneas; o segundo propósito é desenvolver rapidamente percepções corretas; e o terceiro propósito é estar liberto de obstáculos exteriores e interiores.

Obstáculos interiores são as nossas delusões. Especificamente, rezamos para sermos capazes de superar os dezesseis pensamentos e atitudes errôneos e substituí-los pelos dezesseis pensamentos e atitudes corretos. Todos eles foram listados anteriormente (consultar páginas 177-179). Devemos memorizar essa lista para que possamos identificar os pensamentos e atitudes errôneos tão logo surjam. Se conseguirmos fazer isso, poderemos aplicar imediatamente o oponente adequado e, então, aquela percepção errônea específica não irá nos prejudicar muito; porém, se falharmos em reconhecer os pensamentos e atitudes errôneos, eles irão crescer mais fortes e poderão, inclusive, destruir nossa prática espiritual. Cada um desses pensamentos errôneos pode ser superado temporariamente por refutarmos seu objeto e, depois, por familiarizar nossa mente com a percepção correta oposta a ele. No entanto, para eliminá-los totalmente, devemos erradicar a raiz de todas as percepções errôneas, a ignorância do agarramento ao em-si, por meio da aquisição de um percebedor direto ióguico que realiza a vacuidade.

Beneficie os outros, girando a Roda do Dharma

Conhecedores Válidos
e Conhecedores Não Válidos

CONHECEDORES VÁLIDOS

EM GERAL, "VÁLIDO" significa "não enganoso" ou "totalmente confiável". Esse termo pode ser aplicado de três maneiras:

1. Professores válidos;
2. Ensinamentos válidos;
3. Conhecedores válidos.

Se confiarmos em professores válidos, em ensinamentos válidos e em conhecedores válidos, eles nunca irão nos desviar do caminho porque nunca irão fazer com que desenvolvamos estados mentais não virtuosos ou executemos ações não virtuosas. Ao invés disso, eles irão nos conduzir na direção da pureza e da felicidade. Para alcançar a libertação, precisamos desenvolver conhecedores válidos com relação às duas verdades e, para fazer isso, precisamos confiar em ensinamentos válidos, dados por professores válidos.

No segundo capítulo de *Comentário à Cognição Válida*, Dharmakirti define um professor válido como: o professor que conhece plenamente e sem erro quais objetos devem ser abandonados e quais objetos devem ser praticados e que, por compaixão, revela esse conhecimento aos outros.

Portanto, um professor válido deve ter cinco qualidades:

(1) Conhecimento inequívoco de todos os objetos a serem abandonados;
(2) Conhecimento completo dos métodos para abandoná-los;
(3) Conhecimento inequívoco de todos os objetos a serem praticados;
(4) Conhecimento completo dos métodos para praticá-los;
(5) Revelar tudo isso aos outros com a motivação de compaixão.

Se conhecermos um professor que tenha essas cinco qualidades, poderemos depositar nossa total e irrestrita confiança nele ou nela. O exemplo supremo de um professor válido é Buda. Sua mente está totalmente em harmonia com o modo como as coisas são; ele é livre das duas obstruções; e Buda vê claramente o que prende os seres sencientes ao samsara e vê claramente como libertá-los. Já que Buda realizou totalmente seu próprio propósito, ele não tem nada a ganhar enganando os seres vivos – sua única motivação para ensinar é grande compaixão. Assim como uma mente válida nunca nos induz a erro porque sua natureza é não enganosa, um Buda nunca pode nos enganar ou desapontar porque sua natureza é não enganosa. Por meramente olharmos para um Buda ou para uma imagem sua, recebemos imensos benefícios, e porque Buda é um ser tão puro e poderoso, qualquer ação virtuosa que façamos com relação a ele é uma causa de alcançar a iluminação.

A definição de ensinamento válido é: uma instrução que, principalmente, explica sem erro os objetos a serem abandonados e como abandoná-los, e os objetos a serem praticados e como praticá-los. Todos os 84 mil ensinamentos de Buda estão incluídos nesses dois tipos de instrução.

Buda Shakyamuni incluiu habilidosamente todas as práticas espirituais na prática das Quatro Nobres Verdades. Todos os objetos a serem abandonados estão incluídos nos verdadeiros sofrimentos e nas verdadeiras origens, e todos os objetos a serem praticados estão incluídos nas verdadeiras cessações e nos verdadeiros caminhos. A partir disso, podemos ver que, embora pareçam muito concisas, as Quatro Nobres Verdades têm um significado muito extenso. As Quatro Nobres Verdades podem ser praticadas de acordo com qualquer uma das quatro escolas, mas a maneira mais profunda de praticá-las é de acordo com a escola Madhyamika-Prasangika. As dezesseis características das Quatro Nobres Verdades podem ser compreendidas num nível denso, sutil e muito sutil; e alguém que seja habilidoso em apresentar esses vários níveis de explicação é, de fato, um professor válido. Como Dharmakirti diz em *Comentário à Cognição Válida*, se temos o desejo de conquistar a libertação, não precisamos de um professor que tenha clarividência e poderes miraculosos; precisamos, somente, de um professor que tenha uma compreensão clara das Quatro Nobres Verdades e a habilidade para explicá-las bem.

Em essência, a prática de Dharma consiste em obter conhecedores válidos de todos os objetos das etapas do caminho e, desse modo, erradicar todas as percepções errôneas. Todo conhecedor válido tem uma percepção errônea da qual é seu oponente. O conhecedor válido que realiza as falhas do samsara, por exemplo, é o oponente da percepção errônea que vê o samsara como agradável, e a sabedoria que realiza a vacuidade é o oponente do agarramento ao em-si.

Precisamos de conhecedores válidos que compreendam e realizem tanto os objetos a serem abandonados quanto os objetos a serem praticados. Sem compreender e realizar ambos os objetos com conhecedores válidos, nossa experiência de Dharma não será estável e poderá, até mesmo, degenerar. Portanto, é muito importante conhecer as características definidoras dos conhecedores válidos, para que possamos distingui-los de estados mentais menos confiáveis. Foi, principalmente, para explicar essas características que Dignaga escreveu *Compêndio da Cognição Válida* e Dharmakirti escreveu um comentário a esse texto, intitulado *Comentário à Cognição Válida*. Esses dois textos são muito técnicos e de difícil compreensão e, no passado, muitos eruditos pensaram que esses textos não tinham valor prático. No entanto, Je Tsongkhapa percebeu a grande importância desses textos e mostrou como eles são pré-requisitos indispensáveis para uma compreensão profunda do Sutra e do Tantra. Por explicar os conhecedores válidos, esses textos mostram exatamente quais tipos de mente precisamos cultivar se desejarmos obter uma experiência de Dharma verdadeira e duradoura.

Dignaga desenvolveu o desejo de escrever *Compêndio da Cognição Válida* enquanto estava em retiro em uma caverna, na floresta. Ele escreveu, em uma lousa de ardósia, a primeira estrofe – um louvor a Buda Shakyamuni como um professor válido – e deixou a lousa em um lugar alto, dentro de sua caverna, enquanto saiu para coletar algum alimento. Quando retornou, notou que a estrofe havia sido apagada, e a reescreveu. No dia seguinte, Dignaga deixou novamente a caverna para coletar alimentos e, ao retornar, uma vez mais a estrofe havia sido apagada. Determinado a descobrir quem estava interferindo com seu trabalho, Dignaga escreveu uma mensagem na ardósia: "Desejo compor esse texto para o benefício de todos os seres vivos, mas tu estás me obstruindo. Se tiveres alguma objeção, deves permanecer aqui até que eu retorne e debatas a objeção comigo". No dia seguinte, Dignaga saiu como de costume e, quando retornou, um professor não budista chamado Tubgyal Nagpo estava esperando lá, por ele. "És tu que estás interferindo com o que estou escrevendo?", Dignaga perguntou. "Sim", respondeu Tubgyal Nagpo. "Então, precisamos debater o problema", continuou Dignaga, "e a visão de quem vencer o debate prevalecerá". Tubgyal Nagpo concordou, e eles começaram a debater os méritos de escrever um texto especial como aquele. Dignaga venceu o debate completamente, mas Tubgyal Nagpo recusou-se a aceitar os termos do debate e tentou destruir Dignaga. Usando seus poderes miraculosos mundanos, Tubgyal Nagpo soprou fogo contra Dignaga, mas foi incapaz de prejudicá-lo. Dignaga estava tão desconcertado pela maldade e deslealdade de Tubgyal Nagpo que perdeu a esperança de que seu trabalho viesse a beneficiar os seres vivos.

Pegando a lousa de ardósia, atirou-a ao ar, dizendo "tão logo essa lousa caia ao chão, interromperei meu trabalho nesse texto"; mas, para sua perplexidade, a lousa não caiu! Quando olhou para cima para ver o que havia acontecido, Dignaga contemplou o Buda da Sabedoria Manjushri acima dele. "Não fiques desanimado, meu Filho", disse Manjushri, "esse trabalho irá beneficiar muitos seres vivos no futuro; ele será semelhante aos olhos deles, guiando os seres vivos na escuridão de sua ignorância e conduzindo-os à libertação. Tu deves concluir o texto". Inspirado por essas palavras, Dignaga imediatamente deu início à conclusão de seu trabalho e, como resultado, muitos seres vivos foram beneficiados pelo *Compêndio da Cognição Válida*.

Posteriormente, muitos geshes tibetanos vieram a acreditar que a lousa de ardósia de Dignaga havia ido parar no Tibete Central, em um pequeno vilarejo chamado Jang, próximo a Lhasa. Eles acreditavam que, se o texto de Dignaga fosse estudado naquele vilarejo, sua compreensão sobre o texto iria se desenvolver muito rapidamente e, por essa razão, muitos monges dos monastérios de Sera, Drepung e Ganden iam, todos os anos, a Jang por três meses consecutivos para estudar o comentário de Dharmakirti ao texto *Compêndio da Cognição Válida*. Eles achavam que o estudo de três meses nesse vilarejo equivalia a três anos de estudo em outros lugares. Acreditava-se que a lousa circulava de um lugar a outro e, por essa razão, à noite, quando as aulas terminavam, os monges faziam muitas prostrações em diferentes lugares, na esperança de colocarem a cabeça sobre a lousa de ardósia!

Se não compreendermos com conhecedores válidos os objetos a serem praticados e os objetos a serem abandonados, nossa prática de Dharma será inconsistente. Por exemplo, algumas pessoas são inspiradas pelos seus primeiros ensinamentos de Dharma e, depois, aplicam-se com grande entusiasmo à prática de meditação por uns poucos meses; mas, quando acham que não fizeram muito progresso, ficam desanimadas e abandonam sua prática. Esse tipo de coisa acontece porque não compreendemos o significado dos ensinamentos com conhecedores válidos e, por isso, nossa compreensão permanece instável e vulnerável a dúvidas e percepções errôneas. No entanto, se compreendermos e realizarmos os temas de Dharma com conhecedores válidos, nunca seremos perturbados por dúvidas ou percepções errôneas e nunca iremos sentir que queremos abandonar nossos esforços para conquistar a libertação.

As crenças corretas são úteis, mas elas não são totalmente confiáveis. Se conhecermos um famoso professor de outra tradição, ou se encontrarmos circunstâncias desfavoráveis, nossas crenças corretas poderão facilmente se transformar em dúvidas e, por fim, serem totalmente perdidas. Portanto, não devemos ficar satisfeitos apenas com crenças corretas, mas nos empenharmos continuamente em transformá-las em conhecedores válidos.

O conhecedor válido supremo é a sabedoria onisciente. Porque os Budas compreendem, de modo válido, todos os objetos de conhecimento simultaneamente, eles são capazes de ajudar todos os seres vivos. Embora tenhamos somente poucos conhecedores válidos sobre os temas de Dharma, esses conhecedores válidos são extremamente importantes porque são as sementes de sabedoria onisciente.

Os conhecedores válidos podem, agora, ser explicados a partir de três tópicos:

1. Definição de conhecedor válido;
2. Como os conhecedores válidos atuam;
3. Classes de conhecedores válidos.

DEFINIÇÃO DE CONHECEDOR VÁLIDO

A definição de conhecedor válido é: o conhecedor que é não enganoso com relação a seu objeto conectado.

Crenças corretas, percebedores não determinadores, dúvidas e percepções errôneas são, todos, conhecedores enganosos. Não é difícil compreender por que as percepções errôneas são enganosas. Por exemplo, a percepção errônea que vê os prazeres mundanos como felicidade verdadeira e os considera como a essência da vida humana nos engana porque nos impede de buscar a libertação do samsara; a percepção errônea de uma mariposa que vê uma chama como um lugar atraente, incentiva a mariposa a voar para a chama e morrer; e a percepção errônea da nossa mente de agarramento ao em-si concebendo nosso *eu* como sendo verdadeiramente existente nos incentiva a cometer ações não virtuosas graves que nos fazem renascer nos reinos-do-inferno e experienciarmos insuportável dor por um longo período. Percepções errôneas nublam nosso discernimento e fazem com que vejamos o impuro como puro, o puro como impuro, o existente como não-existente, e o não-existente como existente. Quando estamos sob a influência de percepções errôneas, as causas do inferno podem parecer confiáveis e as causas da iluminação podem parecer sem sentido!

Também não é difícil entender porque as dúvidas e os percebedores não determinadores são estados mentais enganosos e não confiáveis. As dúvidas não são confiáveis porque impedem que tenhamos certeza sobre objetos corretos, e os percebedores não determinadores não são confiáveis porque não compreendem seu objeto.

É um pouco mais difícil compreender porque crenças corretas são enganosas. Afinal, enquanto tivermos a crença correta em um objeto, não teremos dúvidas ou percepções errôneas sobre esse objeto. No entanto, crenças corretas não compreendem seu objeto com profundidade suficiente para eliminar todas as opiniões ou compreensões falsas ou erradas sobre o objeto e, portanto, as crenças corretas nos deixam vulneráveis às dúvidas e percepções errôneas. Esse é o motivo pelo qual as crenças corretas são enganosas. No momento presente, a maior parte de nossa compreensão do Dharma consiste em crenças corretas. A menos que tenhamos aprendido a fazer a distinção entre crenças corretas e conhecedores válidos, podemos equivocar essas crenças corretas com realizações firmes, estáveis, e isso pode nos levar à complacência. Após ouvir um ensinamento inspirador sobre renúncia, por exemplo, podemos desenvolver uma crença correta e achar que o samsara não tem boas qualidades, mas isso por si só não irá mudar nossa mente. Por outro lado, se compreendermos ou realizarmos esse ensinamento com um conhecedor válido, nossa mente irá definitivamente mudar.

COMO OS CONHECEDORES VÁLIDOS ATUAM

Os conhecedores válidos atuam, em especial, como oponentes das percepções errôneas. Cada conhecedor válido se contrapõem a uma percepção errônea específica. O conhecedor válido que compreende e realiza que o corpo é impermanente, por exemplo, contrapõe-se à percepção errônea que acredita que o corpo é permanente, e o conhecedor válido que compreende e realiza as falhas do samsara contrapõe-se à percepção errônea que vê boas qualidades no samsara. Mesmo um conhecedor válido que compreende, ou realiza, um livro contrapõe-se à percepção errônea que pensa que aquilo não é um livro. Sempre que um conhecedor válido se manifesta, é impossível que uma percepção errônea específica, que seja seu oposto, se manifeste. Por exemplo, enquanto tivermos um conhecedor válido manifesto realizando a ausência do em-si de pessoas, o agarramento ao em-si não será capaz de atuar em nossa mente. Je Tsongkhapa disse que para verificar se desenvolvemos ou não um conhecedor válido que realiza a vacuidade, devemos observar nossa mente de agarramento ao em-si. Se, como resultado de nossa meditação, nosso agarramento ao em-si se reduzir, isso irá indicar que temos um conhecedor válido realizando a vacuidade e que estamos meditando corretamente; mas, se nosso agarramento ao em-si não se reduzir, isso irá indicar que ainda não obtivemos um conhecedor válido realizando a vacuidade. O conhecedor válido realizando a vacuidade é o antídoto direto não somente ao agarramento ao em-si, mas também a todas as demais delusões.

Todo o nosso sofrimento é causado por nossas ações negativas de corpo, fala e mente, que, por sua vez, são causadas por nossas percepções errôneas. Podemos entender, portanto, a importância de opor-se às percepções errôneas com conhecedores válidos.

Primeiramente, precisamos enfraquecer delusões específicas por meio de desenvolvermos conhecedores válidos que compreendem e realizam suas falhas e por familiarizar nossa mente com as virtudes opostas às delusões específicas. Depois, precisamos atacar a raiz de todas as delusões, meditando sobre a vacuidade. Pela meditação contínua, alcançaremos a excelsa percepção do equilíbrio meditativo de um ser superior e, por aperfeiçoar essa sabedoria, por fim alcançaremos o conhecedor válido *último*, a sabedoria onisciente.

CLASSES DE CONHECEDORES VÁLIDOS

Existem dois tipos de conhecedor válido:

1. Conhecedor válido que é não enganoso com relação a seu objeto manifesto;
2. Conhecedor válido que é não enganoso com relação a seu objeto oculto.

Alguns textos relacionam quatro tipos, adicionando os conhecedores válidos fundamentados em crença e os conhecedores válidos fundamentados em analogia; porém, essa não é outra classificação, porque os dois tipos de conhecedor válido adicionados estão incluídos nos conhecedores válidos que não são enganosos com relação a seus objetos ocultos. A classificação dupla é numericamente exata porque mais do que dois tipos de conhecedores válidos seria supérfluo, e menos que dois seria insuficiente. O motivo é que existem, indubitavelmente, dois tipos de objeto de conhecimento – os objetos manifestos e os objetos ocultos – e, por essa razão, existem indubitavelmente dois tipos de conhecedor válido, os quais foram mencionados acima.

A definição de objeto manifesto é: o objeto cuja compreensão ou realização inicial por um conhecedor válido não depende de razões lógicas. Em geral, qualquer objeto que possa ser compreendido ou realizado por um ser comum por meio de um conhecedor válido direto sem, primeiramente, obter um conhecedor subsequente desse objeto, é um objeto manifesto. Desse ponto de vista, todos os objetos sensoriais são objetos manifestos. No entanto, do ponto de vista de pessoas específicas, um objeto pode ser um objeto manifesto para uma pessoa e um objeto oculto para outra pessoa. Por exemplo, o fogo na lareira de uma casa é um objeto manifesto para as pessoas sentadas próximas à lareira, mas é um objeto oculto para as pessoas que estão fora da casa. De modo semelhante, o inferno é um objeto manifesto para os seres-do-inferno, mas um objeto oculto para os seres humanos, e vice-versa.

A definição de objeto oculto é: o objeto cuja compreensão ou realização inicial por um conhecedor válido depende de razões lógicas corretas. Em geral, existem determinados objetos que são impossíveis de serem diretamente compreendidos por qualquer pessoa sem que, primeiramente, sejam compreendidos com um conhecedor subsequente. Esse tipo de objeto inclui a impermanência sutil, a vacuidade e as leis do carma. A única maneira desses objetos poderem se tornar objetos manifestos é se, primeiramente, forem compreendidos com um conhecedor subsequente e, depois, prosseguirmos para gerar um reconhecedor e, por fim, um percebedor direto deles. No entanto, existem outros objetos que são ocultos para alguns seres, mas que são manifestos para outros que vivem em lugares diferentes ou em momentos diferentes, ou para aqueles que têm carma diferente. Esses objetos podem se tornar manifestos simplesmente por meio de uma mudança nas circunstâncias exteriores – eles não têm, necessariamente, de ser primeiramente compreendidos por um conhecedor subsequente.

A definição de conhecedor válido direto é: o conhecedor não enganoso que compreende ou realiza diretamente seu objeto. Existem três tipos de conhecedor válido direto: conhecedores diretos sensoriais válidos, conhecedores diretos mentais válidos e conhecedores diretos ióguicos válidos. Eles já foram explicados na seção sobre percebedores diretos.

A definição de conhecedor válido subsequente é: o conhecedor não enganoso que compreende ou realiza seu objeto oculto na dependência de uma razão conclusiva. Existem três tipos de conhecedor válido subsequente: conhecedores válidos subsequentes fundamentados no poder de um fato, conhecedores válidos subsequentes fundamentados em crença e conhecedores válidos subsequentes fundamentados em renome. Esses conhecedores válidos subsequentes já foram explicados.

CONHECEDORES NÃO VÁLIDOS

A definição de conhecedor não válido é: o conhecedor que é enganoso com relação a seu objeto conectado.

Existem dois tipos de conhecedor não válido: *conhecedores não válidos não conceituais* e *conhecedores não válidos conceituais*. Todas as percepções sensoriais errôneas e percebedores diretos sensoriais não determinadores são exemplos do primeiro tipo; e todas as percepções mentais errôneas – como as delusões – e todas as crenças corretas e dúvidas são exemplos do segundo tipo. Conhecedores não válidos são denominados "enganosos" porque esses conhecedores não são um conhecimento perfeito e, portanto, não são confiáveis.

Meditação

DEFINIÇÃO DE MEDITAÇÃO

A DEFINIÇÃO DE meditação é: a mente que está estritamente focada em um objeto virtuoso e cuja função é tornar a mente pacífica e calma.

Queremos ser felizes o tempo todo, inclusive durante o sono. De que modo podemos fazer isso? Podemos fazer isso treinando meditação, pois a meditação torna a nossa mente pacífica e, quando nossa mente está pacífica, estamos felizes o tempo todo, mesmo que nossas condições exteriores sejam pobres. Por outro lado, quando nossa mente não está pacífica, não estamos felizes, mesmo que nossas condições exteriores sejam excelentes. Podemos compreender isso por nossa própria experiência. Já que o método propriamente dito para fazer com que a nossa mente se torne pacífica é o treino em meditação, devemos aplicar esforço para treinar meditação. Sempre que meditamos, estamos fazendo uma ação, ou carma, que nos faz experienciar paz mental no futuro. Podemos compreender, a partir disso, a importância da prática de meditação.

A diferença entre concentração e meditação é que concentração é, necessariamente, um fator mental, mas a meditação pode ser tanto um fator mental quanto uma mente primária. O objeto de concentração pode ser qualquer coisa, mas o objeto de meditação é, necessariamente, um objeto virtuoso. Um objeto é virtuoso ou não virtuoso na dependência de nossa atitude ou ponto de vista. Por exemplo, quando nosso inimigo nos prejudica e praticamos paciência, nosso inimigo é nosso objeto virtuoso – ele é o objeto de nossa paciência; mas, se ao invés disso, gerarmos raiva contra ele, nosso inimigo será nosso objeto não virtuoso – ele será o objeto de nossa raiva. Portanto, está no âmbito de nossa escolha se alguém ou algo é nosso objeto virtuoso ou nosso objeto não virtuoso. Podemos aprender a usar todos os seres vivos como nossos objetos virtuosos – os objetos de nossa compaixão e paciência – e aprender a usar todos os fenômenos como objetos de nosso treino na vacuidade. Não há prática de Dharma maior do que essa.

CLASSES DA MEDITAÇÃO

Existe uma classificação tripla da meditação:

1. Meditação de uma pessoa de escopo inicial;
2. Meditação de uma pessoa de escopo mediano;
3. Meditação de uma pessoa de grande escopo.

MEDITAÇÃO DE UMA PESSOA DE ESCOPO INICIAL

Existem cinco meditações de uma pessoa de escopo inicial:

1. Meditação sobre a preciosidade de nossa vida humana;
2. Meditação sobre a morte;
3. Meditação sobre os perigos de um renascimento inferior;
4. Meditação sobre buscar refúgio;
5. Meditação sobre o carma.

MEDITAÇÃO SOBRE A PRECIOSIDADE DE NOSSA VIDA HUMANA

O PROPÓSITO DESTA MEDITAÇÃO

O propósito desta meditação é nos incentivarmos a extrair o sentido da nossa vida humana e não desperdiçá-la em atividades sem sentido. Nossa vida humana é muito preciosa, mas somente se a usarmos para obter a libertação permanente e a felicidade suprema da iluminação por meio de praticar o Dharma, pura e sinceramente. Devemos nos incentivar a realizar o verdadeiro sentido da nossa vida humana. Qual é o verdadeiro sentido da vida humana?

Muitas pessoas acreditam que o desenvolvimento material é o verdadeiro sentido da vida humana, mas podemos ver que não importa quanto desenvolvimento material exista no mundo, ele nunca reduz os sofrimentos e os problemas humanos. Em vez disso, ele frequentemente faz com que os sofrimentos e os problemas aumentem; portanto, ele não é o verdadeiro sentido da vida humana. Devemos saber que, vindos das nossas vidas anteriores, alcançamos agora o mundo humano por apenas um breve instante e que temos a oportunidade de obter a felicidade suprema da iluminação praticando o Dharma. Essa é a nossa extraordinária boa fortuna. Quando obtivermos a iluminação, teremos satisfeito todos os nossos desejos e poderemos satisfazer os desejos de todos os outros seres vivos; teremos libertado a nós mesmos permanentemente dos sofrimentos desta vida e de incontáveis vidas futuras e poderemos beneficiar diretamente todos e cada um dos seres vivos, todos os dias. A conquista da iluminação é, portanto, o verdadeiro sentido da vida humana.

A iluminação é a luz interior de sabedoria que é permanentemente livre de toda aparência equivocada e que atua concedendo paz mental para todos e cada um dos seres vivos, todos os dias – essa é a função da iluminação. Agora mesmo obtivemos um renascimento humano e temos a oportunidade de alcançar a iluminação pela prática do Dharma; assim sendo, se desperdiçarmos esta preciosa oportunidade em atividades sem sentido, não haverá maior perda nem maior insensatez do que essa. O motivo é que tal oportunidade preciosa será extremamente difícil de ser encontrada no futuro. Em um Sutra, Buda torna isso claro pela seguinte analogia. Ele pergunta aos seus discípulos: "Imaginem que exista um vasto e profundo oceano do tamanho deste mundo, que em sua superfície haja uma canga dourada flutuando e que no fundo do oceano viva uma tartaruga cega que vem à superfície apenas uma vez a cada cem mil anos. Quantas vezes a tartaruga colocaria sua cabeça no meio da canga?" Ananda, seu discípulo, respondeu que, certamente, isso seria extremamente raro.

Nesse contexto, o vasto e profundo oceano refere-se ao samsara – o ciclo de vida impura que temos experienciado desde tempos sem início, continuamente, vida após vida, sem-fim; a canga dourada refere-se ao Budadharma, e a tartaruga cega refere-se a nós. Embora não sejamos fisicamente como uma tartaruga, mentalmente não somos muito diferentes; e embora os nossos olhos físicos possam não ser cegos, os nossos olhos de sabedoria o são. Na maioria das nossas incontáveis vidas anteriores, permanecemos no fundo do oceano do samsara, nos três reinos inferiores – no reino animal, no reino dos fantasmas famintos e no reino do inferno – emergindo como ser humano apenas a cada cem mil anos, mais ou menos. Mesmo quando alcançamos brevemente o reino superior do oceano do samsara como um ser humano, é extremamente raro encontrar a canga dourada do Budadharma: o oceano do samsara é extremamente vasto, a canga dourada do Budadharma não permanece num único lugar, mas move-se de um lugar a outro, e os nossos olhos de sabedoria estão sempre cegos. Por essas razões, Buda diz que, no futuro, mesmo se obtivermos um renascimento humano, será extremamente raro encontrar o Budadharma novamente; encontrar o Dharma Kadam é ainda mais raro que isso. Podemos ver que a grande maioria dos seres humanos no mundo, embora tenham brevemente alcançado o reino superior do samsara como seres humanos, não encontraram o Budadharma. O motivo é que os seus olhos de sabedoria não se abriram.

O que significa "encontrar o Budadharma"? Significa ingressar no budismo buscando sinceramente refúgio em Buda, Dharma e Sangha e assim ter a oportunidade de ingressar e fazer progresso no caminho à iluminação. Se não encontrarmos o Budadharma não teremos a oportunidade para fazer isso e, assim, não teremos a oportunidade de obter a felicidade pura e duradoura da iluminação, o verdadeiro sentido da vida humana.

O OBJETO DESTA MEDITAÇÃO

O objeto desta meditação, ou objeto sobre o qual nos concentramos estritamente focados, é a nossa determinação de praticar pura e sinceramente o Dharma. Devemos aprender a desenvolver essa determinação por contemplar a explicação acima sobre o propósito desta meditação. Quando, por meio dessa contemplação, surgir em nosso coração a firme determinação de praticar o Dharma de maneira pura e sincera, teremos encontrado o objeto desta meditação.

A MEDITAÇÃO PROPRIAMENTE DITA

Devemos pensar:

Agora eu alcancei, por um breve momento, o mundo humano e tenho a oportunidade de obter a libertação permanente do sofrimento e a felicidade suprema da iluminação, por meio de colocar o Dharma em prática. Se eu desperdiçar esta preciosa oportunidade em atividades sem sentido, não haverá maior perda nem maior insensatez.

Pensando dessa maneira, tomamos a firme determinação de praticar, agora, o Dharma dos ensinamentos de Buda sobre renúncia, compaixão universal e visão profunda da vacuidade, enquanto temos esta oportunidade. Retemos essa determinação sem nos esquecermos dela, e permanecemos estritamente focados nessa determinação pelo maior tempo possível. Pelo estudo contínuo desta meditação, devemos manter, dia e noite, essa determinação e colocá-la em prática por toda a nossa vida.

MEDITAÇÃO SOBRE A MORTE

O PROPÓSITO DESTA MEDITAÇÃO

O propósito desta meditação é impedir a preguiça do apego, o principal obstáculo à prática de Dharma. Porque o nosso desejo por prazer mundano é tão forte, temos pouco ou nenhum interesse pela prática de Dharma. Do ponto de vista espiritual, essa ausência de interesse pela prática de Dharma é um tipo de preguiça chamado "preguiça do apego". A porta da libertação estará fechada para nós enquanto tivermos essa preguiça e, consequentemente, continuaremos a experienciar infortúnio e sofrimento nesta vida e em incontáveis vidas futuras. A maneira de superar essa preguiça, o principal obstáculo para a nossa prática de Dharma, é meditar sobre a morte.

Precisamos contemplar a nossa morte e meditar sobre ela repetidamente, até obtermos uma profunda realização sobre a morte. Embora, num nível intelectual, todos nós saibamos que definitivamente iremos morrer, a nossa percepção da morte permanece superficial. Na medida em que a nossa compreensão intelectual da morte não toca o nosso coração, continuamos a pensar todos os dias "eu não vou morrer hoje, eu não vou morrer hoje". Mesmo no dia da nossa morte, ainda estaremos pensando sobre o que faremos no dia ou na semana seguintes. Essa mente que pensa todo dia "eu não vou morrer hoje" é enganosa – ela nos conduz na direção errada e faz com que a nossa vida humana se torne vazia. Por outro lado, meditando sobre a morte, substituiremos gradativamente o pensamento enganoso "eu não vou morrer hoje" pelo pensamento não enganoso "talvez eu morra hoje". A mente que espontaneamente pensa todos os dias "talvez eu morra hoje" é a realização sobre a morte. É essa realização que elimina diretamente a nossa preguiça do apego e abre a porta para o caminho espiritual.

Em geral, podemos ou não morrer hoje – não sabemos. No entanto, se pensarmos todos os dias "talvez eu não morra hoje", esse pensamento irá nos enganar porque vem da nossa ignorância; porém, se em vez disso pensarmos todos os dias "talvez eu morra hoje", esse pensamento não irá nos enganar porque vem da nossa sabedoria. Esse pensamento benéfico impedirá a nossa preguiça do apego e irá nos encorajar a preparar o bem-estar das nossas incontáveis vidas futuras ou a aplicar grande esforço para ingressar no caminho da libertação e da iluminação. Desse modo, tornaremos significativa a nossa vida humana atual. Até agora desperdiçamos, sem sentido algum, as nossas incontáveis vidas anteriores: não trouxemos nada conosco das nossas vidas passadas, exceto delusões e sofrimento.

O QUE A NOSSA MORTE SIGNIFICA?

A nossa morte é a separação permanente entre o nosso corpo e a nossa mente. Podemos experienciar muitas separações temporárias do nosso corpo e mente, mas elas não são a nossa morte. Por exemplo, quando aqueles que completaram seu treino na prática conhecida como "transferência de consciência" entram em meditação, suas mentes separam-se dos seus corpos. Seus corpos permanecem onde estão meditando e suas mentes vão para uma Terra Pura e, então, retornam aos seus corpos. À noite, durante os sonhos, o nosso corpo permanece na cama, mas a nossa mente vai para diversos lugares do mundo do sonho e então retorna para o nosso corpo. Essas separações de nosso corpo e mente não são a nossa morte porque elas são apenas temporárias.

Na morte, a nossa mente separa-se permanentemente do nosso corpo. O nosso corpo permanece no local de sua vida, mas a nossa mente vai para os diversos lugares das nossas vidas futuras, como um pássaro deixando um ninho e voando para outro. Isso mostra claramente a existência das nossas incontáveis vidas futuras e que a natureza e a função do nosso corpo e da nossa mente são muito diferentes. Nosso corpo é uma forma visual que possui cor e formato, mas nossa mente é um continuum sem forma que sempre carece de cor e formato. Como foi explicado na Parte Um, a natureza da nossa mente é um vazio semelhante ao espaço, e ela atua, ou funciona, percebendo ou entendendo objetos. Por meio disso, podemos compreender que o nosso cérebro não é a nossa mente. O cérebro é simplesmente uma parte do nosso corpo que, por exemplo, pode ser fotografado, ao passo que não podemos fazer o mesmo com a nossa mente.

Podemos não ficar felizes ao ouvir sobre a nossa morte, mas contemplar e meditar sobre a morte é muito importante para a efetividade da nossa prática de Dharma. O motivo é que contemplar e meditar sobre a morte impede o principal obstáculo a nossa prática de Dharma – a preguiça do apego às coisas desta vida – e nos encoraja a praticar o puro Dharma agora. Se fizermos isso, realizaremos o verdadeiro sentido da vida humana antes da nossa morte.

O OBJETO DESTA MEDITAÇÃO

O objeto desta meditação é o nosso pensamento "talvez eu morra hoje, talvez eu morra hoje". Devemos aprender a desenvolver esse pensamento por meio de contemplar a explicação acima sobre o propósito desta meditação. Quando, por meio dessa contemplação, surgir em nosso coração o pensamento "talvez eu morra hoje, talvez eu morra hoje", teremos encontrado o objeto desta meditação.

A MEDITAÇÃO PROPRIAMENTE DITA

Contemplamos e pensamos:

> Com certeza, eu vou morrer. Não há nenhuma maneira de impedir que o meu corpo finalmente decaia. Dia após dia, momento após momento, a minha vida está se esvaindo. Eu não tenho nenhuma ideia de quando morrerei: a hora da morte é completamente incerta. Muitas pessoas jovens morrem antes de seus pais, algumas morrem no momento em

que nascem – não há certezas neste mundo. Além disso, há muitas causas de morte prematura. As vidas de muitas pessoas fortes e saudáveis são destruídas em acidentes. Não há garantia de que eu não morrerei hoje.

Tendo contemplado repetidamente esses pontos, repetimos mentalmente muitas e muitas vezes "talvez eu morra hoje, talvez eu morra hoje" e concentramo-nos no sentimento que isso evoca. Transformamos a nossa mente no sentimento "talvez eu morra hoje" e permanecemos estritamente focados nele pelo maior tempo possível. Devemos praticar essa meditação repetidamente, até acreditarmos espontaneamente todos os dias: "talvez eu morra hoje". Finalmente, chegaremos à conclusão: "Já que terei de partir cedo deste mundo, não há sentido em ficar apegado às coisas desta vida. Em vez disso, a partir de agora devotarei toda a minha vida para praticar o Dharma pura e sinceramente". Então, mantemos essa determinação dia e noite.

Durante o intervalo entre meditações devemos, sem preguiça, aplicar esforço em nossa prática de Dharma. Realizando que os prazeres mundanos são enganosos e que eles nos distraem de usar a nossa vida de uma maneira significativa, devemos abandonar o apego por eles. Dessa maneira, podemos eliminar o principal obstáculo à pura prática de Dharma.

MEDITAÇÃO SOBRE OS PERIGOS DE UM RENASCIMENTO INFERIOR

O PROPÓSITO DESTA MEDITAÇÃO

O propósito desta meditação é nos incentivarmos a preparar uma proteção contra os perigos de um renascimento inferior. Se não fizermos isso agora, enquanto temos uma vida humana com suas liberdades e dotes e a oportunidade para fazê-lo, será tarde demais quando tivermos qualquer um dos três renascimentos inferiores; e será extremamente difícil obter uma preciosa vida humana novamente. Uma preciosa vida humana significa: um renascimento humano no qual temos a oportunidade de alcançar a libertação permanente de todo sofrimento, conhecida como "nirvana". Diz-se que é mais fácil para os seres humanos obterem a iluminação que para seres como os animais obterem um precioso renascimento humano. Compreendendo isso, vamos nos encorajar a abandonar não-virtude, ou ações negativas; praticar virtude, ou ações positivas; e buscar refúgio em Buda, Dharma e Sangha (os supremos amigos espirituais). Essa é a nossa verdadeira proteção.

Cometer ações não virtuosas é a causa principal de renascimento inferior, enquanto que praticar virtude e buscar refúgio em Buda, Dharma e Sangha são as causas principais de um precioso renascimento humano. Ações não virtuosas graves são a principal causa de renascimento como um ser-do-inferno, ações não virtuosas medianas são a causa principal de renascimento como um fantasma faminto e ações não virtuosas menores são a causa principal de renascimento como um animal. Existem muitos exemplos dados nas escrituras budistas sobre como as ações não virtuosas conduzem a renascimentos nos três reinos inferiores.

Havia uma vez um caçador cuja esposa vinha de uma família de criadores de animais. Após morrer, ele renasceu como uma vaca, pertencendo à família de sua mulher. Então, um açougueiro comprou essa vaca, abateu-a e vendeu a carne. O caçador renasceu sete vezes como uma vaca, pertencendo à mesma família e, dessa maneira, tornou-se alimento para outras pessoas.

No Tibete há um lago chamado Yamdroktso, onde muitas pessoas da cidade próxima costumavam passar suas vidas pescando. Certa vez, um grande iogue com clarividência visitou a cidade e disse: "eu vejo que as pessoas desta cidade e os peixes deste lago estão continuamente trocando suas posições". O que ele quis dizer é que as pessoas da cidade que gostavam de pescar estavam renascendo como peixes, o alimento de outras pessoas, e os peixes no lago estavam renascendo como as pessoas que gostavam de pescar. Dessa maneira, trocando seus aspectos físicos, eles estavam continuamente matando e comendo uns aos outros. Esse ciclo de infortúnio continuou geração após geração.

O OBJETO DESTA MEDITAÇÃO

O objeto desta meditação é o nosso sentimento de medo de tomar um renascimento nos reinos inferiores como um animal, um fantasma faminto ou um ser-do-inferno. Devemos aprender a desenvolver esse sentimento de medo por meio de contemplar a explicação acima sobre o propósito desta meditação. Quando, por meio dessa contemplação, surgir em nosso coração um sentimento de medo de tomar um renascimento como esse, teremos encontrado o objeto desta meditação.

Em geral, medo é algo sem sentido, mas o medo gerado aqui tem um imenso significado. Ele surge de nossa sabedoria e nos conduz diretamente para preparar a proteção efetiva contra renascimentos inferiores, que é buscar sinceramente refúgio em Buda, Dharma e Sangha, ou em Guru Sumati Buda Heruka. Como resultado disso, nosso próximo renascimento será um precioso renascimento humano, o que nos dará a oportunidade de continuar a fazer progresso em nossa prática de Dharma, tanto de Sutra quanto de Tantra. Ou nosso próximo renascimento será na Terra Pura de Keajra porque fomos guiados por Guru Sumati Buda Heruka. Se não gerarmos esse medo agora, nunca iremos preparar essas proteções.

A MEDITAÇÃO PROPRIAMENTE DITA

Contemplamos como segue:

> *Quando o óleo de uma lamparina é consumido, a chama se extingue porque ela é produzida pelo óleo; mas, quando o nosso corpo morre, a nossa consciência não se extingue, porque a consciência não é produzida pelo corpo. Quando morremos, a nossa mente tem de deixar este corpo atual, que é apenas uma morada temporária, e encontrar outro corpo, assim como um pássaro deixando um ninho e voando para outro. A nossa mente não tem liberdade de permanecer e não tem escolha*

para aonde ir. Somos soprados para o lugar do nosso próximo renascimento pelos ventos das nossas ações, ou carma (nossa boa fortuna ou infortúnio). Se o carma que amadurecer na hora da nossa morte for negativo, com toda a certeza teremos um renascimento inferior. Carma negativo grave causa renascimento no inferno, carma negativo mediano causa renascimento como fantasma faminto e carma negativo menor causa renascimento como um animal. É muito fácil cometer carma negativo grave. Por exemplo, ao simplesmente esmagar um mosquito com raiva, criamos a causa para renascer no inferno. Nesta e em todas as nossas incontáveis vidas anteriores, cometemos muitas ações negativas graves. A não ser que já tenhamos purificado essas ações pela prática sincera de confissão, as suas potencialidades permanecem em nosso continuum mental e qualquer uma dessas potencialidades negativas poderá amadurecer quando morrermos. Mantendo isso em mente, devemos nos perguntar: "Se eu morrer hoje, onde estarei amanhã? É muito provável que eu me encontre no reino animal, entre os fantasmas famintos ou no inferno. Se alguém hoje me chamasse de vaca estúpida, acharia difícil tolerar isso, mas o que eu faria se realmente me tornasse uma vaca, um porco ou um peixe – o alimento de seres humanos?".

Tendo contemplado repetidamente esses pontos e compreendido como os seres nos reinos inferiores, tais como os animais, experienciam sofrimento, geramos um forte medo de renascer nos reinos inferiores. Retemos, então, essa sensação sem esquecê-la; a nossa mente deve permanecer estritamente focada nessa sensação de medo pelo maior tempo possível. Se perdermos o objeto da nossa meditação, renovamos a sensação de medo relembrando-a imediatamente ou repetindo a contemplação.

Durante o intervalo entre meditações, tentamos não nos esquecer nunca da nossa sensação de medo de renascer nos reinos inferiores.

MEDITAR SOBRE BUSCAR REFÚGIO

O PROPÓSITO DESTA MEDITAÇÃO

O propósito desta meditação é nos protegermos permanentemente de tomar um renascimento inferior. Neste contexto, "buscar refúgio" significa buscar refúgio em Buda, Dharma e Sangha. No momento presente, porque somos humanos, estamos livres de um renascimento como um animal, fantasma faminto ou ser-do-inferno, mas isso é apenas temporário. Somos como um prisioneiro que ganhou permissão para ficar em seu lar por uma semana, mas que depois disso tem que retornar à prisão. Precisamos de libertação permanente dos sofrimentos desta vida e das incontáveis vidas futuras. Isso depende de ingressar, fazer progresso e concluir o caminho budista à libertação, o que, por sua vez, depende de ingressar no budismo.

Ingressamos no budismo pela prática de buscar refúgio. Para que a nossa prática de refúgio seja qualificada devemos fazer, enquanto visualizamos Buda diante de nós, a promessa verbal ou mental de buscar refúgio em Buda, Dharma e Sangha por toda a nossa vida. Essa promessa é o nosso voto de refúgio e é a porta através da qual ingressamos no budismo. Estaremos no budismo durante o tempo que mantivermos essa promessa, mas, se a quebrarmos, estaremos fora. Ao ingressar e permanecer no budismo, temos a oportunidade de começar, de fazer progresso e de concluir o caminho budista à libertação e à iluminação.

Nunca devemos abandonar a promessa de buscar refúgio em Buda, Dharma e Sangha por toda a nossa vida. Buscar refúgio em Buda, Dharma e Sangha significa que aplicamos esforço em receber as bênçãos de Buda, em colocar o Dharma em prática e em receber ajuda da Sangha. Esses são os três principais compromissos do voto de refúgio. Mantendo e praticando sinceramente esses três principais compromissos de refúgio, podemos realizar nossa meta final.

A principal razão pela qual precisamos tomar a determinação e fazer a promessa de buscar refúgio em Buda, Dharma e Sangha por toda a nossa vida é que precisamos alcançar a libertação permanente do sofrimento. No momento presente, podemos estar livres de sofrimento físico e dor mental, mas, como foi mencionado anteriormente, essa liberdade é somente temporária. Mais tarde, nesta vida e em nossas incontáveis vidas futuras, teremos de vivenciar insuportável sofrimento físico e dor mental continuamente, vida após vida, sem-fim.

Quando a nossa vida está em perigo ou quando somos ameaçados por alguém, normalmente buscamos refúgio na polícia. É claro que, algumas vezes, a polícia pode nos proteger de um perigo em particular, mas ela não pode nos dar libertação permanente da morte. Quando estamos seriamente doentes, buscamos refúgio em médicos. Algumas vezes, os médicos podem curar uma doença específica, mas nenhum médico pode nos dar a libertação permanente das doenças. O que realmente precisamos é da libertação permanente de todos os sofrimentos e, como seres humanos, podemos conquistar isso buscando refúgio em Buda, Dharma e Sangha.

Os Budas são "Despertos", o que significa que eles despertaram do sono da ignorância e estão livres dos sonhos do samsara, o ciclo de vida impura. Eles são seres completamente puros, permanentemente livres de todas as delusões (ou aflições mentais) e aparências equivocadas. Um Buda atua concedendo paz mental a todos e cada um dos seres vivos todos os dias, por meio de suas bênçãos – essa é a sua função. Sabemos que estamos felizes quando a nossa mente está em paz e infelizes quando ela não está em paz. Fica claro, portanto, que a nossa felicidade depende de termos uma mente pacífica e não de boas condições exteriores. Mesmo se as nossas condições exteriores forem pobres, se mantivermos uma mente em paz o tempo todo seremos sempre felizes. Recebendo continuamente as bênçãos de Buda, podemos manter uma mente pacífica o tempo todo. Buda é, portanto, a fonte da nossa felicidade. O Dharma é a verdadeira proteção, pela qual somos permanentemente libertados dos sofrimentos da doença, envelhecimento, morte e renascimento; e a Sangha são os amigos espirituais supremos que nos guiam aos caminhos espirituais corretos. Por meio dessas três preciosas joias-que-satisfazem-os-desejos – Buda, Dharma e Sangha, conhecidas como as "Três Joias" – podemos satisfazer tanto os nossos próprios desejos como os desejos de todos os seres vivos. Devemos recitar todos os dias, do fundo do nosso coração, preces de pedidos para os Budas iluminados, enquanto mantemos profunda fé neles. Esse é um método simples para recebermos continuamente as bênçãos de Buda. Devemos também nos reunir para fazer preces em grupo, conhecidas como *"pujas"*, organizadas nos Templos Budistas ou Salas de Preces, e que são métodos poderosos para receber as bênçãos e a proteção de Buda.

O OBJETO DESTA MEDITAÇÃO

O objeto desta meditação é a nossa determinação e promessa de sinceramente buscar refúgio em Buda, Dharma e Sangha, por toda a nossa vida. Devemos aprender a desenvolver essa determinação e promessa por meio de contemplar a explicação acima sobre o propósito desta meditação. Quando, por meio dessa contemplação, surgir em nosso coração a firme determinação de buscar refúgio em Buda, Dharma e Sangha, teremos encontrado o objeto desta meditação.

A MEDITAÇÃO PROPRIAMENTE DITA

Devemos pensar:

Eu quero me proteger e me libertar permanentemente dos sofrimentos desta vida e das incontáveis vidas futuras. Somente posso realizar isso se receber as bênçãos de Buda, colocar o Dharma em prática e receber ajuda da Sangha – os amigos espirituais supremos.

Pensando profundamente desse modo, primeiro tomamos a forte determinação e, depois, fazemos a promessa mental de sinceramente buscar refúgio em Buda, Dharma e Sangha por toda a nossa vida. Retemos, sem esquecimento, essa determinação e promessa, e permanecemos nessa determinação e promessa com concentração estritamente focada pelo maior tempo possível. Devemos praticar continuamente essa meditação.

Como compromissos do nosso voto de refúgio, devemos sempre aplicar esforço para receber as bênçãos de Buda, colocar o Dharma em prática e receber ajuda da Sangha, nossos amigos espirituais puros, incluindo o nosso professor espiritual. É desse modo que buscamos refúgio em Buda, Dharma e Sangha. Por meio disso, realizaremos nosso objetivo – a libertação permanente de todos os sofrimentos desta vida e das incontáveis vidas futuras, o verdadeiro sentido da nossa vida humana.

Para manter a nossa promessa de buscar refúgio em Buda, Dharma e Sangha por toda a nossa vida e a fim de que nós e todos os seres vivos possamos receber as bênçãos e a proteção de Buda, recitamos a seguinte prece de refúgio todos os dias, com forte fé:

Eu e todos os seres sencientes, até alcançarmos a iluminação,
Nos refugiamos em Buda, Dharma e Sangha.

MEDITAÇÃO SOBRE O CARMA

O PROPÓSITO DESTA MEDITAÇÃO

O propósito desta meditação é impedir o sofrimento futuro e construir o fundamento básico para o caminho à libertação e à iluminação. Geralmente, carma significa "ação". Das ações não virtuosas advém sofrimento e das ações virtuosas surge felicidade: se acreditamos nisso, acreditamos no carma. Buda deu extensos ensinamentos que provam a verdade dessa afirmação e muitos exemplos diferentes que mostram a conexão especial entre as ações das nossas vidas anteriores e as nossas experiências nesta vida, algumas delas explicadas no livro *Caminho Alegre da Boa Fortuna*.

Ações não virtuosas significam ações que são o oposto da virtude. Falando em termos gerais, virtude significa boa fortuna, aquilo que traz bons resultados; e não-virtude significa infortúnio, aquilo que traz maus resultados. Em nossas vidas anteriores, executamos muitos tipos de ações não virtuosas que causaram sofrimento aos outros. Como resultado dessas ações não virtuosas, vários tipos de condições e situações de infortúnio surgem e vivenciamos sofrimentos e problemas humanos sem-fim. O mesmo acontece a todos os demais seres vivos.

Devemos avaliar se acreditamos, ou não, que a principal causa do sofrimento são as nossas ações não virtuosas e que a principal causa de felicidade são as nossas ações virtuosas. Se não acreditarmos nisso, nunca aplicaremos esforço em acumular ações virtuosas, ou mérito, e nunca purificaremos as nossas ações não virtuosas; e, por causa disso, experienciaremos sofrimentos e dificuldades continuamente, vida após vida, sem-fim.

Toda ação que executamos deixa uma marca em nossa mente muito sutil, e cada marca finalmente dará origem ao seu próprio efeito. Nossa mente é como um campo e executar ações é como semear nesse campo. Ações virtuosas plantam sementes de felicidade futura, e ações não virtuosas plantam sementes de sofrimento futuro. Essas sementes permanecem adormecidas em nossa mente até que as condições para o seu amadurecimento ocorram e, nesse momento, elas produzem seu efeito. Em alguns casos, isso pode acontecer muitas vidas depois que a ação original foi realizada.

As sementes que amadurecem quando morremos são muito importantes porque elas determinam qual o tipo de renascimento que teremos em nossa próxima vida. A semente que, em particular, amadurece na morte depende do estado da mente com o qual morremos. Se morrermos com uma mente pacífica, isso estimulará uma semente virtuosa e experienciaremos um renascimento afortunado. Entretanto, se morrermos com uma mente perturbada, como acontece num estado de raiva, isso estimulará uma semente não virtuosa e experienciaremos um renascimento desafortunado.

Isso é semelhante ao modo como os pesadelos são provocados por estarmos com um estado mental agitado logo antes de adormecer.

Todas as ações inadequadas, incluindo matar, roubar, má conduta sexual, mentir, discurso divisor, discurso ofensivo, tagarelice, cobiça, maldade e sustentar visões errôneas, são ações não virtuosas. Quando abandonamos as ações não virtuosas e aplicamos esforço para purificar as nossas ações não virtuosas anteriores, estamos praticando disciplina moral. Isso irá nos impedir de experienciar sofrimento futuro e de ter um renascimento inferior. Exemplos de ações virtuosas são treinar todas as meditações e outras práticas espirituais apresentadas neste livro. Meditação é uma ação mental virtuosa que é a causa principal para experienciar paz mental no futuro. Sempre que praticamos meditação, seja a nossa meditação clara ou não, estamos executando uma ação mental virtuosa que é a causa da nossa felicidade futura e de paz mental. Normalmente, estamos preocupados principalmente com as nossas ações físicas e verbais, mas, na realidade, as ações mentais são mais importantes. Nossas ações físicas e verbais dependem da nossa ação mental, que, por sua vez, depende de tomarmos uma decisão mental.

Sempre que fazemos ações virtuosas, como meditar ou outras práticas espirituais, devemos ter a seguinte determinação mental:

> Montando o cavalo das ações virtuosas,
> Eu o conduzirei ao caminho da libertação com as rédeas
> da renúncia;
> E instigando esse cavalo para adiante com o chicote do
> esforço,
> Alcançarei rapidamente a Terra Pura da libertação e da
> iluminação.

O OBJETO DESTA MEDITAÇÃO

O objeto desta meditação é a nossa determinação de abandonar e purificar nossas ações não virtuosas e de acumular ações virtuosas, ou mérito. Devemos aprender a desenvolver essa determinação por meio de contemplar a explicação acima sobre o propósito desta meditação. Quando, por meio dessa contemplação, surgir em nosso coração a firme determinação de abandonar as ações não virtuosas e de acumular ações virtuosas, teremos encontrado o objeto desta meditação.

A MEDITAÇÃO PROPRIAMENTE DITA

Contemplamos e pensamos:

Uma vez que eu mesmo nunca desejo sofrer e sempre quero ser feliz, preciso abandonar e purificar as minhas ações não virtuosas e sinceramente executar ações virtuosas.

Retemos firmemente essa determinação e permanecemos nela com concentração estritamente focada pelo maior tempo possível. Devemos praticar essa meditação todos os dias e colocar a nossa determinação em prática.

MEDITAÇÃO DE UMA PESSOA DE ESCOPO MEDIANO

Existem quatro meditações de uma pessoa de escopo mediano. Essas meditações são:

1. Meditação sobre renúncia;
2. Meditação sobre nossa determinação de reconhecer, reduzir e abandonar nossa ignorância do agarramento ao em-si, a raiz do renascimento samsárico;
3. Meditação sobre nossa determinação de ingressar e fazer progresso no caminho à libertação;
4. Meditação sobre a verdade última da cessação.

MEDITAÇÃO SOBRE RENÚNCIA

O PROPÓSITO DESTA MEDITAÇÃO

O propósito desta meditação é ingressar, fazer progresso e concluir o caminho à libertação. Para realizar esse objetivo, precisamos considerar o que devemos conhecer, o que devemos abandonar, o que devemos praticar e o que devemos alcançar.

No Sutra das Quatro Nobres Verdades, Buda diz: "Deves conhecer os sofrimentos". Ao dizer isso, Buda está nos aconselhando a tomar conhecimento dos insuportáveis sofrimentos que vivenciaremos em nossas vidas futuras e, por essa razão, a desenvolver renúncia – a determinação de nos libertarmos permanentemente desses sofrimentos.

Em geral, todos os que têm dor física ou mental, incluindo os animais, compreendem seu próprio sofrimento; mas, quando Buda diz "Deves conhecer os sofrimentos", ele quer dizer que devemos conhecer os sofrimentos das nossas vidas futuras. Compreendendo isso, desenvolveremos um forte desejo de nos libertar deles. Esse conselho prático é importante para todos porque, se tivermos o desejo de nos libertar dos sofrimentos das vidas futuras, devemos determinadamente usar nossa atual vida humana para a felicidade e a liberdade das nossas incontáveis vidas futuras. Não há significado maior do que esse.

Se não tivermos esse desejo, desperdiçaremos nossa preciosa vida humana somente para a liberdade e a felicidade desta única curta vida. Isso seria uma loucura, porque nossa intenção e ações não seriam diferentes da intenção e das ações dos animais, que estão preocupados apenas com esta vida. Certa vez, o grande iogue Milarepa disse para um caçador chamado Gonpo Dorje:

> O teu corpo é humano, mas tua mente é a de um animal.
> Tu, um ser humano que possuis uma mente de animal, por favor, ouve a minha canção.

Normalmente, acreditamos que solucionar os sofrimentos e os problemas da nossa vida atual é o mais importante e dedicamos toda a nossa vida a esse propósito. Na realidade, a duração dos sofrimentos e dos problemas desta vida é muito curta; se morrermos amanhã, eles acabarão amanhã. No entanto, já que a duração dos sofrimentos e dos problemas das vidas futuras é sem-fim, a liberdade e a felicidade das nossas vidas futuras são imensamente mais importantes que a liberdade e a felicidade desta curta vida. Com as palavras "Deves conhecer os sofrimentos", Buda nos encoraja a usar a nossa vida humana atual para preparar a liberdade e a felicidade das nossas incontáveis vidas futuras. Aqueles que fazem isso são verdadeiramente sábios.

Nas vidas futuras, quando renascermos como um animal, como uma vaca ou um peixe, iremos nos tornar o alimento de outros seres vivos e teremos de vivenciar muitos outros tipos de sofrimento animal. Os animais não têm liberdade e são usados pelos seres humanos como alimento e para trabalho e divertimento. Eles não têm oportunidade de aperfeiçoarem a si mesmos; ainda que ouçam preciosas palavras de Dharma, elas são tão sem sentido para eles como o soprar do vento. Quando renascermos como um fantasma faminto, não teremos sequer uma minúscula gota de água para beber; nossa única água serão as nossas lágrimas. Teremos de vivenciar insuportáveis sofrimentos de sede e fome por muitas centenas de anos. Quando renascermos como um ser-do-inferno nos infernos quentes, nosso corpo irá se tornar inseparável do fogo e os outros serão capazes de distinguir nosso corpo do fogo somente por ouvir nossos gritos de sofrimento. Teremos de vivenciar o insuportável tormento do nosso corpo ser queimado por milhões de anos. Assim como todos os outros fenômenos, os reinos do inferno não existem inerentemente, mas existem como meras aparências à mente, como sonhos.

Quando renascermos como um deus do reino do desejo, vivenciaremos grande conflito e insatisfação. Mesmo que experienciemos um pouco de prazer superficial, nossos desejos irão se tornar ainda mais fortes e até teremos mais sofrimento mental que os seres humanos. Quando renascermos como um semideus, seremos sempre invejosos da glória dos deuses e, por causa disso, teremos grande sofrimento mental. Nossa inveja é como um espinho penetrando em nossa mente, fazendo-nos experienciar sofrimento físico e mental por longos períodos. Quando renascermos como um ser humano, teremos de vivenciar vários tipos de sofrimento humano, incluindo os sofrimentos do nascimento, doença, envelhecimento e morte.

NASCIMENTO

Quando nossa consciência ingressa na união do espermatozoide do nosso pai e do óvulo da nossa mãe, o nosso corpo é uma substância aquosa bastante quente, como iogurte branco tingido de vermelho. Nos primeiros momentos após a concepção, não temos sensações densas, mas, assim que elas se desenvolvem, começamos a experienciar dor. O nosso corpo torna-se, gradualmente, mais e mais consistente e os nossos membros crescem como se nosso corpo estivesse sendo esticado numa roda de tortura. Dentro do útero da nossa mãe é quente e escuro. O nosso lar por nove meses é esse espaço pequeno, bastante apertado e cheio de substâncias impuras. É como estar espremido dentro de um pequeno tanque de água cheio de líquido imundo, com a tampa firmemente fechada, de modo que nenhum ar ou luz consigam entrar.

    Enquanto estamos no útero da nossa mãe experienciamos muita dor e medo, tudo isso inteiramente sós. Somos extremamente sensíveis a tudo o que a nossa mãe faz. Quando ela anda rapidamente, sentimos como se estivéssemos caindo de uma montanha alta e ficamos aterrorizados. Se ela tem relações sexuais, sentimos como se estivéssemos sendo esmagados e sufocados entre dois imensos pesos e ficamos em pânico. Se nossa mãe der apenas um pequeno salto, sentimos como se estivéssemos sendo jogados contra o chão de uma grande altura. Se ela bebe qualquer coisa quente, sentimos como se água escaldante estivesse queimando nossa pele e, se ela bebe qualquer coisa gelada, parece como se fosse uma ducha fria no inverno.

Quando saímos do útero da nossa mãe, sentimos como se estivéssemos sendo forçados através de uma abertura apertada entre duas rochas bem firmes e, quando acabamos de nascer, nosso corpo é tão delicado que qualquer tipo de contato é doloroso. Mesmo se alguém nos segurar com muita ternura, suas mãos parecerão espinhos furando nossa carne, e os mais delicados tecidos parecerão ásperos e abrasivos. Comparada com a maciez e suavidade do útero da nossa mãe, qualquer sensação tátil é desagradável e dolorosa. Se alguém nos pegar é como se estivéssemos sendo balançados acima de um grande precipício e nos sentimos assustados e inseguros. Esquecemo-nos de tudo que sabíamos em nossa vida passada; do útero da nossa mãe trouxemos apenas dor e confusão. Tudo o que escutamos é sem sentido, como o som do vento, e não podemos compreender nada do que percebemos. Nas primeiras semanas, somos como alguém que é cego, surdo e mudo e que sofre de profunda amnésia. Quando estamos com fome, não podemos dizer "eu preciso de comida", e quando sentimos dor não conseguimos falar "isto está me fazendo mal". Os únicos sinais que podemos fazer são lágrimas quentes e gestos violentos. Nossa mãe frequentemente não tem ideia da dor e do desconforto que estamos experienciando. Somos completamente impotentes e tudo nos tem que ser ensinado – como comer, como sentar, como andar, como falar.

Embora sejamos muito vulneráveis nas primeiras semanas da nossa vida, os nossos sofrimentos não cessam à medida que crescemos. Continuamos a vivenciar vários tipos de sofrimento por toda a nossa vida. Do mesmo modo que, quando acendemos uma lareira numa casa grande, o calor do fogo permeia toda a casa e todo o calor da casa tem a sua origem no fogo, quando nascemos no samsara o sofrimento permeia toda a nossa vida e todos os sofrimentos que experienciamos surgem porque tivemos um renascimento contaminado.

Nosso renascimento humano, contaminado pela delusão venenosa do agarramento ao em-si, é a base do nosso sofrimento humano; sem essa base, não existem problemas humanos. As dores do nascimento gradualmente se convertem nas dores da doença, envelhecimento e morte – elas são um único continuum.

DOENÇA

Nosso nascimento também dá origem ao sofrimento da doença. Assim como o vento e a neve do inverno roubam a glória dos prados verdejantes, das árvores, das florestas e das flores, a doença nos toma o esplendor da juventude do nosso corpo, destruindo o seu vigor e o poder dos nossos sentidos. Se normalmente somos saudáveis e nos sentimos bem, quando adoecemos ficamos repentinamente incapazes de nos envolver em nossas atividades físicas normais. Mesmo um campeão de boxe, que normalmente é capaz de levar a nocaute todos os seus adversários, torna-se completamente indefeso quando a doença o atinge. A doença faz com que todas as experiências dos nossos prazeres diários desapareçam e leva-nos a experienciar sensações desagradáveis dia e noite.

Quando caímos doentes, somos como um pássaro que estava pairando nas alturas do céu e repentinamente é abatido. Quando um pássaro é abatido, ele cai direto ao chão como um pedaço de chumbo e toda a sua glória e poder são imediatamente destruídos. De modo semelhante, quando ficamos doentes, nos tornamos repentinamente incapacitados. Se estivermos seriamente doentes, podemos nos tornar completamente dependentes dos outros e perder até mesmo a habilidade de controlar nossas funções corporais. Essa transformação é difícil de suportar, especialmente para os que são orgulhosos de sua independência e bem-estar físico.

Quando estamos doentes, sentimo-nos frustrados por não podermos fazer o nosso trabalho habitual ou concluir todas as tarefas com as quais nos comprometemos. Facilmente ficamos impacientes com nossa doença e deprimidos com todas as coisas que não podemos fazer. Não conseguimos desfrutar das coisas que normalmente nos dão prazer, como a prática de esportes, dançar, beber, comer alimentos saborosos ou a companhia dos nossos amigos. Todas essas limitações nos fazem sentir ainda mais infelizes; e, para aumentar a nossa infelicidade, temos que suportar todas as dores físicas que a doença traz.

Quando estamos doentes, temos de experienciar não apenas todas as dores indesejáveis da própria doença, mas também toda sorte de outras coisas indesejadas. Por exemplo, temos de tomar qualquer medicamento que for prescrito, quer seja um remédio de sabor repugnante, uma série de injeções, passar por uma grande cirurgia ou nos abster de alguma coisa de que gostamos muito. Se tivermos que fazer uma intervenção cirúrgica, teremos de ir ao hospital e aceitar todas as suas condições. Podemos ter que comer alimentos de que não gostamos e ficar numa cama durante todo o dia sem nada para fazer e podemos nos sentir ansiosos em relação à cirurgia. Nosso médico pode não nos explicar exatamente qual é o problema e se ele (ou ela) espera que sobrevivamos ou não.

Se descobrirmos que a nossa doença é incurável e não tivermos experiência espiritual, sofreremos de ansiedade, medo e arrependimento. Podemos ficar deprimidos e perder a esperança, ou podemos ficar com raiva da nossa doença, sentindo que ela é um inimigo que maldosamente nos privou de toda a alegria.

ENVELHECIMENTO

O nosso nascimento também dá origem aos sofrimentos do envelhecimento. O envelhecimento rouba a nossa beleza, a nossa saúde, a nossa boa aparência, o corado do nosso rosto, a nossa vitalidade e o nosso conforto. O envelhecimento nos transforma em objetos de desdém. Ele traz muitos sofrimentos indesejáveis e leva-nos rapidamente para a nossa morte.

À medida que envelhecemos, perdemos toda a beleza da nossa juventude e o nosso corpo sadio e forte torna-se fraco e oprimido por doenças. Nosso porte, outrora vigoroso e bem proporcionado, torna-se curvado e desfigurado, e os nossos músculos e carne encolhem tanto que os nossos membros tornam-se finos como gravetos e os nossos ossos tornam-se salientes e protuberantes. O nosso cabelo perde a cor e o brilho, e a nossa pele perde a radiância. A nossa face torna-se enrugada e a nossa fisionomia torna-se gradualmente distorcida. Milarepa disse:

Como os velhos se levantam? Eles se levantam como se estivessem arrancando uma estaca do chão. Como os velhos andam? Uma vez que estejam em pé, eles têm que andar cuidadosamente, como fazem os caçadores de pássaros. Como os velhos se sentam? Eles se estatelam como malas pesadas cujas alças se romperam.

Podemos contemplar o seguinte poema sobre os sofrimentos do envelhecimento, escrito pelo erudito Gungtang:

Quando somos idosos, nosso cabelo se torna branco,
Não porque o tenhamos lavado muito bem;
Isso é um sinal de que, em breve, encontraremos o Senhor
    da Morte.

Temos rugas em nossa fronte,
Não porque tenhamos carne demais;
É um aviso do Senhor da Morte: "Estás prestes a morrer".

Nossos dentes caem,
Não para abrir espaço para novos;
É um sinal de que, em breve, perderemos a capacidade de
    ingerir alimentos que as pessoas normalmente desfrutam.

Nosso rosto é feio e desagradável,
Não porque estejamos usando máscaras;
Isso é um sinal de que perdemos a máscara da juventude.

Nossa cabeça balança de um lado para outro,
Não porque estejamos discordando;
É o Senhor da Morte batendo em nossa cabeça com o bastão
    que ele traz em sua mão direita.

MEDITAÇÃO

Andamos curvados, fitando o chão,
Não porque estejamos à procura de agulhas perdidas;
Isso é um sinal de que estamos em busca da beleza e das memórias que deixamos de ter.

Levantamo-nos do chão usando os quatro membros,
Não porque estejamos a imitar os animais;
Isso é um sinal de que as nossas pernas estão fracas demais para suportar o nosso corpo.

Sentamo-nos como se tivéssemos sofrido uma queda repentina,
Não porque estejamos zangados;
Isso é um sinal de que o nosso corpo perdeu seu vigor.

Nosso corpo balança quando andamos,
Não porque pensemos que somos importantes;
Isso é um sinal de que as nossas pernas não podem sustentar o nosso corpo.

Nossas mãos tremem,
Não porque estejam com ânsia de roubar;
Isso é um sinal de que os dedos gananciosos do Senhor da Morte estão roubando as nossas posses.

Comemos pouco,
Não porque somos avaros;
Isso é um sinal de que não podemos digerir nossa comida.

Sibilamos com frequência,
Não porque estejamos sussurrando mantras aos doentes;
Isso é um sinal de que nossa respiração em breve desaparecerá.

Quando somos jovens, podemos viajar ao redor do mundo inteiro, mas, quando estamos velhos, dificilmente conseguimos ir até a porta de entrada da nossa própria casa. Tornamo-nos muito fracos para nos envolver em muitas atividades mundanas e as nossas atividades espirituais são frequentemente abreviadas. Por exemplo, temos pouco vigor físico para fazer ações virtuosas e pouca energia mental para memorizar, contemplar e meditar. Não podemos assistir a ensinamentos que são dados em lugares de difícil acesso ou desconfortáveis de se estar. Não podemos ajudar os outros através de meios que requeiram força física e boa saúde. Privações como essas frequentemente deixam as pessoas idosas muito tristes.

Quando envelhecemos, ficamos como alguém que é cego e surdo. Não podemos ver com clareza e precisamos de óculos cada vez mais fortes até que não possamos mais ler. Não podemos escutar claramente e isso nos deixa com dificuldades cada vez maiores para ouvir música ou a televisão ou para escutar o que os outros estão dizendo. Nossa memória se enfraquece. Todas as atividades, mundanas e espirituais, tornam-se mais difíceis. Se praticamos meditação, torna-se mais difícil obtermos realizações porque nossa memória e concentração estão muito fracas. Não conseguimos nos dedicar ao estudo. Desse modo, se não tivermos aprendido e treinado as práticas espirituais quando éramos jovens, a única coisa a fazer quando envelhecermos é desenvolver arrependimento e esperar pela chegada do Senhor da Morte.

Quando somos idosos, não conseguimos obter o mesmo prazer das coisas que costumávamos desfrutar, como alimento, bebida e sexo. Estamos fracos demais para disputar um jogo e também estamos frequentemente exaustos até para nos distrairmos. À medida que o nosso tempo de vida se esgota, não conseguimos nos incluir nas atividades das pessoas jovens. Quando eles viajam, temos que ficar para trás. Ninguém quer nos levar com eles quando somos velhos e ninguém deseja nos visitar. Mesmo os nossos netos não querem ficar conosco por muito tempo. Pessoas idosas frequentemente pensam consigo mesmas: "Que maravilhoso seria se os jovens estivessem comigo. Poderíamos sair para caminhadas e eu poderia mostrar-lhes algo", mas os jovens não querem ser incluídos em nossos planos. À medida que suas vidas vão chegando ao fim, as pessoas idosas experienciam o sofrimento do abandono e da solidão. Eles têm muitos sofrimentos específicos.

MORTE

O nosso nascimento também dá origem aos sofrimentos da morte. Se durante a nossa vida tivermos trabalhado arduamente para adquirir posses e se tivermos nos tornado muito apegados a elas, experienciaremos grande sofrimento na hora da morte, pensando: "Agora eu tenho de deixar todas as minhas preciosas posses para trás". Mesmo agora achamos difícil emprestar algum dos nossos mais preciosos bens, quanto mais dá-lo. Não é de surpreender que fiquemos tão infelizes quando nos damos conta de que, nas mãos da morte, temos de abandonar tudo.

Quando morremos, temos de nos separar até mesmo dos nossos amigos mais próximos. Temos de deixar nosso companheiro ainda que tenhamos estado juntos durante anos, sem passar sequer um dia separados. Se formos muito apegados aos nossos amigos, experienciaremos grande sofrimento na hora da morte, mas tudo o que poderemos fazer será segurar suas mãos. Não seremos capazes de parar o processo da morte, mesmo se eles implorarem para que não morramos. Geralmente, quando somos muito apegados a alguém sentimos ciúme caso ele (ou ela) nos deixe sozinhos e passe o seu tempo com outra pessoa, mas quando morrermos teremos de deixar nossos amigos com os outros para sempre. Teremos de deixar todos, incluindo nossa família e todas as pessoas que nos ajudaram nesta vida.

Quando morrermos, este corpo que temos apreciado e cuidado de tantas e variadas maneiras terá de ser deixado para trás. Ele irá se tornar insensível como uma pedra e será sepultado sob a terra ou cremado. Se não tivermos a proteção interior da experiência espiritual, na hora da morte experienciaremos medo e angústia, assim como dor física.

Quando a nossa consciência deixar o nosso corpo na hora da morte, todas as potencialidades que acumulamos em nossa mente por meio das ações virtuosas e não virtuosas que fizemos irão conosco. Não poderemos levar nada deste mundo além disso. Todas as outras coisas irão nos decepcionar. A morte interrompe todas as nossas atividades – as nossas conversas, a nossa refeição, o nosso encontro com amigos, o nosso sono. Tudo chega ao fim no dia da nossa morte e temos de deixar todas as coisas para trás, até mesmo os anéis em nossos dedos. No Tibete, os mendigos carregam consigo um bastão para se defenderem dos cachorros. Para compreender a completa privação provocada pela morte devemos nos lembrar de que, na hora da morte, os mendigos têm de deixar até esse velho bastão, a mais insignificante das posses humanas. Ao redor do mundo, podemos ver que os nomes esculpidos em pedra são a única posse dos mortos.

OUTROS TIPOS DE SOFRIMENTO

Nós também temos de experienciar os sofrimentos da separação, de ter que nos defrontar com o que não gostamos e de não ter nossos desejos satisfeitos – os quais incluem os sofrimentos da pobreza, de ser prejudicado por humanos e não-humanos e de ser prejudicado por água, fogo, vento e terra. Antes da separação final na hora da morte, frequentemente temos que experienciar separação temporária de pessoas e coisas de que gostamos, o que nos causa dor mental. Podemos ter que deixar o nosso país, onde todos os nossos amigos e parentes vivem, ou podemos ter que deixar o trabalho de que gostamos. Podemos perder nossa reputação. Muitas vezes, nesta vida, temos que vivenciar o sofrimento de nos separar das pessoas de que gostamos ou abandonar e perder as coisas que consideramos agradáveis e atraentes; mas, quando morrermos, teremos de nos separar para sempre de todos os nossos companheiros e prazeres e de todas as condições exteriores e interiores desta vida que contribuem para a nossa prática de Dharma.

Frequentemente temos que nos encontrar e conviver com pessoas de quem não gostamos ou enfrentar situações que consideramos desagradáveis. Algumas vezes, podemos nos achar numa situação muito perigosa, como num incêndio ou enchente, ou onde há violência, como num tumulto ou numa batalha. Nossas vidas estão repletas de situações menos extremas que achamos irritantes. Algumas vezes, somos impedidos de fazer as coisas que queremos. Num dia ensolarado, podemos nos determinar a ir para a praia, mas nos encontrarmos presos num congestionamento. Continuamente, experienciamos interferência dos nossos demônios interiores das delusões, ou aflições mentais, que perturbam nossa mente e nossas práticas espirituais. Há inumeráveis condições que frustram nossos planos e nos impedem de fazer o que queremos. É como se estivéssemos nus e vivendo num arbusto espinhento – sempre que tentamos nos mexer, somos feridos pelas circunstâncias. Pessoas e coisas são como espinhos perfurando a nossa carne e nenhuma situação jamais nos parecerá inteiramente confortável. Quanto mais desejos e planos temos, mais frustrações experienciamos. Quanto mais desejamos determinadas situações, mais nos encontramos presos em situações que não queremos. Todo desejo parece convidar seu próprio obstáculo. Situações indesejáveis nos acontecem sem que procuremos por elas. Na verdade, as únicas coisas que vêm sem esforço são as coisas que não queremos. Ninguém deseja morrer, mas a morte vem sem esforço. Ninguém deseja ficar doente, mas a doença vem sem esforço. Por termos renascido sem liberdade ou controle, temos um corpo impuro, vivemos num ambiente impuro e coisas tão desagradáveis desabam sobre nós. No samsara, esse tipo de experiência é completamente natural.

Temos incontáveis desejos, mas não importa quanto esforço façamos, nunca sentimos que os satisfizemos. Mesmo quando conseguimos o que queremos, não o conseguimos da maneira que queríamos. Possuímos o objeto, mas não extraímos satisfação por possuí-lo. Por exemplo, podemos sonhar em nos tornarmos ricos, mas, se nos tornarmos realmente ricos, a nossa vida não será da maneira que havíamos imaginado e não sentiremos que o nosso desejo foi satisfeito. O motivo é que os nossos desejos não diminuem conforme nossa riqueza aumenta. Quanto mais riqueza temos, mais desejamos. A riqueza que procuramos não pode ser encontrada, pois buscamos uma quantidade que sacie os nossos desejos, e nenhuma quantidade de riqueza pode fazer isso. Para piorar as coisas, ao obter o objeto do nosso desejo, criamos novas oportunidades para descontentamento. Com cada objeto que desejamos vêm outros objetos que não queremos. Por exemplo, com a riqueza vêm impostos, insegurança e complicados assuntos financeiros. Esses acréscimos indesejáveis impedem que nos sintamos plenamente satisfeitos. De modo semelhante, podemos sonhar com férias nos mares do sul e podemos realmente ir até lá, mas a experiência nunca será o que esperamos e, junto com as nossas férias, vêm outras coisas, como uma queimadura de sol e grandes despesas.

    Se examinarmos os nossos desejos, veremos que eles são excessivos. Queremos todas as melhores coisas no samsara – o melhor trabalho, o melhor companheiro, a melhor reputação, a melhor casa, o melhor carro, as melhores férias. Qualquer coisa que não seja a melhor deixa-nos com um sentimento de desapontamento – ainda à procura por ela, mas não encontrando o que queremos. Nenhum prazer mundano, no entanto, pode nos dar a satisfação completa e perfeita que desejamos. Coisas melhores estão sempre sendo produzidas. Em toda parte, novas propagandas anunciam que a melhor coisa acabou de chegar ao mercado, mas, poucos dias depois, chega outra ainda melhor que a "melhor" de poucos dias atrás. O surgimento de novas coisas para cativar os nossos desejos não tem fim.

    As crianças na escola nunca conseguem satisfazer as suas próprias ambições ou as de seus pais. Mesmo que cheguem ao primeiro lugar da classe, elas sentem que não podem se contentar com isso, a menos que façam a mesma coisa no ano seguinte. Se elas prosseguem sendo bem-sucedidas em seus empregos, suas ambições serão mais fortes do que nunca. Não há nenhum ponto a partir do qual possam descansar, sentindo que estão completamente satisfeitas com o que já fizeram.

    Podemos pensar que, ao menos, as pessoas que levam uma vida simples no campo devem estar satisfeitas, mas, se olharmos para sua situação, vamos perceber que mesmo os agricultores procuram mas não encontram o que desejam. As suas vidas estão cheias de problemas e ansiedades e eles não desfrutam de paz e satisfação verdadeiras. O sustento deles depende de muitos fatores incertos que estão além de seu controle, como o clima. Os agricultores não têm maior liberdade perante o descontentamento do que um homem de negócios que vive e trabalha na cidade. Homens de negócio parecem elegantes e eficientes quando saem a cada manhã para trabalhar, carregando suas pastas, mas, embora pareçam tão confiantes na aparência, em seus corações eles carregam muitas insatisfações. Eles ainda estão procurando, mas nunca encontram o que desejam.

Se refletirmos sobre essa situação, podemos chegar à conclusão de que encontraremos o que procuramos se abandonarmos todas as nossas posses. Podemos ver, no entanto, que mesmo as pessoas pobres estão à procura, mas não encontram o que buscam, e muitas pessoas pobres têm dificuldade em obter até as necessidades mais básicas da vida: milhões de pessoas no mundo vivenciam os sofrimentos da pobreza extrema.

Não podemos evitar o sofrimento da insatisfação mudando frequentemente a nossa situação. Podemos pensar que, se conseguirmos continuamente um novo companheiro, um novo emprego ou se ficarmos viajando por aí, encontraremos finalmente o que queremos; mas, mesmo se viajássemos para todas as partes do planeta e tivéssemos um novo amante em cada cidade, ainda assim continuaríamos à procura de um outro lugar e de um outro amante. No samsara não existe verdadeira satisfação dos nossos desejos.

Sempre que virmos qualquer pessoa numa posição elevada ou inferior, seja homem ou mulher, essas pessoas diferem apenas na aparência, roupas, comportamento e status. Em essência, todos são iguais – todos vivenciam problemas em suas vidas. Sempre que temos um problema, é fácil pensar que ele é causado por nossas circunstâncias particulares e que, se mudássemos as circunstâncias, nossos problemas desapareceriam. Acusamos as outras pessoas, os nossos amigos, a nossa comida, o governo, a nossa época, o tempo, a sociedade, a história e assim por diante. No entanto, circunstâncias exteriores como essas não são as principais causas dos nossos problemas. Precisamos reconhecer que todo sofrimento físico e dor mental que experienciamos são a consequência de termos tido um renascimento contaminado pelo veneno interior das delusões. Seres humanos têm de vivenciar diversos tipos de sofrimento humano porque tiveram um renascimento contaminado humano; os animais têm de vivenciar sofrimento animal porque tiveram um renascimento contaminado animal; e fantasmas famintos e seres-do-inferno têm de vivenciar seus próprios sofrimentos porque tiveram um renascimento contaminado como fantasmas famintos ou seres-do-inferno. Mesmo os deuses não estão livres do sofrimento porque eles também tiveram um renascimento contaminado. Assim como uma pessoa presa num violento incêndio desenvolve um medo intenso, devemos desenvolver um medo intenso dos sofrimentos insuportáveis do ciclo sem-fim de vida impura. Esse medo é a verdadeira renúncia e surge da nossa sabedoria.

O OBJETO DESTA MEDITAÇÃO

O objeto desta meditação é a nossa determinação de nos libertar permanentemente dos sofrimentos desta vida e das incontáveis vidas futuras. Essa determinação é renúncia. Devemos aprender a desenvolver essa determinação por meio de contemplar a explicação acima sobre o propósito desta meditação. Quando, por essa contemplação, surgir em nosso coração a firme determinação de nos libertarmos permanentemente dos sofrimentos desta vida e das incontáveis vidas futuras, teremos encontrado o objeto desta meditação.

A MEDITAÇÃO PROPRIAMENTE DITA

Do fundo do nosso coração, devemos pensar:

> *Não há benefício algum em negar os sofrimentos das vidas futuras; quando eles realmente caírem sobre mim, será tarde demais para me proteger deles. Portanto, preciso,*

agora e definitivamente, preparar uma proteção para mim, enquanto tenho esta vida humana que me dá a oportunidade de me libertar permanentemente dos sofrimentos das minhas incontáveis vidas futuras. Se eu não aplicar esforço para realizar isso, mas permitir que a minha vida humana se torne vazia de sentido, não haverá maior engano nem maior loucura. Preciso aplicar esforço agora para me libertar permanentemente dos sofrimentos das minhas incontáveis vidas futuras.

Retemos firmemente essa determinação e permanecemos estritamente focados nela, pelo maior tempo possível. Devemos praticar continuamente essa meditação até desenvolvermos o desejo espontâneo de nos libertarmos permanentemente dos sofrimentos das incontáveis vidas futuras. Essa é a verdadeira realização da renúncia. No momento em que desenvolvermos essa realização, ingressaremos no caminho da libertação. Neste contexto, libertação refere-se à suprema paz mental permanente, conhecida como "nirvana", que nos dá felicidade pura e duradoura.

MEDITAÇÃO SOBRE NOSSA DETERMINAÇÃO DE RECONHECER, REDUZIR E ABANDONAR NOSSA IGNORÂNCIA DO AGARRAMENTO AO EM-SI, A RAIZ DO RENASCIMENTO SAMSÁRICO

O PROPÓSITO DESTA MEDITAÇÃO

O propósito desta meditação é realizar o objetivo de nossa renúncia. No Sutra das Quatro Nobres Verdades, Buda diz: "Deves abandonar as origens". Ao dizer isso, Buda está nos aconselhando a abandonar as origens caso desejemos nos libertar permanentemente dos sofrimentos das nossas incontáveis vidas futuras. "Origens" significam as nossas delusões, principalmente a delusão do agarramento ao em-si. O agarramento ao em-si é chamado de "origem" porque ele é a fonte de todo o nosso sofrimento e problemas, e também é conhecido como o "demônio interior". As delusões são percepções errôneas que atuam destruindo a nossa paz mental, a fonte de felicidade; elas não têm outra função que não seja nos prejudicar. As delusões, como o agarramento ao em-si, habitam em nosso coração e continuamente nos prejudicam dia e noite sem descanso, destruindo a nossa paz mental. No samsara, o ciclo de vida impura, ninguém tem a chance de experienciar verdadeira felicidade porque sua paz mental, a fonte de felicidade, está continuamente sendo destruída pelo demônio interior do agarramento ao em-si.

A nossa ignorância do agarramento ao em-si é uma mente que acredita equivocadamente que o nosso self, o nosso corpo e todas as outras coisas que normalmente vemos existem verdadeiramente. Por causa dessa ignorância, desenvolvemos apego pelas coisas de que gostamos e raiva pelas coisas de que não gostamos. Então, fazemos diversos tipos de ações não virtuosas e, como resultado dessas ações, vivenciamos diversos tipos de sofrimentos e problemas nesta vida e vida após vida.

A ignorância do agarramento ao em-si é um veneno interior que causa um prejuízo muito maior do que qualquer outro veneno. Por estar poluída por esse veneno interior, a nossa mente vê tudo de modo equivocado e, como resultado, vivenciamos sofrimentos e problemas parecidos com alucinações. Em verdade, o nosso self, o nosso corpo e todas as outras coisas que normalmente vemos não existem. O agarramento ao em-si pode ser comparado a uma árvore venenosa, todas as outras delusões a seus galhos, e todo o nosso sofrimento e problemas a seus frutos; ele é a verdadeira origem de todas as demais delusões e de todo o nosso sofrimento e problemas. Podemos entender por meio dessa explicação que, se abandonarmos permanentemente nosso agarramento ao em-si, todos os nossos sofrimentos e problemas desta vida e das incontáveis vidas futuras irão cessar permanentemente. O grande iogue Saraha disse: "Se a tua mente for libertada permanentemente do agarramento ao em-si, não há dúvida alguma de que serás liberto permanentemente do sofrimento".

O OBJETO DESTA MEDITAÇÃO

O objeto desta meditação é a nossa determinação de abandonar nossa ignorância do agarramento ao em-si. Devemos aprender a desenvolver essa determinação por meio de contemplar a explicação acima sobre o propósito desta meditação. Quando, por essa contemplação, surgir em nosso coração a firme determinação de abandonar nossa ignorância do agarramento ao em-si, teremos encontrado o objeto desta meditação.

A MEDITAÇÃO PROPRIAMENTE DITA

Do fundo do nosso coração, devemos pensar:

Já que desejo me libertar permanentemente de todos os sofrimentos desta vida e das incontáveis vidas futuras, devo aplicar grande esforço em reconhecer, reduzir e, por fim, abandonar totalmente minha ignorância do agarramento ao em-si.

Retemos firmemente essa determinação e permanecemos estritamente focados nela, pelo maior tempo possível. Devemos praticar continuamente essa meditação e colocar nossa determinação em prática.

MEDITAÇÃO SOBRE NOSSA DETERMINAÇÃO DE INGRESSAR E FAZER PROGRESSO NO CAMINHO À LIBERTAÇÃO

O PROPÓSITO DESTA MEDITAÇÃO

O propósito desta meditação é nos incentivarmos a nos empenhar no caminho à libertação propriamente dito – os três treinos superiores. No Sutra das Quatro Nobres Verdades, Buda diz: "Deves praticar o caminho". Neste contexto, "caminho" não significa um caminho exterior que conduz de um lugar a outro, mas um caminho interior, uma realização espiritual que nos conduz à felicidade pura da libertação e da iluminação.

A prática das etapas do caminho à libertação pode ser condensada nos três treinos superiores: treino em disciplina moral superior, treino em concentração superior e treino em sabedoria superior. Esses treinos são chamados de "superiores" porque são motivados por renúncia. Eles são, portanto, o verdadeiro caminho à libertação que precisamos praticar.

A natureza da disciplina moral é a determinação virtuosa de abandonar ações inadequadas. Quando praticamos disciplina moral, nós abandonamos as ações inadequadas, mantemos um comportamento puro e fazemos toda ação corretamente, com uma motivação pura. A disciplina moral é muito importante para todos, porque ela evita problemas futuros para nós e para os outros. Ela nos torna puros porque torna nossas ações puras. Precisamos ser limpos e puros; ter um corpo limpo, apenas, não é suficiente, pois o nosso corpo não é o nosso self. Disciplina moral é como um vasto solo que sustenta e nutre o cultivo das realizações espirituais. Sem praticar disciplina moral, é muito difícil fazer progresso no treino espiritual. Treinar em disciplina moral superior é aprender a tornar-se profundamente familiarizado com a prática de disciplina moral motivada por renúncia.

O segundo treino superior é treinar em concentração superior. Nessa prática, a natureza da concentração é ser uma mente virtuosa estritamente focada. Enquanto mantivermos essa mente, experienciaremos paz mental e, consequentemente, seremos felizes. Quando praticamos concentração, impedimos distrações e nos concentramos em objetos virtuosos. É muito importante treinar concentração, pois, com distrações, não conseguimos realizar nada. Treinar em concentração superior é, com a motivação de renúncia, aprender a nos tornarmos profundamente familiarizados com a habilidade de parar as distrações e de nos concentrarmos em objetos virtuosos. Com relação a qualquer prática de Dharma, se a nossa concentração for clara e forte será muito fácil fazer progressos. Normalmente, distração é o principal obstáculo a nossa prática de Dharma. A prática de disciplina moral impede as distrações densas, e a concentração impede as distrações sutis; juntas, elas produzem resultados rápidos em nossa prática de Dharma.

O terceiro treino superior é treinar em sabedoria superior. A natureza da sabedoria é ser uma mente inteligente virtuosa que atua compreendendo objetos significativos, como a existência de vidas passadas e futuras, o carma e a vacuidade. Este capítulo apresenta muitas práticas meditativas diferentes. Os objetos de todas essas meditações são objetos significativos. Compreender esses objetos dá grande significado a esta vida e às incontáveis vidas futuras. Muitas pessoas são muito inteligentes em destruir seus inimigos, cuidar de suas famílias, encontrar aquilo de que necessitam e assim por diante, mas isso não é sabedoria. Até os animais têm uma inteligência assim. A inteligência mundana é enganosa, ao passo que a sabedoria nunca irá nos desapontar. Ela é o nosso Guia Espiritual interior que nos conduz aos caminhos corretos, e é o olho divino através do qual podemos ver as vidas passadas e futuras e a conexão especial entre as nossas ações em vidas passadas e as nossas experiências nesta vida, conhecida como "carma". O carma é um assunto muito extenso e sutil e somente podemos compreendê-lo através de sabedoria. Treinar em sabedoria superior é aprender a desenvolver e aumentar nossa sabedoria que realiza a vacuidade por meio de contemplar e meditar sobre a vacuidade, com a motivação de renúncia. Essa sabedoria é extremamente profunda. O seu objeto, a vacuidade, não é o nada, a inexistência; ao contrário, o seu objeto, a vacuidade, é a verdadeira natureza de todos os fenômenos. Uma explicação detalhada sobre a vacuidade é dada no livro *Budismo Moderno*, no capítulo intitulado *Treinar a Bodhichitta Última*.

Os três treinos superiores são o método verdadeiro para obter a libertação permanente do sofrimento desta vida e das incontáveis vidas futuras. Isso pode ser compreendido com a seguinte analogia. Quando cortamos uma árvore usando uma serra, a serra sozinha não pode cortar a árvore sem que usemos nossas mãos, que, por sua vez, dependem do nosso corpo. Treinar em disciplina moral superior é como o nosso corpo, treinar em concentração superior é como nossas mãos e treinar em sabedoria superior é como a serra. Usando os três juntos, podemos cortar a árvore venenosa da nossa ignorância do agarramento ao em-si e, automaticamente, todas as outras delusões (seus galhos) e todos os nossos sofrimentos e problemas (seus frutos) cessarão por completo. Então, teremos obtido a cessação permanente do sofrimento desta vida e das vidas futuras – a suprema paz mental permanente conhecida como "nirvana", ou libertação. Teremos solucionado todos os nossos problemas humanos e realizado o verdadeiro sentido da nossa vida.

O OBJETO DESTA MEDITAÇÃO

O objeto desta meditação é a nossa determinação de praticar os três treinos superiores. Devemos aprender a desenvolver essa determinação por meio de contemplar a explicação acima sobre o propósito desta meditação. Quando, por essa contemplação, surgir em nosso coração a firme determinação de praticar os três treinos superiores, teremos encontrado o objeto desta meditação.

A MEDITAÇÃO PROPRIAMENTE DITA

Do fundo do nosso coração, devemos pensar:

> *Já que os três treinos superiores são o método verdadeiro para obter a libertação permanente do sofrimento desta vida e das incontáveis vidas futuras, eu preciso aplicar grande esforço em praticá-los.*

Retemos firmemente essa determinação e permanecemos estritamente focados nela, pelo maior tempo possível. Devemos praticar continuamente essa meditação e colocar nossa determinação em prática.

MEDITAÇÃO SOBRE A VERDADE ÚLTIMA DA CESSAÇÃO

O PROPÓSITO DESTA MEDITAÇÃO

O propósito desta meditação é nos impedirmos de ficar satisfeitos com a cessação temporária de sofrimentos específicos, o que é enganoso. No Sutra das Quatro Nobres Verdades, Buda diz: "Deves alcançar as cessações". Neste contexto, "cessação" significa a cessação permanente do sofrimento e de sua raiz, a ignorância do agarramento ao em-si. Ao dizer isso, Buda nos aconselha a não ficarmos satisfeitos com uma libertação temporária de sofrimentos específicos, mas que tenhamos a intenção de realizar a meta máxima da vida humana, a suprema paz mental permanente (nirvana) e a felicidade pura e eterna da iluminação.

Todo ser vivo, sem exceção, tem de vivenciar o ciclo de sofrimentos da doença, envelhecimento, morte e renascimento, vida após vida, sem-fim. Seguindo o exemplo de Buda, devemos desenvolver forte renúncia por esse ciclo sem-fim. Quando vivia no palácio com sua família, Buda observou como o seu povo estava constantemente experienciando esses sofrimentos e tomou a forte determinação de obter a iluminação, a grande libertação, e conduzir cada ser vivo a esse estado.

Buda não nos estimula a abandonar as atividades diárias que proporcionam as condições necessárias para viver ou aquelas que evitam a pobreza, os problemas ambientais, doenças específicas e assim por diante. No entanto, não importa o quanto sejamos bem sucedidos nessas atividades, nunca alcançaremos a cessação permanente de problemas desse tipo. Teremos ainda de vivenciá-los em nossas incontáveis vidas futuras e, mesmo nesta vida, embora trabalhemos arduamente para evitar esses problemas, os sofrimentos da pobreza, poluição ambiental e doença estão aumentando em todo o mundo. Além disso, por causa do poder da tecnologia moderna, muitos perigos graves estão a se desenvolver agora no mundo, perigos que nunca haviam sido experienciados anteriormente. Portanto, não devemos ficar satisfeitos com uma mera libertação temporária de problemas específicos, mas aplicar grande esforço em obter liberdade permanente enquanto temos essa oportunidade.

Devemos nos lembrar da preciosidade da nossa vida humana. Por exemplo, aqueles que tiveram um renascimento como animais, ocasionado pelas suas visões deludidas que negavam o valor da prática espiritual – o que constitui a única base para uma vida significativa –, não têm agora nenhuma chance de se envolverem numa prática espiritual. Já que para eles é impossível ouvir, entender, contemplar e meditar nas instruções espirituais, o seu renascimento atual como um animal é, em si mesmo, um obstáculo. Como foi mencionado anteriormente, somente os seres humanos estão livres de tais obstáculos e têm todas as condições necessárias para se comprometerem com caminhos espirituais, os únicos caminhos que conduzem à paz e felicidade duradouras. Essa combinação de liberdade e de posse de condições necessárias é a característica especial que torna a nossa vida humana tão preciosa.

O OBJETO DESTA MEDITAÇÃO

O objeto desta meditação é a nossa determinação de realizar a verdade última da cessação, a suprema paz interior do nirvana, por meio de nossa própria experiência. Devemos aprender a desenvolver essa determinação por meio de contemplar a explicação acima sobre o propósito desta meditação. Quando, por essa contemplação, surgir em nosso coração a firme determinação de realizar a verdade última da cessação, a suprema paz interior do nirvana, por meio de nossa própria experiência, teremos encontrado o objeto desta meditação.

A MEDITAÇÃO PROPRIAMENTE DITA

Do fundo do nosso coração, devemos pensar:

Eu não devo ficar satisfeito com uma mera cessação temporária de sofrimentos específicos, que até mesmo os animais podem experienciar. Eu preciso realizar a verdade última da cessação, a suprema paz interior do nirvana, por meio de minha própria experiência.

Retemos firmemente essa determinação e permanecemos estritamente focados nela, pelo maior tempo possível. Devemos praticar continuamente essa meditação e colocar nossa determinação em prática.

MEDITAÇÃO DE UMA PESSOA DE GRANDE ESCOPO

Existem cinco meditações de uma pessoa de grande escopo. Essas meditações são:

1. Meditação sobre apreciar todos os seres vivos;
2. Meditação sobre compaixão universal;
3. Meditação sobre o supremo bom coração – a bodhichitta;
4. Meditação sobre nossa determinação e promessa de praticar sinceramente as seis perfeições;
5. Meditação sobre treinar percebedores diretos ióguicos.

MEDITAÇÃO SOBRE APRECIAR TODOS OS SERES VIVOS

O PROPÓSITO DESTA MEDITAÇÃO

O propósito desta meditação é desenvolver compaixão universal – a compaixão por todos os seres vivos. Devemos saber que aprender a apreciar os outros é a melhor solução para os nossos problemas diários e é a fonte de toda a nossa felicidade e boa fortuna futuras. Acreditamos que o nosso self que normalmente vemos ou percebemos é muito importante e que sua felicidade e liberdade são da maior relevância, e negligenciamos a felicidade e a liberdade dos outros. Essa crença é ignorância porque nosso self que normalmente vemos ou percebemos não existe de fato. Se procurarmos com sabedoria por nosso self que normalmente vemos ou percebemos, ele desaparecerá.

Isso prova que ele não existe de modo algum. Portanto, nossa visão normal – que acredita que nosso self é importante, mas os outros não – é a ignorância do autoapreço. Por causa dessa ignorância, temos desperdiçado, sem sentido algum, incontáveis vidas passadas. Não trouxemos nada de nossas vidas passadas – somente sofrimento e ignorância. O mesmo irá acontecer em nossas vidas futuras. Em verdade, a felicidade e a liberdade dos outros são mais importantes que nossa própria felicidade e liberdade porque nós somos apenas uma única pessoa, mas os outros são incontáveis. Precisamos acreditar que a felicidade e a liberdade de todos os outros seres vivos são mais importantes que nossa própria felicidade e liberdade.

O OBJETO DESTA MEDITAÇÃO

O objeto desta meditação é a crença de que a felicidade e a liberdade de todos os outros seres vivos são mais importantes que a nossa própria felicidade e liberdade. Devemos aprender a desenvolver essa crença por meio de contemplar a explicação acima sobre o propósito desta meditação. Quando, por essa contemplação, surgir em nosso coração a forte crença de que a felicidade e a liberdade de todos os outros seres vivos são mais importantes que a nossa própria felicidade e liberdade, teremos encontrado o objeto desta meditação.

A MEDITAÇÃO PROPRIAMENTE DITA

Do fundo do nosso coração, devemos pensar:

> *Assim como todos os Budas das dez direções mudaram o objeto de seu apreço – do apreço que tinham por si mesmos para o apreço por todos os seres vivos – e, como resultado, conquistaram a suprema felicidade da iluminação, eu também preciso fazer o mesmo. Pensando desse modo, geramos a crença de que a felicidade e a liberdade de todos os outros seres vivos são mais importantes que a nossa própria felicidade e liberdade.*

Retemos firmemente essa visão e permanecemos estritamente focados nela, pelo maior tempo possível. Devemos praticar continuamente essa meditação até desenvolvermos a crença espontânea de que a felicidade e a liberdade de todos os outros seres vivos são mais importantes que a nossa própria felicidade e liberdade. Essa crença espontânea é a realização propriamente dita de apreciar todos os seres vivos.

MEDITAÇÃO SOBRE COMPAIXÃO UNIVERSAL

O PROPÓSITO DESTA MEDITAÇÃO

O propósito desta meditação é desenvolver a bodhichitta – o desejo de se tornar um ser iluminado para libertar todos os seres vivos. Todos os Budas anteriores nasceram da mãe compaixão universal. Devemos seguir o exemplo deles e aplicar esforço para gerar compaixão por todos os seres vivos, sem exceção. Quanto mais nossa compaixão por todos os seres vivos aumentar, estaremos cada vez mais próximos de alcançar a iluminação. A razão para isso é que nossa compaixão por todos os seres vivos torna a nossa mente e as nossas ações mais e mais puras; e quando, por meio disso, nossa mente e nossas ações se tornarem totalmente puras, iremos nos tornar um ser iluminado.

Compaixão universal é uma mente que sinceramente deseja libertar, de modo permanente, todos os seres vivos do sofrimento. Se, com base no apreço por todos os seres vivos, contemplarmos o fato de que estão vivenciando vida após vida, sem-fim, o ciclo de sofrimento físico e dor mental, sua inabilidade para se libertarem a si próprios do sofrimento, sua carência de liberdade, e o modo como criam as causas de sofrimento futuro ao se envolverem em ações negativas, desenvolveremos profunda compaixão por eles. Precisamos ter empatia por eles e sentir suas dores de modo tão intenso como se fossem nossas próprias dores.

Ninguém quer sofrer, mas, devido à ignorância, os seres vivos criam sofrimento ao executarem ações não virtuosas. Portanto, devemos sentir compaixão por todos os seres vivos igualmente, sem exceção. Não existe um único ser vivo que não seja um objeto adequado de nossa compaixão.

Todos os seres vivos sofrem porque tiveram renascimentos contaminados. Os seres humanos não têm escolha a não ser vivenciar imensos sofrimentos humanos porque tiveram um renascimento humano, que é contaminado pelo veneno interior das delusões, ou aflições mentais. De modo semelhante, os animais têm de vivenciar sofrimento animal e fantasmas famintos e seres-do-inferno têm de vivenciar todos os sofrimentos dos seus respectivos reinos. Se os seres vivos tivessem de experienciar todo esse sofrimento por apenas uma única vida, isso não seria tão mau, mas o ciclo de sofrimento continua vida após vida, sem-fim.

Para desenvolver renúncia contemplamos, anteriormente, como em nossas incontáveis vidas futuras teremos de vivenciar o insuportável sofrimento dos animais, fantasmas famintos, seres-do-inferno, humanos, semideuses e deuses. Agora, neste ponto, para desenvolver compaixão por todos os seres vivos, que são as nossas mães, contemplamos como, em suas incontáveis vidas futuras, eles terão de vivenciar os insuportáveis sofrimentos dos animais, fantasmas famintos, seres-do-inferno, humanos, semideuses e deuses.

O OBJETO DESTA MEDITAÇÃO

O objeto desta meditação é a nossa determinação de libertar permanentemente todos os seres vivos do sofrimento. Devemos aprender a desenvolver essa determinação por meio de contemplar a explicação acima sobre o propósito desta meditação. Quando, por essa contemplação, surgir em nosso coração a firme determinação de libertar permanentemente todos os seres vivos do sofrimento, teremos encontrado o objeto desta meditação.

A MEDITAÇÃO PROPRIAMENTE DITA

Do fundo do nosso coração, devemos pensar:

Eu não posso suportar o sofrimento desses incontáveis seres-mães. Afogando-se no vasto e profundo oceano do samsara, o ciclo de renascimento contaminado, eles têm de experienciar insuportável sofrimento físico e dor mental nesta vida e nas incontáveis vidas futuras. Preciso libertar permanentemente todos os seres vivos dos seus sofrimentos.

Retemos firmemente essa determinação e permanecemos estritamente focados nela, pelo maior tempo possível. Devemos praticar continuamente essa meditação até mantermos essa determinação dia e noite em nosso coração, sem jamais esquecê-la. Essa determinação é a realização da compaixão universal.

MEDITAÇÃO SOBRE O SUPREMO BOM CORAÇÃO – A BODHICHITTA

O PROPÓSITO DESTA MEDITAÇÃO

O propósito desta meditação é nos empenharmos no caminho do Bodhisattva – o caminho propriamente dito à iluminação. Bodhichitta é um veículo interior que possui seis rodas – as seis perfeições. "*Bodhi*" significa iluminação, e "*chitta*" significa mente. Bodhichitta é uma mente que espontaneamente deseja alcançar a iluminação para beneficiar todos e cada um dos seres vivos, todos os dias. No momento em que desenvolvermos a bodhichitta, iremos nos tornar um Bodhisattva – uma pessoa que deseja espontaneamente alcançar a iluminação para o benefício de todos os seres vivos. Inicialmente, seremos um Bodhisattva no Caminho da Acumulação. Então, prosseguindo pelo caminho da iluminação com o veículo da bodhichitta, podemos progredir avançando de um Bodhisattva no Caminho da Acumulação para um Bodhisattva no Caminho da Preparação, para um Bodhisattva no Caminho da Visão e, então, para um Bodhisattva no Caminho da Meditação. Desse ponto, alcançaremos o Caminho do Não-Mais-Aprender, que é o estado da iluminação propriamente dito. Como já foi mencionado, a iluminação é a luz interior de sabedoria que é permanentemente livre de todas as aparências equivocadas e que atua concedendo paz mental para todos e cada um dos seres vivos, todos os dias – essa é a função da iluminação. Quando obtivermos a iluminação de um Buda, seremos capazes de beneficiar todos e cada um dos seres vivos diretamente, concedendo-lhes bênçãos e por meio de nossas incontáveis emanações.

Nos ensinamentos de Sutra, Buda diz:

Nesta vida impura do samsara
Ninguém experiencia verdadeira felicidade;
As ações que eles executam
Sempre serão causas de sofrimento.

A felicidade que normalmente experienciamos por termos boas condições, como uma boa reputação, uma boa posição social ou econômica, um bom trabalho, um bom relacionamento, por vermos formas atraentes, por ouvirmos boas notícias ou uma música bonita, comer, beber e pelo sexo, não é felicidade verdadeira, mas sofrimento-que-muda – uma redução do nosso sofrimento anterior. Por causa da ignorância, contudo, acreditamos que somente essas coisas trazem felicidade e, por isso, nunca desejamos obter verdadeira felicidade, a felicidade pura e duradoura da libertação e da iluminação, nem sequer em nosso próprio benefício. Estamos sempre buscando felicidade nesta vida impura do samsara, como o ladrão que procurava por ouro na caverna vazia de Milarepa e que nada encontrava. O grande iogue Milarepa ouviu o ladrão vasculhando sua caverna uma noite e desafiou-o, exclamando: "Como esperas encontrar algo valioso aqui, à noite, quando eu não consigo encontrar nada de valor aqui durante o dia?".

Quando, por meio de treino, desenvolvemos a preciosa mente de iluminação, a bodhichitta, espontaneamente pensamos:

Que maravilhoso seria se eu e todos os seres vivos alcançássemos felicidade verdadeira, a felicidade pura e duradoura da iluminação! Que nós possamos alcançar essa felicidade. Eu mesmo vou trabalhar para esse objetivo.

Precisamos ter essa preciosa mente de bodhichitta em nosso coração. Ela é o nosso Guia Espiritual interior, que nos conduz diretamente ao estado da suprema felicidade da iluminação; e ela é a verdadeira joia-que-satisfaz-os-desejos, por meio da qual podemos satisfazer nossos próprios desejos e os dos outros. Não existe intenção mais benéfica do que a dessa mente preciosa.

O OBJETO DESTA MEDITAÇÃO

O objeto desta meditação é a nossa determinação de alcançar a iluminação para beneficiar todos e cada um dos seres vivos, todos os dias. Devemos aprender a desenvolver essa determinação por meio de contemplar a explicação acima sobre o propósito desta meditação. Quando, por essa contemplação, surgir em nosso coração a firme determinação de alcançar a iluminação para beneficiar todos e cada um dos seres vivos todos os dias, teremos encontrado o objeto desta meditação.

A MEDITAÇÃO PROPRIAMENTE DITA

Do fundo do nosso coração, devemos pensar:

Eu sou uma única pessoa, mas os outros seres vivos são incontáveis e eles são minhas bondosas mães. Esses incontáveis seres-mães têm de experienciar sofrimento físico e dor mental insuportáveis, nesta vida e em suas incontáveis vidas futuras. O meu próprio sofrimento é insignificante quando comparado com o sofrimento desses incontáveis seres vivos. Eu preciso libertar todos os seres vivos permanentemente do sofrimento e, para esse propósito, preciso realizar a iluminação de um Buda.

Retemos firmemente essa determinação e permanecemos estritamente focados nela, pelo maior tempo possível. Devemos praticar continuamente essa meditação até desenvolvermos o desejo espontâneo de alcançar a iluminação para beneficiar todos e cada um dos seres vivos, todos os dias – isso é a realização propriamente dita da bodhichitta.

MEDITAÇÃO SOBRE NOSSA DETERMINAÇÃO E PROMESSA DE PRATICAR SINCERAMENTE AS SEIS PERFEIÇÕES

O PROPÓSITO DESTA MEDITAÇÃO

O propósito desta meditação é alcançar diretamente o estado da iluminação. As seis perfeições são o verdadeiro caminho à iluminação, e elas também são o caminho da bodhichitta e o caminho do Bodhisattva. Percorrendo esse caminho com o veículo da bodhichitta, com absoluta certeza alcançaremos o estado da iluminação. O desejo da nossa bodhichitta é alcançar a iluminação para beneficiar diretamente todos e cada um dos seres vivos. Para satisfazer esse desejo, devemos prometer, diante de nosso Guia Espiritual ou de uma imagem de Buda percebida como um Buda vivo, ingressar no caminho, ou treino, do Bodhisattva, enquanto recitamos três vezes a seguinte prece ritual. Essa promessa é o voto do Bodhisattva.

> Assim como todos os anteriores *Sugatas*, os Budas,
> Geraram a bodhichitta, a mente de iluminação,
> E concluíram todas as etapas
> Do treino do Bodhisattva,
>
> Também eu, para o benefício de todos os seres,
> Vou gerar a mente de iluminação
> E concluir todas as etapas
> Do treino de um Bodhisattva.

MEDITAÇÃO

Quando tomamos o voto do Bodhisattva, estamos nos comprometendo a ingressar e a nos empenhar no caminho à iluminação, ou seja, o treino de um Bodhisattva, que é a prática das seis perfeições. Normalmente, quando começamos num emprego, comprometemo-nos a satisfazer os desejos do nosso empregador; caso contrário, rapidamente perderemos o nosso emprego. Do mesmo modo, tendo gerado a bodhichitta – a determinação de realizar a iluminação para beneficiar diretamente todos e cada um dos seres vivos – precisamos nos comprometer a praticar as seis perfeições. Se não assumirmos esse compromisso, tomando o voto do Bodhisattva, perderemos nossa oportunidade de realizar a iluminação. Contemplando isso, devemos nos encorajar a tomar o voto do Bodhisattva e praticar sinceramente as seis perfeições.

As seis perfeições são as práticas de dar, disciplina moral, paciência, esforço, concentração e sabedoria, motivadas por bodhichitta. Devemos reconhecer que as seis perfeições são a nossa prática diária.

Praticando o dar, devemos: (1) dar ajuda material aos que estão na pobreza, incluindo dar comida aos animais; (2) dar ajuda prática aos doentes ou fisicamente debilitados; (3) dar proteção, sempre tentando salvar a vida dos outros, incluindo os insetos; (4) dar amor, aprendendo a apreciar todos os seres vivos, acreditando sempre que a felicidade e a liberdade deles são importantes; (5) dar Dharma, ajudando os outros a solucionarem seus problemas de raiva, apego e ignorância com ensinamentos de Dharma ou conselhos significativos.

Na prática de disciplina moral, devemos abandonar quaisquer ações inadequadas, incluindo as que causam sofrimento aos outros. Devemos abandonar, especialmente, a quebra dos nossos compromissos do voto do Bodhisattva. Esse é o fundamento básico sobre o qual podemos fazer progressos no caminho do Bodhisattva. Fazendo isso, as nossas ações de corpo, fala e mente serão puras e iremos nos tornar um ser puro.

Na prática de paciência, nunca devemos permitir que fiquemos com raiva ou desencorajados, mas devemos aceitar temporariamente quaisquer dificuldades ou prejuízos vindos dos outros. Quando praticamos paciência, estamos vestindo a suprema armadura interior que nos protege diretamente de sofrimentos físicos, dor mental e outros problemas. A raiva destrói nosso mérito, ou boa fortuna, fazendo-nos experienciar continuamente muitos obstáculos, e, devido à carência de boa fortuna, será difícil satisfazer nossos desejos, em especial as nossas metas espirituais. Não existe mal maior do que a raiva. Com a prática da paciência, podemos alcançar qualquer meta espiritual; não existe virtude maior do que a paciência.

Na prática de esforço, devemos confiar em esforço irreversível para acumular as grandes coleções de mérito e de sabedoria, que são as principais causas para se obter o Corpo-Forma (*Rupakaya*) e o Corpo-Verdade (*Dharmakaya*) de um Buda. Devemos enfatizar, especialmente, a contemplação e a meditação na vacuidade, o modo como as coisas realmente são. Fazendo isso, podemos facilmente fazer progressos no caminho à iluminação. Com esforço, podemos conquistar qualquer meta, enquanto que, com preguiça, não conseguimos obter resultado algum.

Na prática de concentração, devemos enfatizar, nesta etapa, a aquisição da concentração do tranquilo-permanecer que observa a vacuidade. Uma explicação sobre isso pode ser encontrada no livro *Budismo Moderno*, na seção *Um Treino Simples em Bodhichitta Última*. Quando, pelo poder dessa concentração, experienciarmos uma sabedoria especial denominada "visão superior", que realiza a vacuidade de todos os fenômenos muito claramente, teremos progredido passando de um Bodhisattva do Caminho da Acumulação para sermos um Bodhisattva do Caminho da Preparação.

Na prática da sabedoria, precisamos enfatizar, nesta etapa, o aumento do poder da nossa sabedoria da visão superior, meditando continuamente na vacuidade de todos os fenômenos com a motivação de bodhichitta. Por meio disso, quando a nossa visão superior se transformar no Caminho da Visão, que é a realização direta da vacuidade de todos os fenômenos, teremos progredido passando de um Bodhisattva do Caminho da Preparação para sermos um Bodhisattva do Caminho da Visão. No momento em que alcançarmos o Caminho da Visão, seremos um Bodhisattva superior e não mais experienciaremos os sofrimentos do samsara. Mesmo se alguém cortasse nosso corpo, pedaço por pedaço, com uma faca, não sentiríamos dor devido à realização direta do modo como as coisas realmente existem.

Tendo completado o Caminho da Visão, para continuarmos fazendo progressos precisamos nos empenhar continuamente na meditação sobre a vacuidade de todos os fenômenos, com a motivação de bodhichitta. Essa meditação é denominada "Caminho da Meditação". Quando alcançarmos essa etapa, teremos progredido passando de um Bodhisattva do Caminho da Visão para sermos um Bodhisattva do Caminho da Meditação.

Quando, tendo completado o Caminho da Meditação, a nossa sabedoria do Caminho da Meditação houver se transformado na sabedoria onisciente que é permanentemente livre de todas as aparências equivocadas, essa sabedoria onisciente será denominada "Caminho do Não-Mais-Aprender". Essa sabedoria é a iluminação propriamente dita. Quando alcançarmos essa etapa, teremos progredido passando de um Bodhisattva do Caminho da Meditação para sermos um ser iluminado, um Buda. Teremos concluído o objetivo supremo dos seres vivos.

O treino inicial de um Bodhisattva para acumular mérito ou sabedoria é o Caminho da Acumulação do Bodhisattva; o treino de um Bodhisattva para acumular mérito ou sabedoria, que é a preparação para alcançar o Caminho da Visão, é o Caminho da Preparação do Bodhisattva; o treino do Bodhisattva que é a realização direta inicial da vacuidade é o Caminho da Visão do Bodhisattva. Após completar o Caminho da Visão, o treino do Bodhisattva em meditar continuamente na vacuidade é o Caminho da Meditação do Bodhisattva; e a sabedoria onisciente de Buda, que é conquistada pela conclusão de todos os treinos de Sutra e de Tantra, é o Caminho do Não-Mais-Aprender, o estado da iluminação.

O OBJETO DESTA MEDITAÇÃO

O objeto desta meditação é a nossa determinação e promessa de praticar sinceramente as seis perfeições. Devemos aprender a desenvolver essa determinação e promessa por meio de contemplar a explicação acima sobre o propósito desta meditação. Quando, por essa contemplação, surgir em nosso coração a firme determinação e promessa de praticar sinceramente as seis perfeições, teremos encontrado o objeto desta meditação.

A MEDITAÇÃO PROPRIAMENTE DITA

Do fundo do nosso coração, devemos pensar:

Assim como todos os Budas anteriores geraram a preciosa mente de bodhichitta e concluíram todas as etapas do caminho do Bodhisattva, eu também vou gerar, para o benefício de todos os seres vivos, a preciosa mente de bodhichitta e irei concluir todas as etapas do caminho do Bodhisattva, a prática das seis perfeições.

Retemos firmemente essa determinação e permanecemos estritamente focados nela, pelo maior tempo possível. Devemos praticar continuamente essa meditação até nossa determinação e promessa se tornarem imutáveis.

MEDITAÇÃO SOBRE TREINAR PERCEBEDORES DIRETOS IÓGUICOS

O PROPÓSITO DESTA MEDITAÇÃO

O propósito desta meditação é nos fazer progredir do estado de um ser comum para o de um grande iogue – um Bodhisattva superior. Quando nos tornarmos um Bodhisattva superior, estaremos libertos de ser prejudicados pelas delusões. Nossa realização de um percebedor direto ióguico destrói o poder das delusões. Por exemplo: os pavões, devido a seu carma, não sofrem dano quando comem plantas venenosas. Do mesmo modo, devido a sua realização de um percebedor direto ióguico, os Bodhisattvas superiores não sofrem dano do veneno interior das delusões. Assim, porque os Bodhisattvas superiores não têm obstruções densas à iluminação, eles alcançam a iluminação de modo fácil e alegre. Sempre que meditarmos na vacuidade com a intenção de transformar nossa mente em um percebedor direto ióguico, estaremos treinando percebedores diretos ióguicos.

No entanto, é muito importante conhecer corretamente o significado da vacuidade. A vacuidade é a mera ausência das coisas que normalmente vemos. Isso não é fácil de entender; portanto, precisamos de muita paciência. Em verdade, devido à falta de compreensão sobre a vacuidade, estamos vagando pelo samsara, o ciclo de sofrimento, e nunca estaremos libertos desse ciclo até que tenhamos um conhecimento direto da vacuidade com um percebedor direto ióguico. Por essa razão, não há dúvida de que precisamos aplicar esforço para compreender corretamente a vacuidade. Uma explicação simples é dada a seguir:

Por exemplo, normalmente vemos nosso corpo dentro de suas partes – as mãos, as costas e assim por diante; mas, nem as partes individuais tampouco a coleção das partes são o nosso corpo, porque elas são partes do nosso corpo – ou seja, elas não são o corpo ele próprio. No entanto, não existe "nosso corpo" além de suas partes. Ao procurarmos, com sabedoria, pelo nosso corpo desse modo, realizaremos que não é possível encontrar nosso corpo. Essa é uma razão válida para provar que o nosso corpo que normalmente vemos não existe de modo algum.

Da mesma maneira, normalmente vemos nosso self dentro do nosso corpo e mente; mas, nem o nosso corpo nem a nossa mente, e tampouco a coleção de nosso corpo e mente, são o nosso self, porque nosso corpo e nossa mente são nossas posses, e o nosso self é o possuidor – e o possuidor e as posses não podem ser o mesmo. No entanto, não existe "nosso self" além de nosso corpo e mente. Ao procurar, com sabedoria, por nosso self desse modo, realizaremos que não é possível encontrar nosso self. Essa é uma razão válida para provar que o nosso self que normalmente vemos não existe de modo algum.

Devemos aplicar esses raciocínios a todos os demais fenômenos, de modo que venhamos a compreender que todos os fenômenos que normalmente vemos ou percebemos não existem. Em conclusão, compreenderemos que o real significado da vacuidade é a mera ausência de todos os fenômenos que normalmente vemos ou percebemos.

Assim sendo, a questão é: se o nosso corpo que normalmente vemos não existe e não há um corpo outro do que este, por que experienciamos sofrimentos físicos, tais como os sofrimentos da doença?

Qual é a sua resposta? A minha resposta é esta: é verdade que o nosso corpo que normalmente vemos não existe e que não há um corpo outro, ou além, do que este; mas acreditamos equivocadamente que o nosso corpo que normalmente vemos existe de fato e, por causa disso, experienciamos sofrimentos físicos – os sofrimentos da doença, por exemplo – como uma alucinação, como uma aparência equivocada, semelhante a um sonho. Nos Sutras, Buda diz: "Deves saber que todos os fenômenos são semelhantes a sonhos". Normalmente, ao percebermos nosso corpo ou nossa mente, espontaneamente acreditamos e pensamos "isso sou eu". Essa crença é uma alucinação porque nem o nosso corpo tampouco a nossa mente são o nosso self. Do mesmo modo, quando o nosso corpo está doente, acreditamos e pensamos "eu estou doente", e quando nossa mente está infeliz, acreditamos e pensamos "eu estou infeliz". Todas essas crenças são alucinações porque nem o nosso corpo nem a nossa mente são o nosso self. Isso prova que todas as nossas experiências diárias de sofrimento e problemas não existem verdadeiramente:

elas são apenas alucinações – aparências equivocadas. Se realizarmos diretamente a verdadeira natureza de nosso corpo (a vacuidade de nosso corpo) essas alucinações irão desaparecer permanentemente e, então, não mais teremos qualquer sofrimento ou problemas.

Outra questão é: se os fenômenos que normalmente vemos ou percebemos não existem, de que modo então os fenômenos existem?

A resposta é: eles existem como mera aparência. Não há fenômenos além do que a mera aparência. Essa aparência e a vacuidade são não duais, o que significa que são uma única entidade. Se realizarmos diretamente a aparência e vacuidade não duais, nossa mente ficará permanentemente livre da aparência dual e da aparência equivocada e, por fim, iremos nos tornar um ser iluminado. Portanto, a aquisição da iluminação é muito simples! Tudo o que precisamos fazer é aplicar esforço para purificar nossa mente. Quando nossa mente se tornar completamente pura, perceberemos tudo como puro; não mais haverá qualquer aparência impura e aparência equivocada.

O OBJETO DESTA MEDITAÇÃO

O objeto desta meditação é a vacuidade de todos os fenômenos, a mera ausência de todos os fenômenos que normalmente vemos ou percebemos. Por contemplar a explicação acima sobre o propósito desta meditação, devemos aprender a perceber claramente a mera ausência de todos os fenômenos que normalmente vemos ou percebemos. Quando, por essa contemplação, surgir em nosso coração um firme conhecimento da mera ausência de todos os fenômenos que normalmente vemos ou percebemos, teremos encontrado o objeto desta meditação.

A MEDITAÇÃO PROPRIAMENTE DITA

Quando surgir em nosso coração um firme conhecimento da mera ausência de todos os fenômenos que normalmente vemos ou percebemos, concentramo-nos nessa mera ausência de todos os fenômenos que normalmente vemos ou percebemos, ao mesmo tempo em que retemos esse firme conhecimento em nosso coração, sem esquecê-lo. Permanecemos, então, estritamente focados na mera ausência de todos os fenômenos que normalmente vemos ou percebemos, pelo maior tempo possível. Devemos praticar continuamente essa meditação até que a nossa mente se transforme em um percebedor direto ióguico – uma realização direta da vacuidade. Quando alcançarmos essa realização, teremos solucionado todos os nossos problemas samsáricos e teremos a habilidade de beneficiar incontáveis seres vivos. Não há significado maior do que esse.

Em resumo, devemos saber que, por praticar o Dharma, podemos, nós todos, nos fazer felizes o tempo todo. Neste contexto, Dharma significa principalmente o ensinamento de Buda sobre a ausência do em-si, a vacuidade. A ausência do em-si significa que o nosso self e todos os demais fenômenos que normalmente vemos ou percebemos não existem. Je Tsongkhapa disse que já que o filho de uma mulher sem filhos não existe, os sofrimentos e problemas desse filho não podem existir. Do mesmo modo, já que nosso self que normalmente vemos não existe, seus sofrimentos e problemas não podem existir. Essa instrução nos ensina a seguinte prática profunda de Dharma.

    Primeiramente, desenvolvemos e mantemos o desejo sincero de libertar permanentemente a nós mesmos e a todos os seres vivos dos sofrimentos desta vida e das incontáveis vidas futuras – esse desejo é tanto renúncia quanto compaixão. Com essa motivação, contemplamos então o verdadeiro sentido das palavras de Je Tsongkhapa. Devemos compreender e pensar: "Já que o meu self que normalmente vejo não existe, seus sofrimentos e problemas não podem existir. No entanto, devido a minha ignorância que se agarra ao meu self que normalmente vejo, eu experiencio sofrimentos e problemas semelhantes a alucinações. Portanto, preciso parar de me aferrar ao meu self que normalmente vejo". Com essa determinação, e realizando que o nosso self que normalmente vemos não existe, devemos aprender a desenvolver em nossa consciência a cessação de nos aferrarmos ao nosso self que normalmente vemos. Quando essa verdadeira cessação se desenvolver em nossa consciência, retemos essa cessação firmemente, sem esquecê-la, e permanecemos estritamente focados nessa cessação pelo maior tempo possível.

Essa meditação é denominada "absorção da cessação", que Buda ensinou nos *Sutras Perfeição de Sabedoria*. Devemos praticar essa meditação continuamente até que a nossa cessação de nos aferrarmos ao nosso self e a todos os demais fenômenos que normalmente vemos ou percebemos torne-se permanente e seja mantida dia e noite, por toda a nossa vida. Quando alcançarmos essa cessação permanente, teremos conquistado a libertação permanente de todos os sofrimentos desta vida e das incontáveis vidas futuras porque a nossa ignorância do agarramento ao em-si – a raiz de todo sofrimento – terá cessado completamente. Ao mesmo tempo, experienciaremos a suprema felicidade permanente, ou paz interior, denominada "nirvana", em sânscrito. Assim, seremos felizes o tempo todo nesta vida e vida após vida, e teremos solucionado todos os problemas do samsara, o ciclo de vida impura.

Assim sendo, a questão é: se interrompermos permanentemente o agarramento ao nosso self e a todos os demais fenômenos que normalmente vemos ou percebemos, como iremos nos comunicar com os outros e nos envolver com as atividades diárias?

Resposta: Podemos fazer isso seguindo, apenas, o mero nome de nosso self e o mero nome de todos os demais fenômenos, sem nos aferrarmos a eles.

Nos Sutras, Buda diz: "Não há fenômenos outros do que meros nomes". Aferrar-se a qualquer fenômeno além do seu mero nome é a ignorância do agarramento ao em-si, a raiz de todo sofrimento. Devemos aprender a reconhecer nossa própria ignorância do agarramento ao em-si e aplicar esforço para reduzir e, finalmente, cessar por completo essa ignorância.

Quando nossa compreensão da ausência do em-si – ou vacuidade – for qualificada, será então importante enfatizar a prática da meditação na absorção da cessação como foi explicada acima, porque essa meditação é o método especial para reduzir e abandonar rapidamente nossa ignorância do agarramento ao em-si. Se realmente queremos interromper nossa vivência de problemas e sofrimentos, precisamos aprender como reduzir e abandonar nossa ignorância do agarramento ao em-si, que é a raiz de todos os nossos problemas e sofrimentos. Esse é o conselho especial vindo do coração de Je Tsongkhapa.

Conclusão

Isto conclui a explicação de *Como Entender a Mente*. Não é suficiente, simplesmente, entender a mente; precisamos, também, colocar essa compreensão em prática. O sucesso de nossa prática depende de três coisas: acumular mérito, ou boa fortuna, porque mérito é a principal condição para alcançarmos realizações de Dharma; purificar carma negativo, porque carma negativo é o principal obstáculo para alcançar realizações de Dharma; e receber as bênçãos dos Budas e Bodhisattvas, porque receber bênçãos é o principal método para transformar nossa mente nas etapas do caminho. Podemos praticar essas três condições em associação com as *Preces para Meditação*, que podem ser encontradas no Apêndice II.

Dedicatória

PELA GRANDE COLEÇÃO de ações virtuosas que acumulamos ao preparar este livro, que o puro Budadharma floresça amplamente por todo o mundo; e que, assim, todos os seres vivos tornem-se permanentemente livres de todo tipo de sofrimento e infortúnio e encontrem felicidade pura e duradoura.

Apêndice I
O Sentido Condensado do Texto

O Sentido Condensado do Texto

A explicação de *Como Entender a Mente* começa com a explicação sobre o que é a nossa mente, como a mente é capaz de se mover e os diferentes níveis da mente.

A definição da **mente** é: algo cuja natureza é vazia como o espaço, sempre carecendo de características físicas, formato e cor, e cuja atuação, ou função, é perceber ou compreender objetos.

Do ponto de vista de seus diferentes níveis, a mente é classificada em três:

1. A mente densa;
2. A mente sutil;
3. A mente muito sutil.

Do ponto de vista de sua atuação, ou função, a mente pode ser classificada em mentes primárias e fatores mentais.

A definição da **mente primária** é: um conhecedor que apreende, principalmente, a mera entidade de um objeto.

Mente primária, mentalidade e consciência são sinônimos.

Existem seis tipos de mente primária:

1. Consciência visual;
2. Consciência auditiva;
3. Consciência olfativa;
4. Consciência gustativa;
5. Consciência tátil;
6. Consciência mental.

A definição de **fator mental** é: um conhecedor que apreende, principalmente, um atributo específico de um objeto.

Uma mente primária e seus fatores mentais possuem cinco semelhanças:

1. Base;
2. Objeto;
3. Aspecto;
4. Tempo;
5. Substância.

Existem 51 fatores mentais, classificados em seis grupos:

1. Os cinco fatores mentais sempre-acompanhantes;
2. Os cinco fatores mentais determinadores de objetos;
3. Os onze fatores mentais virtuosos;
4. As seis delusões raízes;
5. As vinte delusões secundárias;
6. Os quatro fatores mentais mutáveis.

Os cinco fatores mentais sempre-acompanhantes são:

1. Sensação;
2. Discriminação;
3. Intenção;
4. Contato;
5. Atenção.

APÊNDICE I: O SENTIDO CONDENSADO DO TEXTO

A definição de **sensação** é: o fator mental que atua para experienciar objetos agradáveis, desagradáveis ou neutros.

Existem três tipos de sensação:

1. Sensações agradáveis;
2. Sensações desagradáveis;
3. Sensações neutras.

Há, também, do ponto de vista de sua condição dominante incomum, uma classificação dupla da sensação:

1. Sensações físicas;
2. Sensações mentais.

Do ponto de vista de sua natureza, há uma outra classificação dupla da sensação:

1. Sensações contaminadas;
2. Sensações incontaminadas.

A definição da **discriminação** é: o fator mental que atua para apreender o sinal específico de um objeto.

Existem seis tipos de discriminação:

1. Discriminações associadas com a consciência visual;
2. Discriminações associadas com a consciência auditiva;
3. Discriminações associadas com a consciência olfativa;
4. Discriminações associadas com a consciência gustativa;
5. Discriminações associadas com a consciência tátil;
6. Discriminações associadas com a consciência mental.

Há, também, uma classificação dupla da discriminação:

1. Discriminações equivocadas;
2. Discriminações não equivocadas.

Existe outra classificação dupla da discriminação:

1. Discriminações claras;
2. Discriminações obscuras.

A definição de **intenção** é: o fator mental que atua para focar sua mente primária em um objeto.

Existem três tipos de intenção:

1. Intenções não virtuosas;
2. Intenções virtuosas;
3. Intenções neutras.

Existem três tipos de ações não virtuosas:

1. Ações físicas não virtuosas;
2. Ações verbais não virtuosas;
3. Ações mentais não virtuosas.

Existe outra classificação tripla da intenção:

1. Ações meritórias;
2. Ações não meritórias;
3. Ações não oscilantes.

Há uma classificação tripla das intenções meritórias e das intenções não meritórias: intenções que são carma arremessador, intenções que são carma completador e intenções que são carma cujos resultados são experienciados na mesma vida.

A definição de **contato** é: o fator mental que atua para perceber seu objeto como agradável, desagradável ou neutro.

Existem seis tipos de contato:

1. Contato associado com a consciência visual;
2. Contato associado com a consciência auditiva;

3. Contato associado com a consciência olfativa;
4. Contato associado com a consciência gustativa;
5. Contato associado com a consciência tátil;
6. Contato associado com a consciência mental.

A definição da **atenção** é: o fator mental que atua para focar a mente em um atributo específico de um objeto.

Existem dois tipos de atenção:

1. Atenção correta;
2. Atenção incorreta.

Existe outra classificação dupla da atenção:

1. Atenção apropriada;
2. Atenção imprópria.

Os cinco fatores mentais determinadores de objetos são:

1. Aspiração;
2. Firme apreensão;
3. Contínua-lembrança;
4. Concentração;
5. Sabedoria.

A definição da **aspiração** é: o fator mental que foca um objeto desejado e se interessa por ele.

Existem quatro tipos de aspiração:

1. Desejo de encontrar um objeto;
2. Desejo de não ser, ou de não estar, separado de um objeto;
3. Desejo de obter um objeto;
4. Desejo de se livrar de um objeto.

Cada um desses tipos pode ser virtuoso, não virtuoso ou neutro, na dependência de sua motivação.

Há, também, uma classificação dupla da aspiração:

1. Aspirações equivocadas;
2. Aspirações não equivocadas.

A definição da **firme apreensão** é: o fator mental que faz sua mente primária apreender firmemente seu objeto.

Existem dois tipos de firme apreensão:

1. Firmes apreensões corretas;
2. Firmes apreensões equivocadas.

A definição da **contínua-lembrança** é: o fator mental que atua para não esquecer o objeto compreendido pela mente primária.

Existem dois tipos de continua-lembrança:

1. Nova contínua-lembrança;
2. Contínua-lembrança antiga.

Existe outra classificação dupla da contínua-lembrança:

1. Contínua-lembrança com movimentos de afundamento mental e excitação mental;
2. Contínua-lembrança sem movimentos de afundamento mental e excitação mental.

A definição da **concentração** é: o fator mental que faz sua mente primária permanecer em seu objeto de modo estritamente focado.

Existem três maneiras de classificar a concentração virtuosa: do ponto de vista do reino, do ponto de vista de seus efeitos e do ponto de vista de seu objeto.

APÊNDICE I: O SENTIDO CONDENSADO DO TEXTO

Do ponto de vista do reino, existem nove níveis de concentração:

1. Concentração do reino do desejo;
2. Concentração do primeiro reino da forma;
3. Concentração do segundo reino da forma;
4. Concentração do terceiro reino da forma;
5. Concentração do quarto reino da forma;
6. Concentração do espaço infinito;
7. Concentração da consciência infinita;
8. Concentração do nada;
9. Concentração do topo do samsara.

Existem nove níveis de concentração do reino do desejo:

1. Posicionamento da mente;
2. Contínuo-posicionamento;
3. Reposicionamento;
4. Estreito-posicionamento;
5. Controle;
6. Pacificação;
7. Completa pacificação;
8. Estritamente focado;
9. Posicionamento em equilíbrio.

Do ponto de vista de seus efeitos, há dois tipos de concentração:

1. Concentrações mundanas;
2. Concentrações supramundanas.

Do ponto de vista de seu objeto, existe outra classificação dupla da concentração:

1. Concentrações que observam objetos convencionais;
2. Concentrações que observam objetos últimos.

A definição da **sabedoria** é: uma mente inteligente virtuosa que faz sua mente primária compreender ou realizar um objeto significativo.

Existem três tipos de sabedoria:

1. Sabedoria surgida de ouvir ou ler;
2. Sabedoria surgida de contemplar;
3. Sabedoria surgida de meditar.

Há, também, uma classificação sétupla da sabedoria:

1. Grande sabedoria;
2. Sabedoria clara;
3. Sabedoria rápida;
4. Sabedoria profunda;
5. Sabedoria de expor o Dharma;
6. Sabedoria do debate espiritual;
7. Sabedoria de escrever livros de Dharma.

Os onze fatores mentais virtuosos são:

1. Fé;
2. Senso de vergonha;
3. Consideração pelos outros;
4. Antiapego;
5. Antiódio;
6. Anti-ignorância;
7. Esforço;
8. Maleabilidade mental;
9. Conscienciosidade;
10. Equanimidade;
11. Antinocividade.

A definição da **fé** é: o fator mental que atua, principalmente, para eliminar a antifé.

Existem três tipos de fé:

1. Fé de acreditar;
2. Fé de admirar;
3. Fé de almejar.

APÊNDICE I: O SENTIDO CONDENSADO DO TEXTO

A definição do **senso de vergonha** é: o fator mental que atua para evitar ações inadequadas por razões que dizem respeito a nós mesmos.

Existem três tipos de senso de vergonha:

1. Senso de vergonha que nos restringe de ações físicas inadequadas;
2. Senso de vergonha que nos restringe de ações verbais inadequadas;
3. Senso de vergonha que nos restringe de ações mentais inadequadas.

Existe, também, uma classificação dupla do senso de vergonha:

1. Senso de vergonha que nos restringe de fazer ações inadequadas porque estamos preocupados somente conosco;
2. Senso de vergonha que nos restringe de fazer ações inadequadas porque estamos preocupados com resultados indesejáveis específicos para nós mesmos.

A definição da **consideração pelos outros** é: o fator mental que atua para evitar ações inadequadas por razões que dizem respeito aos outros.

Existem três tipos de consideração pelos outros:

1. Consideração pelos outros que nos restringe de ações físicas inadequadas;
2. Consideração pelos outros que nos restringe de ações verbais inadequadas;
3. Consideração pelos outros que nos restringe de ações mentais inadequadas.

Existe, também, uma classificação dupla da consideração pelos outros:

1. Consideração pelos outros que nos restringe de fazer ações inadequadas porque estamos preocupados somente com os outros;
2. Consideração pelos outros que nos restringe de fazer ações inadequadas porque estamos preocupados com resultados indesejáveis específicos para os outros.

A definição do **antiapego** é: o fator mental que atua como o oponente direto ao apego.

Existem três tipos de antiapego:

1. Antiapego por lugares samsáricos;
2. Antiapego por prazeres samsáricos;
3. Antiapego por corpos samsáricos.

Existe outra classificação tripla do antiapego:

1. Antiapego por esta vida;
2. Antiapego pelo samsara;
3. Antiapego pela paz solitária.

A definição do **antiódio** é: o fator mental que atua como o oponente direto ao ódio.

Existem três tipos de antiódio:

1. Antiódio por aqueles que nos prejudicam;
2. Antiódio por objetos inanimados que nos fazem sofrer;
3. Antiódio pelo sofrimento resultante.

A definição da **anti-ignorância** é: o fator mental que atua como o oponente direto à ignorância.

APÊNDICE I: O SENTIDO CONDENSADO DO TEXTO

Existem quatro tipos de anti-ignorância:

1. Anti-ignorância surgida de ouvir ou ler;
2. Anti-ignorância surgida de contemplar;
3. Anti-ignorância surgida de meditar;
4. Anti-ignorância surgida de marcas.

A definição do **esforço** é: o fator mental que faz com que sua mente primária se deleite com virtude.

Há quatro tipos de esforço:

1. Esforço semelhante-a-uma-armadura;
2. Esforço do não-desânimo;
3. Esforço de aplicação;
4. Esforço de não-satisfação.

Existe, também, uma classificação quíntupla do esforço:

1. Esforço semelhante-a-uma-armadura;
2. Esforço do não-desânimo;
3. Esforço de aplicação;
4. Esforço de não-satisfação;
5. Esforço da irreversibilidade.

Há, também, uma classificação tripla do esforço:

1. Esforço semelhante-a-uma-armadura;
2. Esforço de reunir Dharmas virtuosos;
3. Esforço de beneficiar os outros.

Existem quatro poderes:

1. O poder da aspiração;
2. O poder da constância;
3. O poder da alegria;
4. O poder de rejeição.

A definição da **maleabilidade mental** é: a flexibilidade da mente que é produzida por concentração virtuosa.

Existem dois tipos de maleabilidade mental:

1. Maleabilidade mental sutil;
2. Maleabilidade mental densa.

A definição da **conscienciosidade** é: o fator mental que, na dependência do esforço, aprecia o que é virtuoso e protege a mente contra delusão e não-virtude.

Existem dois tipos de conscienciosidade:

1. Conscienciosidade que é a raiz virtuosa de caminhos mundanos;
2. Conscienciosidade que é a raiz virtuosa de caminhos supramundanos.

A definição da **equanimidade** é: o fator mental que atua para manter a mente primária livre de afundamento mental e de excitação mental.

Existem três tipos de equanimidade:

1. Equanimidade que requer esforço denso;
2. Equanimidade que requer esforço sutil;
3. Equanimidade que não requer esforço.

A definição da **antinocividade** é: o fator mental que deseja que os seres sencientes não sofram.

Existem dois tipos de antinocividade, ou compaixão:

1. Compaixão que deseja que os seres sencientes se libertem do sofrimento;
2. Compaixão que deseja que os seres sencientes se libertem das causas do sofrimento.

Existe outra classificação dupla da compaixão:

1. Mera compaixão;
2. Compaixão superior

A definição da **virtude** é: o fenômeno que atua como causa principal de felicidade.

Existem cinco tipos de virtude:

1. Virtude natural;
2. Virtude por associação;
3. Virtude por motivação;
4. Virtude por relação subsequente;
5. Virtude última.

A definição da **não-virtude** é: o fenômeno que atua como a causa principal de sofrimento.

Existem cinco tipos de não-virtude:

1. Não-virtude natural;
2. Não-virtude por associação;
3. Não-virtude por motivação;
4. Não-virtude por relação subsequente;
5. Não-virtude última.

A definição de **delusão** é: o fator mental que surge a partir da atenção imprópria e que atua fazendo com que a mente se torne agitada e descontrolada.

Existem seis causas de delusão:

1. A semente;
2. O objeto;
3. Atenção imprópria;
4. Familiaridade;
5. Distração e ser influenciado pelos outros;
6. Maus hábitos.

Do ponto de vista do reino, existem três tipos de delusão:

1. Delusões do reino do desejo;
2. Delusões do reino da forma;
3. Delusões do reino da sem-forma.

Existem nove níveis de delusão, desde o nível grande-grande até o nível pequeno-pequeno, para cada uma das delusões do *reino do desejo* e para cada uma das delusões de cada nível do *reino da forma* e do *reino da sem-forma*, totalizando 81 níveis de delusão.

Do ponto de vista de sua causa, existe uma classificação dupla da delusão:

1. Delusões inatas;
2. Delusões intelectualmente formadas.

Do ponto de vista da entidade, existe outra classificação dupla da delusão:

1. Delusões raízes;
2. Delusões secundárias.

As seis delusões raízes são:

1. Apego desejoso;
2. Raiva;
3. Orgulho deludido;
4. Ignorância;
5. Dúvida deludida;
6. Visão deludida.

A definição do **apego desejoso** é: o fator mental deludido que observa seu objeto contaminado, considera-o uma causa de felicidade e o deseja.

APÊNDICE I: O SENTIDO CONDENSADO DO TEXTO

Do ponto de vista do momento, ou época, existem três tipos de apego desejoso:

1. Apego desejoso a objetos passados;
2. Apego desejoso a objetos presentes;
3. Apego desejoso a objetos futuros.

Do ponto de vista da entidade, o apego desejoso pode ser classificado em três tipos (grande, mediano e pequeno) ou em 81 tipos (os nove níveis de apego desejoso de cada um dos nove reinos). Todos eles estão incluídos nos três tipos a seguir:

1. Apego desejoso do reino do desejo;
2. Apego desejoso do reino da forma;
3. Apego desejoso do reino da sem-forma.

Do ponto de vista do objeto do apego desejoso, existe outra classificação tripla:

1. Apego desejoso a lugares samsáricos;
2. Apego desejoso a prazeres samsáricos;
3. Apego desejoso a corpos samsáricos.

A definição da **raiva** é: o fator mental deludido que observa seu objeto contaminado, exagera suas más qualidades, considera-o desagradável e deseja prejudicá-lo.

Do ponto de vista da entidade, existem nove tipos de raiva: desde a grande-grande até a pequena-pequena.

Do ponto de vista sobre como a raiva é gerada, existe também uma classificação nônupla:

1. Raiva dirigida a alguém ou algo que nos prejudicou no passado;
2. Raiva dirigida a alguém ou algo que está nos prejudicando agora;

3. Raiva dirigida a alguém ou algo que poderá nos prejudicar no futuro;
4. Raiva dirigida a alguém ou algo que prejudicou nossos amigos ou parentes no passado;
5. Raiva dirigida a alguém ou algo que está prejudicando nossos amigos ou parentes agora;
6. Raiva dirigida a alguém ou algo que poderá prejudicar nossos amigos ou parentes no futuro;
7. Raiva dirigida a alguém ou algo que ajudou nosso inimigo no passado;
8. Raiva dirigida a alguém ou algo que está ajudando nosso inimigo agora;
9. Raiva dirigida a alguém ou algo que poderá ajudar nosso inimigo no futuro.

A definição do **orgulho deludido** é: o fator mental deludido que, por considerar e exagerar nossas próprias boas qualidades ou posses, sente-se arrogante.

Existem sete tipos de orgulho deludido:

1. Orgulho em relação a inferiores;
2. Orgulho em relação a iguais;
3. Orgulho em relação a superiores;
4. Orgulho de identidade;
5. Orgulho pretensioso;
6. Orgulho de emulação;
7. Orgulho errôneo.

A definição da **ignorância** é: o fator mental que está confuso sobre a natureza de um objeto e que atua para induzir percepção errônea, dúvida e demais delusões.

Existem dois tipos de ignorância:

1. Ignorância sobre as verdades convencionais;
2. Ignorância sobre as verdades últimas.

APÊNDICE I: O SENTIDO CONDENSADO DO TEXTO

Existe outra divisão dupla da ignorância:

1. Ignorância sobre as ações e seus efeitos, ou carma;
2. Ignorância sobre a vacuidade.

A definição da **dúvida deludida** é: uma bifocalidade da mente, que interfere com a aquisição da libertação e da iluminação.

Em geral, existem três tipos de dúvida:

1. Dúvidas que tendem à verdade;
2. Dúvidas que tendem a se afastar da verdade;
3. Dúvidas equilibradas.

A definição da **visão deludida** é: a visão que atua para obstruir a aquisição da libertação.

Existem cinco tipos de visão deludida:

1. Visão da coleção transitória;
2. Visão extrema;
3. Sustentar visões falsas como supremas;
4. Sustentar disciplinas morais e condutas errôneas como supremas;
5. Visão errônea.

A definição da **visão da coleção transitória** é: um tipo de agarramento ao em-si de pessoas, que se agarra (ou se aferra) ao nosso próprio *eu* como um *eu* inerentemente existente.

Existem dois tipos de visão da coleção transitória:

1. Visão da coleção transitória que concebe *eu*;
2. Visão da coleção transitória que concebe *meu*.

Existe outra classificação dupla da visão da coleção transitória:

1. Visão inata da coleção transitória;
2. Visão intelectualmente formada da coleção transitória.

Existem vinte visões intelectualmente formadas da coleção transitória – quatro visões para cada um dos cinco agregados.

A definição da **visão extrema** é: uma visão incorreta exagerada.

Existem dois tipos de visão extrema:

1. A visão extrema da existência;
2. A visão extrema da não-existência.

A definição de **sustentar visões falsas como supremas** é: a visão deludida que acredita que nossas próprias visões incorretas, ou as dos outros, são visões supremas.

A definição de **sustentar disciplinas morais e condutas errôneas como supremas** é: a visão deludida que sustenta qualquer disciplina moral ou conduta errôneas como sendo corretas e considera-as superiores a outras formas de disciplina moral ou conduta.

A definição da **visão errônea** é: uma percepção errônea intelectualmente formada que nega a existência de um objeto que é necessário compreender para se alcançar a libertação ou a iluminação.

As vinte delusões secundárias são:

1. Agressividade;
2. Ressentimento;
3. Rancor;
4. Inveja;
5. Avareza;
6. Dissimulação;
7. Pretensão (ou fingimento);
8. Recusa;
9. Autocomplacência;
10. Nocividade;
11. Falta de senso de vergonha;
12. Desconsideração;

13. Torpor (ou obtusidade);
14. Distração;
15. Excitação mental;
16. Antifé;
17. Preguiça;
18. Anticonscienciosidade;
19. Esquecimento deludido;
20. Antivigilância.

A definição de **agressividade** é: o fator mental deludido que é o aumento da delusão raiz raiva e que deseja ferir ou prejudicar os outros, física ou verbalmente.

A definição de **ressentimento** é: o fator mental deludido que mantém o continuum da raiva sem esquecê-la, e que deseja retaliar.

A definição do **rancor** é: o fator mental deludido que, motivado por ressentimento ou agressividade, deseja falar de modo áspero e rude.

A definição da **inveja** é: o fator mental deludido que sente desprazer quando observa os prazeres, boas qualidades ou boa sorte dos outros.

A definição da **avareza** é: o fator mental deludido que, motivado por apego desejoso, retém firmemente as coisas e não quer separar-se delas.

A definição da **dissimulação** é: o fator mental deludido que, motivado por apego à riqueza ou à reputação, deseja dissimular ou esconder nossas falhas dos outros.

A definição da **pretensão**, ou **fingimento**, é: o fator mental deludido que, motivado por apego à riqueza ou à reputação, deseja fingir que temos qualidades que não possuímos.

A definição da **recusa** é: o fator mental deludido que não deseja purificar ações não virtuosas que cometemos ou quedas morais que incorremos.

A definição de **autocomplacência** é: o fator mental deludido que observa nossa própria beleza física, riqueza ou quaisquer outras qualidades e, estando interessado somente nisso, não tem interesse no desenvolvimento espiritual.

A definição da **nocividade** é: o fator mental deludido que deseja que os outros seres vivos sofram.

A definição de **falta de senso de vergonha** é: o fator mental deludido que é o oposto do senso de vergonha.

A definição da **desconsideração** é: o fator mental deludido que é o oposto da consideração pelos outros.

A definição de **torpor**, ou **obtusidade**, é: o fator mental deludido que atua tornando nosso corpo e mente pesados e inflexíveis.

A definição de **distração** é: o fator mental deludido que se desvia para qualquer objeto de delusão.

A definição de **excitação mental** é: o fator mental deludido que se desvia para algum objeto de apego.

A definição da **antifé** é: o fator mental deludido que é o oposto da fé.

A definição da **preguiça** é: o fator mental deludido que, motivado por apego aos prazeres mundanos ou às atividades mundanas, não gosta ou tem antipatia por atividades virtuosas.

A definição da **anticonscienciosidade** é: o fator mental deludido que deseja, sem restrição, envolver-se em ações não virtuosas.

A definição de **esquecimento deludido** é: o fator mental deludido que faz com que nos esqueçamos de um objeto virtuoso.

A definição de **antivigilância** é: o fator mental deludido que, sendo incapaz de fazer a distinção entre falhas e não-falhas, faz com que desenvolvamos falhas.

APÊNDICE I: O SENTIDO CONDENSADO DO TEXTO

Os quatro fatores mentais mutáveis são:

1. Sono;
2. Arrependimento;
3. Investigação;
4. Análise.

A definição do **sono** é: o fator mental que é desenvolvido por torpor (ou obtusidade) ou suas marcas e que atua para reunir interiormente as percepções sensoriais.

A definição do **arrependimento** é: o fator mental que sente remorso pelas ações feitas no passado.

A definição de **investigação** é: o fator mental que examina um objeto para obter uma compreensão de sua natureza densa.

A definição de **análise** é: o fator mental que examina um objeto para obter uma compreensão de sua natureza sutil.

Do ponto de vista de como as mentes se conectam a seus objetos, elas podem ser classificadas em dois tipos:

1. Mentes conceituais;
2. Mentes não conceituais.

A definição da **mente conceitual** é: o pensamento que apreende seu objeto por meio de uma imagem genérica.

Existem cinco tipos de objeto:

1. Objeto aparecedor;
2. Objeto observado;
3. Objeto conectado;
4. Objeto apreendido;
5. Objeto concebido.

A definição de **imagem genérica** é: o objeto aparecedor de uma mente conceitual.

Existem três tipos de mente conceitual:

1. Mentes conceituais que percebem a imagem genérica de um objeto principalmente por força de ouvir ou ler;
2. Mentes conceituais que percebem a imagem genérica de um objeto principalmente por força de contemplar o significado desse objeto;
3. Mentes conceituais que percebem a imagem genérica de um objeto principalmente por força de marcas anteriores.

Existe, também, uma classificação dupla da mente conceitual:

1. Mentes conceituais corretas;
2. Mentes conceituais errôneas.

A definição da **mente não conceitual** é: o conhecedor para o qual seu objeto aparece claramente sem estar misturado com uma imagem genérica.

Existem dois tipos de mente não conceitual:

1. Percepções sensoriais;
2. Percepções mentais não conceituais.

Existem três tipos de percepção mental não conceitual:

1. Percebedores diretos mentais não conceituais;
2. Percebedores diretos ióguicos;
3. Percepções mentais não conceituais que não são nenhum desses dois.

Existe outra divisão dupla da mente não conceitual:

1. Mentes não conceituais corretas;
2. Mentes não conceituais errôneas.

APÊNDICE I: O SENTIDO CONDENSADO DO TEXTO

Do ponto de vista de sua condição dominante incomum, as mentes podem ser classificadas em dois tipos:

1. Percepções sensoriais;
2. Percepções mentais.

A definição da **percepção sensorial** é: a percepção que é desenvolvida na dependência de sua condição dominante incomum – uma faculdade sensorial que possui forma.

Existem cinco tipos de percepção sensorial:

1. Percepção visual;
2. Percepção auditiva;
3. Percepção olfativa;
4. Percepção gustativa;
5. Percepção tátil.

A definição da **percepção visual** é: a percepção que é desenvolvida na dependência de sua condição dominante incomum – a faculdade sensorial visual. Essa definição pode ser aplicada às demais quatro percepções sensoriais, substituindo a condição dominante incomum pela faculdade sensorial auditiva, faculdade sensorial olfativa, faculdade sensorial gustativa e faculdade sensorial tátil.

A definição de **condição dominante da percepção sensorial** é: aquilo que auxilia, principalmente, no desenvolvimento de uma percepção sensorial.

Existem dois tipos de condição dominante:

1. Condição dominante comum;
2. Condição dominante incomum.

A definição da **percepção mental** é: a percepção que é desenvolvida na dependência de sua condição dominante incomum – a faculdade mental.

A definição de **faculdade mental** é: uma mentalidade que atua, principalmente, de modo direto para produzir o aspecto incomum de uma percepção mental.

Existem dois tipos de percepção mental:

1. Percepções mentais conceituais;
2. Percepções mentais não conceituais.

Existe, também, uma classificação tripla da percepção mental:

1. Percepções mentais não virtuosas;
2. Percepções mentais virtuosas;
3. Percepções mentais neutras.

Do ponto de vista de nos capacitar para compreender como podemos nos tornar um ser superior pela obtenção de percebedores diretos ióguicos, as mentes podem ser classificadas em sete tipos:

1. Percebedores diretos;
2. Conhecedores subsequentes;
3. Reconhecedores;
4. Crenças corretas;
5. Percebedores não determinadores;
6. Dúvida não deludida;
7. Percepções errôneas.

A definição de **percebedor direto** é: o conhecedor que apreende seu objeto correta e diretamente.

Existem três tipos de percebedor direto:

1. Percebedores diretos sensoriais;
2. Percebedores diretos mentais;
3. Percebedores diretos ióguicos.

A definição de **percebedor direto sensorial** é: o percebedor direto que é gerado na dependência de sua condição dominante incomum – uma faculdade sensorial que possui forma.

Existem cinco tipos de percebedores diretos sensoriais:

1. Percebedores diretos sensoriais visuais;
2. Percebedores diretos sensoriais auditivos;
3. Percebedores diretos sensoriais olfativos;
4. Percebedores diretos sensoriais gustativos;
5. Percebedores diretos sensoriais táteis.

Existe, também, uma classificação tripla dos percebedores diretos sensoriais:

1. Percebedores diretos sensoriais que são conhecedores válidos, mas não são reconhecedores;
2. Percebedores diretos sensoriais que são conhecedores válidos e reconhecedores;
3. Percebedores diretos sensoriais que são percebedores não determinadores.

A definição de **percebedor direto mental** é: o percebedor direto que é gerado na dependência de sua condição dominante incomum – a faculdade mental.

Existem três tipos de percebedores diretos mentais:

1. Percebedores diretos mentais induzidos por percebedores diretos sensoriais;
2. Percebedores diretos mentais induzidos por meditação;
3. Percebedores diretos mentais que não são induzidos nem por percebedores diretos sensoriais nem por meditação.

Existem cinco tipos de percebedores diretos mentais induzidos por percebedores diretos sensoriais: são percebedores diretos mentais que apreendem formas, sons, odores, sabores e objetos táteis.

A definição de **percebedor direto ióguico** é: o percebedor direto que realiza diretamente a verdadeira natureza dos fenômenos, na dependência de sua condição dominante incomum – a concentração que é a união do tranquilo-permanecer com a visão superior.

Existem dois tipos de percebedores diretos ióguicos:

1. Percebedores diretos ióguicos no continuum de Hinayanistas;
2. Percebedores diretos ióguicos no continuum de Mahayanistas.

Existe, também, uma classificação tripla dos percebedores diretos ióguicos:

1. Percebedores diretos ióguicos que são Caminhos da Visão;
2. Percebedores diretos ióguicos que são Caminhos da Meditação;
3. Percebedores diretos ióguicos que são Caminhos do Não-Mais-Aprender.

A definição de **conhecedor subsequente** é: um conhecedor totalmente confiável cujo objeto é compreendido ou realizado na dependência direta de uma razão conclusiva.

A definição de **razão conclusiva** é: uma razão que é qualificada pelos três modos.

Do ponto de vista do tipo de razão da qual dependem, existem três tipos de conhecedores subsequentes:

1. Conhecedores subsequentes fundamentados no poder de um fato;
2. Conhecedores subsequentes fundamentados em crença;
3. Conhecedores subsequentes fundamentados em renome.

Do ponto de vista de como são gerados, existe também uma classificação dupla dos conhecedores subsequentes:

1. Conhecedores subsequentes surgidos de ouvir ou ler;
2. Conhecedores subsequentes surgidos de contemplação.

A definição de **reconhecedor** é: o conhecedor que compreende e realiza o que já havia sido compreendido e realizado por força de um conhecedor válido anterior.

Existem dois tipos de reconhecedores:

1. Reconhecedores não conceituais;
2. Reconhecedores conceituais.

Existem três tipos de reconhecedores não conceituais:

1. Reconhecedores que são percebedores diretos sensoriais;
2. Reconhecedores que são percebedores diretos mentais;
3. Reconhecedores que são percebedores diretos ióguicos.

Existem dois tipos de reconhecedores conceituais:

1. Reconhecedores conceituais induzidos por percebedores diretos;
2. Reconhecedores conceituais induzidos por conhecedores subsequentes.

Existem três tipos de reconhecedores conceituais induzidos por percebedores diretos:

1. Reconhecedores conceituais induzidos por percebedores diretos sensoriais;
2. Reconhecedores conceituais induzidos por percebedores diretos mentais;
3. Reconhecedores conceituais induzidos por percebedores diretos ióguicos.

A definição da **crença correta** é: o conhecedor não válido que compreende ou realiza seu objeto concebido.

Existem dois tipos de crença correta:

1. Crenças corretas que não dependem de uma razão;
2. Crenças corretas que dependem de uma razão.

A definição de **percebedor não determinador** é: o percebedor para o qual um fenômeno que seja seu objeto conectado aparece claramente, sem que esteja determinado (ou identificado).

Existem dois tipos de percebedor não determinador:

1. Percepção sensorial não determinadora;
2. Percepção mental não determinadora.

A definição de **dúvida não deludida** é: a dúvida que não perturba nossa paz mental e faz surgir resultados positivos.

Existem dois tipos de dúvida não deludida:

1. Dúvidas não deludidas com relação à verdade última;
2. Dúvidas não deludidas com relação às verdades convencionais.

A definição de **percepção errônea** é: o conhecedor que está equivocado com relação a seu objeto conectado.

Existem dois tipos de percepção errônea:

1. Percepções errôneas não conceituais;
2. Percepções errôneas conceituais.

Há dois tipos de percepção errônea não conceitual:

1. Percepções sensoriais errôneas;
2. Percepções mentais não conceituais errôneas.

APÊNDICE I: O SENTIDO CONDENSADO DO TEXTO

A percepção sensorial errônea pode estar equivocada com relação a seu objeto de sete maneiras diferentes: estar equivocada com relação ao formato, à cor, à atividade, à quantidade, ao tempo (ou momento), às medidas e à entidade do objeto.

Existem dois tipos de percepção errônea conceitual:

1. Percepções errôneas intelectualmente formadas;
2. Percepções errôneas inatas.

Existem duas causas de percepções errôneas:

1. Causas últimas;
2. Causas temporárias.

Existem quatro causas temporárias de percepções sensoriais errôneas:

1. Uma qualidade enganosa do objeto;
2. Um contexto enganoso;
3. Uma faculdade sensorial defectiva, ou imperfeita;
4. Uma falha na percepção antecedente.

O termo "válido" pode ser aplicado de três maneiras:

1. Professores válidos;
2. Ensinamentos válidos;
3. Conhecedores válidos.

A definição de **professor válido** é: o professor que conhece plenamente e sem erro quais objetos devem ser abandonados e quais objetos devem ser praticados e que, por compaixão, revela esse conhecimento aos outros.

A definição de **ensinamento válido** é: uma instrução que, principalmente, explica sem erro os objetos a serem abandonados e como abandoná-los, e os objetos a serem praticados e como praticá-los.

A definição de **conhecedor válido** é: o conhecedor que é não enganoso com relação a seu objeto conectado.

Existem dois tipos de conhecedor válido:

1. Conhecedor válido que é não enganoso com relação a seu objeto manifesto;
2. Conhecedor válido que é não enganoso com relação a seu objeto oculto.

A definição de **objeto manifesto** é: o objeto cuja compreensão ou realização inicial por um conhecedor válido não depende de razões lógicas.

A definição de **objeto oculto** é: o objeto cuja compreensão ou realização inicial por um conhecedor válido depende de razões lógicas corretas.

A definição de **conhecedor válido direto** é: o conhecedor não enganoso que compreende ou realiza diretamente seu objeto.

Existem três tipos de conhecedor válido direto:

1. Conhecedores diretos sensoriais válidos;
2. Conhecedores diretos mentais válidos;
3. Conhecedores diretosióguicos válidos.

A definição de **conhecedor válido subsequente** é: o conhecedor não enganoso que compreende ou realiza seu objeto oculto na dependência de uma razão conclusiva.

Existem três tipos de conhecedor válido subsequente:

1. Conhecedores válidos subsequentes fundamentados no poder de um fato;
2. Conhecedores válidos subsequentes fundamentados em crença;
3. Conhecedores válidos subsequentes fundamentados em renome.

APÊNDICE I: O SENTIDO CONDENSADO DO TEXTO

A definição de **conhecedor não válido** é: o conhecedor que é enganoso com relação a seu objeto conectado.

Existem dois tipos de conhecedor não válido:

1. Conhecedores não válidos não conceituais;
2. Conhecedores não válidos conceituais.

A definição de **meditação** é: a mente que está estritamente focada em um objeto virtuoso e cuja função é tornar a mente pacífica e calma.

Existe uma classificação tripla da meditação:

1. Meditação de uma pessoa de escopo inicial;
2. Meditação de uma pessoa de escopo mediano;
3. Meditação de uma pessoa de grande escopo.

Existem cinco meditações de uma pessoa de escopo inicial:

1. Meditação sobre a preciosidade de nossa vida humana;
2. Meditação sobre a morte;
3. Meditação sobre os perigos de um renascimento inferior;
4. Meditação sobre buscar refúgio;
5. Meditação sobre o carma.

Existem quatro meditações de uma pessoa de escopo mediano:

1. Meditação sobre renúncia;
2. Meditação sobre nossa determinação de reconhecer, reduzir e abandonar nossa ignorância do agarramento ao em-si, a raiz do renascimento samsárico;
3. Meditação sobre nossa determinação de ingressar e fazer progresso no caminho à libertação;
4. Meditação sobre a verdade última da cessação.

Existem cinco meditações de uma pessoa de grande escopo:

1. Meditação sobre apreciar todos os seres vivos;
2. Meditação sobre compaixão universal;
3. Meditação sobre o supremo bom coração – a bodhichitta;
4. Meditação sobre nossa determinação e promessa de praticar sinceramente as seis perfeições;
5. Meditação sobre treinar percebedores diretos ióguicos.

Apêndice II
Sadhanas

Prece Libertadora
Louvor a Buda Shakyamuni 356

Essência da Boa Fortuna
Preces para as seis práticas preparatórias para meditação nas etapas do caminho à iluminação 359

Prece Libertadora

LOUVOR A BUDA SHAKYAMUNI

Ó Abençoado, Shakyamuni Buda,
Precioso tesouro de compaixão,
Concessor de suprema paz interior,

Tu, que amas todos os seres sem exceção,
És a fonte de bondade e felicidade,
E nos guias ao caminho libertador.

Teu corpo é uma joia-que-satisfaz-os-desejos,
Tua fala é um néctar purificador e supremo
E tua mente, refúgio para todos os seres vivos.

Com as mãos postas, me volto para ti,
Amigo supremo e imutável,
E peço do fundo do meu coração:

Por favor, concede-me a luz de tua sabedoria
Para dissipar a escuridão da minha mente
E curar o meu continuum mental.

Por favor, me nutre com tua bondade,
Para que eu possa, por minha vez, nutrir todos os seres
Com um incessante banquete de deleite.

Por meio de tua compassiva intenção,
De tuas bênçãos e feitos virtuosos
E por meu forte desejo de confiar em ti,
Que todo o sofrimento rapidamente cesse,
Que toda a felicidade e alegria aconteçam
E que o sagrado Dharma floresça para sempre.

Cólofon: Esta prece foi escrita por Venerável Geshe Kelsang Gyatso Rinpoche e é recitada regularmente no início de ensinamentos, meditações e preces nos Centros Budistas Kadampa em todo o mundo.

Essência da Boa Fortuna

PRECES PARA AS SEIS PRÁTICAS PREPARATÓRIAS
PARA MEDITAÇÃO NAS ETAPAS DO
CAMINHO À ILUMINAÇÃO

Introdução

Desenvolver as realizações das etapas do caminho à iluminação depende de quatro coisas: acumular mérito, purificar negatividades, receber bênçãos dos Budas, Bodhisattvas e Guias Espirituais, e treinar a mente na meditação efetiva das etapas do caminho. O método supremo para realizar as três primeiras são as seis práticas preparatórias. Elas são:

1. Limpar o local de meditação e montar um altar com representações do corpo, fala e mente de Buda.
2. Dispor oferendas adequadas.
3. Sentar-se na postura correta de meditação, buscar refúgio, gerar e aprimorar a bodhichitta.
4. Visualizar o Campo de Acumular Mérito.
5. Acumular mérito e purificar negatividade por meio de oferecer a prática dos sete membros e o mandala.
6. Pedir ao Campo de Acumular Mérito, em geral, e aos Gurus da linhagem Lamrim, em particular, que concedam sua bênçãos.

A essência dessas seis práticas preparatórias está contida nas preces a seguir, que devem ser recitadas em cada sessão de meditação.

Para mais informações sobre as seis práticas preparatórias, consultar *Novo Manual de Meditação* ou *Caminho Alegre da Boa Fortuna*.

Geshe Kelsang Gyatso
1986

Essência da Boa Fortuna

Purificar mentalmente o ambiente

Que o solo inteiro
Torne-se completamente puro,
Plano como a palma da mão
E liso como o lápis-lazúli.

Preparar mentalmente oferendas puras

Que todo o espaço cubra-se
Com oferendas de deuses e homens,
Ambas, as efetivas e as imaginadas,
Como as oferendas do Todo-Generoso.

Visualizar os objetos de refúgio

No espaço a minha frente, sobre um trono de leões, numa almofada de lótus, sol e lua, senta-se Buda Shakyamuni, a essência de todos os meus bondosos mestres, rodeado pela assembleia de gurus diretos e indiretos, Yidams, Budas, Bodhisattvas, Ouvintes, Conquistadores Solitários, Heróis, Dakinis e Protetores do Dharma.

Gerar as causas de refúgio

Eu e todas as minhas bondosas mães, temendo os tormentos do samsara, nos voltamos para Buda, Dharma e Sangha, as únicas fontes de refúgio. Doravante, até a iluminação, buscamos refúgio nas Três Joias.

Prece curta de refúgio

Eu e todos os seres sencientes, até alcançarmos a iluminação,
Nos refugiamos em Buda, Dharma e Sangha.   (7x, 100x etc.)

Gerar a bodhichitta

Pelas virtudes que coleto, praticando o dar e as outras perfeições,
Que eu me torne um Buda para o benefício de todos.   (3x)

Purificação e receber bênçãos

Do coração de todos os objetos de refúgio, luzes e néctares fluem
e se dissolvem em mim e em todos os seres vivos, purificando
carma negativo e obstruções, aumentando nossas vidas, virtudes
e realizações de Dharma.

Gerar as quatro incomensuráveis

Que cada um seja feliz,
Que cada um se liberte da dor,
Que ninguém jamais seja separado de sua felicidade,
Que todos tenham equanimidade, livres do ódio e do apego.

Convidar o Campo para Acumular Mérito

Ó Protetor de todos os seres,
Grande Destruidor das hostes de demônios,
Por favor, ó Abençoado, Conhecedor de Tudo,
Vem a nós com teu séquito.

Prece dos sete membros

Com meu corpo, fala e mente, humildemente me prostro
E faço oferendas, efetivas e imaginadas.
Confesso meus erros em todos os tempos
E regozijo-me nas virtudes de todos.
Peço, permanece até o cessar do samsara
E gira a Roda do Dharma para nós.
Dedico todas as virtudes à grande iluminação.

Oferecimento do mandala

O chão espargido com perfume e salpicado de flores,
A Grande Montanha, quatro continentes, sol e lua,
Percebidos como Terra de Buda e assim oferecidos.
Que todos os seres desfrutem dessas Terras Puras.

Ofereço, sem nenhum sentimento de perda,
Os objetos que fazem surgir meu apego, ódio e confusão,
Meus amigos, inimigos e estranhos, nossos corpos e prazeres.
Peço, aceita-os e abençoa-me, livrando-me diretamente dos três venenos.

IDAM GURU RATNA MANDALAKAM NIRYATAYAMI

Pedidos ao Campo de Acumular Mérito e aos Gurus da linhagem Lamrim

Agora, meu mais bondoso Guru-raiz,
Por favor, senta-te no lótus e lua, em minha coroa,
E concede-me, graças a tua grande bondade,
Tuas conquistas de corpo, fala e mente.

Visualize que seu Guru-raiz vem à coroa de sua cabeça e que faz os seguintes pedidos juntamente com você:

Rogo a ti, Buda Shakyamuni,
Cujo corpo provém de incontáveis virtudes,
Cuja fala realiza as esperanças dos mortais,
Cuja mente vê, com clareza, toda a existência.

Rogo a vós, Gurus da linhagem de extensas proezas,
Venerável Maitreya, Nobre Asanga, Vasubandhu,
E a todos os demais preciosos mestres
Que revelaram o caminho da vastidão.

Rogo a vós, Gurus da linhagem da visão profunda,
Venerável Manjushri, Nagarjuna, Chandrakirti,
E a todos os demais preciosos mestres
Que revelaram o mais profundo caminho.

Rogo a vós, Gurus da linhagem do Mantra Secreto,
Conquistador Vajradhara, Tilopa e Naropa,
E a todos os demais preciosos mestres
Que revelaram o caminho do Tantra.

Rogo a vós, Gurus da Antiga Linhagem Kadam,
O segundo Buda Atisha, Dromtonpa, Geshe Potowa,
E a todos os demais preciosos mestres
Que revelaram a união dos caminhos vasto e profundo.

Rogo a vós, Gurus da Nova Linhagem Kadam,
Venerável Tsongkhapa, Jampel Gyatso, Khedrubje,
E a todos os demais preciosos mestres
Que revelaram a união do Sutra e do Tantra.

Rogo a ti, Venerável Kelsang Gyatso,
Protetor de um vasto oceano de seres vivos,
Inigualável Mestre dos caminhos à libertação e à iluminação,
Que conquistou e explica tudo o que foi revelado
Pelo Quarto Libertador deste Afortunado Éon.

Rogo a ti, meu bondoso e precioso Mestre,
Que cuida daqueles com mentes incontroladas,
Indomadas por todos os prévios Budas,
Como se fossem discípulos afortunados.

Pedir os três grandes propósitos

Peço, derramai vossas inspiradoras bênçãos sobre mim e todas as minhas mães, para interrompermos rapidamente todas as mentes perversas, do desrespeito ao nosso bondoso Mestre à mais sutil aparência dual.

Peço, derramai vossas inspiradoras bênçãos, para gerarmos rapidamente mentes puras, do respeito ao nosso bondoso Mestre à suprema mente de União.

Peço, derramai vossas inspiradoras bênçãos, para pacificar todas as obstruções externas e internas.   (3x)

Receber bênçãos e purificar

Do coração de todos os seres sagrados, fluem correntes de luz e néctar, concedendo bênçãos e purificando.

Preces das Etapas do Caminho

O caminho começa com firme confiança
No meu bondoso mestre, fonte de todo bem;
Ó, abençoa-me com essa compreensão
Para segui-lo com grande devoção.

Esta vida humana, com todas as suas liberdades,
Extremamente rara, com tanta significação;
Ó, abençoa-me com essa compreensão
Dia e noite para captar a sua essência.

Meu corpo, qual bolha-d'água,
Decai e morre tão rapidamente;
Após a morte vêm os resultados do carma,
Qual sombra de um corpo.

Com esse firme conhecimento e lembrança,
Abençoa-me, para ser extremamente cauteloso,
Evitando sempre ações nocivas
E reunindo abundante virtude.

Os prazeres do samsara são enganosos,
Não trazem contentamento, apenas tormentos;
Abençoa-me para ter o esforço sincero
Para obter o êxtase da liberdade perfeita.

Ó, abençoa-me para que desse pensamento puro
Resulte contínua-lembrança e imensa cautela,
A fim de manter como minha prática essencial
A raiz da doutrina, o Pratimoksha.

Assim como eu, todas as minhas bondosas mães
Estão se afogando no oceano do samsara;

Para que logo eu possa libertá-las,
Abençoa-me para treinar a bodhichitta.

Mas não posso tornar-me um Buda
Apenas com isso, sem as três éticas;
Assim, abençoa-me com a força de praticar
Os votos do Bodhisattva.

Por pacificar minhas distrações
E analisar perfeitos sentidos,
Abençoa-me para logo alcançar a união
Da visão superior com o tranquilo-permanecer.

Quando me tornar um puro recipiente
Pelos caminhos comuns, abençoa-me para ingressar
Na essência da prática da boa fortuna,
O supremo veículo, Vajrayana.

As duas conquistas dependem, ambas,
De meus sagrados votos e compromissos;
Abençoa-me para entender isso claramente
E conservá-los à custa da minha vida.

Por sempre praticar em quatro sessões
A via explicada pelos santos mestres,
Ó, abençoa-me para obter ambos os estágios
Que são a essência dos Tantras.

Que os que me guiam no bom caminho
E meus companheiros tenham longas vidas;
Abençoa-me para pacificar inteiramente
Todos os obstáculos internos e externos.

Que eu sempre encontre perfeitos mestres
E deleite-me no sagrado Dharma,
Conquiste todos os solos e caminhos velozmente
E obtenha o estado de Vajradhara.

Você pode fazer sua meditação neste ponto ou em qualquer outro momento das Preces das Etapas do Caminho.

Recitação do mantra

Após a nossa meditação, contemplamos que do coração de Buda Shakyamuni, o principal Campo de Mérito a nossa frente, emanam infinitos raios de luz que alcançam todos os ambientes e todos os seres. Os seres e os ambientes dissolvem-se em luz e gradualmente se juntam ao Campo de Mérito. Este dissolve-se na figura central, Buda Shakyamuni, que, por sua vez, se dissolve em nosso Guru-raiz, que está na coroa de nossa cabeça, transformando-o instantaneamente no aspecto de Guru Buda Shakyamuni. Ele, então, diminui de tamanho, entra por nossa coroa e desce até o coração. Sua mente e a nossa tornam-se uma única natureza. Recitamos o mantra:

OM MUNI MUNI MAHA MUNIYE SÖHA (7x, 100x, etc.)

Preces dedicatórias

Pelas virtudes que coletei
Praticando as etapas do caminho,
Que todos os seres vivos tenham a oportunidade
De praticar da mesma forma.

Por mais que existam seres vivos
Experienciando sofrimento físico e mental,
Que seus sofrimentos cessem pelo poder do meu mérito
E que todos encontrem eterna felicidade e alegria.

Que cada um experiencie
A felicidade de humanos e deuses
E rapidamente alcance a iluminação,
Para que o samsara seja finalmente extinto.

Para o benefício de todos os seres vivos, tão vastos como o espaço,
Que eu realize grande sabedoria como a de Manjushri,
Grande compaixão como a de Avalokiteshvara,
Grande poder como o de Vajrapani.

O Budadharma é o remédio supremo
Que alivia toda dor mental,
Portanto, que essa preciosa Joia Dharma
Permeie todos os mundos por todo o espaço.

Que surja na mente de todos os seres vivos,
Grande fé em Buda, Dharma e Sangha
E que assim eles sempre recebam
As bênçãos das Três Joias Preciosas.

Que jamais surjam neste mundo
O infortúnio da doença incurável, fome ou guerra,
Ou o perigo de terremotos, incêndios,
Enchentes, tempestades e assim por diante.

Que todos os seres-mães encontrem preciosos mestres,
Que revelam as etapas do caminho à iluminação,
E, por praticarem esse caminho,
Alcancem rapidamente a paz suprema da plena iluminação.

Pelas bênçãos dos Budas e Bodhisattvas,
Pela verdade das ações e seus efeitos
E pelo poder da minha pura intenção superior
Que todas as minhas preces sejam satisfeitas.

Preces pela Tradição Virtuosa

Que a tradição de Je Tsongkhapa,
O Rei do Dharma, floresça,
Que todos os obstáculos sejam pacificados
E todas as condições favoráveis sejam abundantes.

Pelas duas coleções, minhas e dos outros
Reunidas ao longo dos três tempos,
Que a doutrina do Conquistador Losang Dragpa
Floresça para sempre.

APÊNDICE II: PRECE LIBERTADORA E ESSÊNCIA DA BOA FORTUNA

Prece *Migtsema* de nove versos

Tsongkhapa, ornamento-coroa dos eruditos da Terra das Neves,
Tu és Buda Shakyamuni e Vajradhara, a fonte de todas as conquistas,
Avalokiteshvara, o tesouro de inobservável compaixão,
Manjushri, a suprema sabedoria imaculada,
E Vajrapani, o destruidor das hostes de maras.
Ó Venerável Guru Buda, síntese das Três Joias,
Com meu corpo, fala e mente, respeitosamente faço pedidos.
Peço, concede tuas bênçãos para amadurecer e libertar a mim e
   aos outros,
E confere-nos as aquisições comuns e supremas.   (3x)

Se não pudermos recitar todas as preces das seis práticas preparatórias em cada sessão de meditação, devemos, ao menos, sempre nos lembrar de Guru Buda Shakyamuni sobre a coroa de nossa cabeça, recordando que a mente de Guru Buda Shakyamuni é a síntese de todas as Joias Buda, sua fala é a síntese de todas as Joias Dharma, e seu corpo é a síntese de todas as Joias Sangha. Depois, com forte fé, devemos buscar refúgio, recitando a breve prece de buscar refúgio; gerar a bodhichitta, por meio das palavras "Pelas virtudes que coleto... para o benefício de todos"; oferecer o mandala; pedir os três grandes propósitos; e receber bênçãos e purificar. Se fizermos essas três práticas todas as vezes que sentarmos para meditar – a saber, acumular mérito, purificar carma negativo e fazer pedidos para receber bênçãos e inspiração – cumpriremos os três propósitos de nos empenharmos nas práticas preparatórias. Ao concluir cada sessão de meditação, devemos dedicar nosso mérito.

   Cólofon: Essas preces foram compiladas de fontes
   tradicionais por Venerável Geshe Kelsang Gyatso
   Rinpoche. A estrofe de pedidos a Venerável Geshe Kelsang
   Gyatso Rinpoche foi escrita pelo Protetor do Dharma
   Duldzin Dorje Shugden e incluída nas preces a pedido dos
   discípulos devotados de Venerável Geshe Kelsang.

Glossário

Agregado Em geral, todas as coisas funcionais são agregados porque são uma agregação de suas partes. Em particular, uma pessoa do reino do desejo ou do reino da forma tem cinco agregados: os agregados forma, sensação, discriminação, fatores de composição e consciência. Um ser do reino da sem-forma carece do agregado forma, mas possui os outros quatro agregados. O agregado forma de uma pessoa é o seu corpo. Os quatro agregados restantes são aspectos de sua mente. Consultar *Novo Coração de Sabedoria*.

Agregado(s) contaminado(s) Qualquer um dos agregados forma, sensação, discriminação, fatores de composição e consciência de um ser samsárico. Ver também agregado. Consultar *Novo Coração de Sabedoria*.

Asanga Um grande iogue budista indiano e erudito que viveu no século V, autor de *Compêndio do Abhidharma*. Consultar *Viver Significativamente, Morrer com Alegria* e *Novo Coração de Sabedoria*.

Autoapreço Atitude mental que faz com que alguém se considere supremamente precioso e importante. O autoapreço é considerado o principal objeto a ser abandonado pelos Bodhisattvas. Consultar *Budismo Moderno, Oito Passos para a Felicidade* e *Contemplações Significativas*.

Base de imputação Todos os fenômenos são imputados sobre suas partes. Por essa razão, qualquer uma das partes individuais ou a coleção completa das partes de qualquer fenômeno é a sua base de imputação. Um fenômeno é imputado pela mente na dependência da base de imputação do fenômeno que aparece à mente. Consultar *Novo Coração de Sabedoria* e *Oceano de Néctar*.

Bênção Transformação da nossa mente de um estado negativo para um estado positivo, de um estado infeliz para um estado feliz, de um estado de fraqueza para um estado de vigor, pela inspiração de seres sagrados, como nosso Guia Espiritual, Budas e Bodhisattvas.

Bodhichitta Palavra sânscrita para "mente de iluminação". "*Bodhi*" significa "iluminação", e "*chitta*" significa "mente". Existem dois tipos de bodhichitta: bodhichitta convencional e bodhichitta última. Em linhas gerais, o termo "bodhichitta" refere-se à bodhichitta convencional, que é uma mente primária motivada por grande compaixão que busca, espontaneamente, a iluminação para beneficiar todos os seres vivos. A bodhichitta convencional é de dois tipos: a bodhichitta aspirativa e a bodhichitta de compromisso. A bodhichitta última é uma sabedoria motivada pela bodhichitta convencional e que realiza diretamente a vacuidade, a natureza última dos fenômenos. Ver também bodhichitta aspirativa e bodhichitta de compromisso. Consultar *Budismo Moderno*, *Caminho Alegre da Boa Fortuna* e *Contemplações Significativas*.

Bodhichitta aspirativa A bodhichitta que é o mero desejo de alcançar a iluminação para o benefício de todos os seres vivos. Ver também bodhichitta.

Bodhichitta de compromisso É uma bodhichitta sustentada pelos votos bodhisattva. Ver também bodhichitta.

Bodhisattva Uma pessoa que gerou a bodhichitta espontânea, mas que ainda não se tornou um Buda. Consultar *Budismo Moderno*, *Caminho Alegre da Boa Fortuna* e *Contemplações Significativas*.

GLOSSÁRIO

Buda Um ser que abandonou completamente todas as delusões e suas marcas. Todo ser vivo tem o potencial de se tornar um Buda. Ver também Buda Shakyamuni. Consultar *Budismo Moderno* e *Caminho Alegre da Boa Fortuna*.

Budadharma Ver Dharma.

Budismo Kadampa Escola budista Mahayana fundada pelo grande mestre budista indiano Atisha (982-1054). Ver também Kadampa, Nova Tradição Kadampa e Tradição Kadampa.

Budista Qualquer pessoa que, do fundo de seu coração, busque refúgio nas Três Joias – a Joia Buda, a Joia Dharma e a Joia Sangha. Consultar *Introdução ao Budismo*.

Caminho/Caminho espiritual Uma excelsa percepção associada com renúncia espontânea, ou não fabricada. Caminho espiritual, solo espiritual, veículo espiritual e excelsa percepção são sinônimos. Ver também solo/solo espiritual. Consultar *Solos e Caminhos Tântricos* e *Oceano de Néctar*.

Caminho Mahayana Uma realização clara no continuum mental de um Bodhisattva ou de um Buda. Existem Cinco Caminhos Mahayana: o Caminho Mahayana da Acumulação, o Caminho Mahayana da Preparação, o Caminho Mahayana da Visão, o Caminho Mahayana da Meditação e o Caminho Mahayana do Não-Mais-Aprender. Os primeiros quatro caminhos estão, necessariamente, no continuum de um Bodhisattva, e o último está, necessariamente, no continuum de um Buda. Consultar *Caminho Alegre da Boa Fortuna* e *Oceano de Néctar*.

Caminho supramundano Qualquer caminho que conduza à libertação ou à iluminação – por exemplo, as realizações de renúncia, bodhichitta e a visão correta da vacuidade. Estritamente falando, somente os seres superiores possuem caminhos supramundanos. Consultar *Solos e Caminhos Tântricos*.

Caminhos mundanos Ações contaminadas que levam ao renascimento samsárico. Existem dois tipos de ações contaminadas: as dez ações não virtuosas que levam aos reinos inferiores, e as dez ações virtuosas e concentrações contaminadas que levam aos reinos superiores.

Canal central O principal canal, localizado bem no centro do corpo, e onde as rodas-canal (ou *chakras*) estão localizadas ao longo de sua extensão. Consultar *Budismo Moderno* e *Clara-Luz de Êxtase*.

Chakra Palavra sânscrita para designar "roda-canal". O chakra é um centro focal de onde canais secundários ramificam-se a partir do canal central. Meditar nesses pontos pode fazer com que os ventos interiores entrem no canal central. Consultar *Budismo Moderno*, *Clara-Luz de Êxtase* e *Mahamudra Tantra*.

Chandrakirti (por volta do século VII) Grande erudito budista indiano e mestre de meditação que escreveu, dentre muitos outros livros, o famoso *Guia ao Caminho do Meio*, no qual elucida claramente a visão da escola Madhyamika-Prasangika de acordo com os ensinamentos de Buda dados nos *Sutras Perfeição de Sabedoria*. Consultar *Oceano de Néctar*.

Charavaka Escola não budista existente na época de Buda. Essa escola negava conhecedores subsequentes, renascimento, as leis do carma e assim por diante. Ela também encorajava uma atitude hedonista com relação à vida. Consultar *Oceano de Néctar* e *Contemplações Significativas*.

Chittamatra Escola inferior dentre as duas escolas de princípios filosóficos Mahayana. "Chittamatra" significa "apenas a mente". De acordo com essa escola, todos os fenômenos são da mesma natureza que a mente que os apreende. A escola Chittamatra também afirma que fenômenos dependentes são verdadeiramente existentes mas não existem de modo exterior à mente. Um Chittamatrin é um proponente de princípios filosóficos Chittamatra. Consultar *Contemplações Significativas* e *Oceano de Néctar*.

Clara-luz Mente muito sutil manifesta que percebe a aparência semelhante a um espaço vazio, claro. Consultar *Budismo Moderno*, *Clara-Luz de Êxtase*, *Mahamudra Tantra* e *Solos e Caminhos Tântricos*.

Conquistador Solitário Um dos dois tipos de praticante hinayana. Também conhecido como "Realizador Solitário". Os Ouvintes e Conquistadores Solitários são, ambos, hinayanistas; porém, diferem em sua motivação, comportamento, mérito e sabedoria. Em relação a todas essas características, os Conquistadores Solitários são superiores aos Ouvintes. Consultar *Oceano de Néctar*.

Corpos de Buda Um Buda possui quatro corpos: o Corpo-Verdade-Sabedoria, o Corpo-Natureza, o Corpo-de-Deleite e o Corpo-Emanação. O Corpo-Verdade-Sabedoria é a mente onisciente de Buda. O Corpo-Natureza é a vacuidade, ou natureza última, de sua mente. O Corpo-de-Deleite é seu Corpo-Forma sutil. O Corpo-Emanação, a partir do qual cada Buda manifesta um número incontável de corpos, são Corpos-Forma densos visíveis aos seres comuns. O Corpo-Verdade-Sabedoria e o Corpo-Natureza estão, ambos, incluídos no Corpo-Verdade, e o Corpo-de-Deleite e o Corpo-Emanação estão, ambos, incluídos no Corpo-Forma. Consultar *Caminho Alegre da Boa Fortuna*, *Oceano de Néctar* e *Solos e Caminhos Tântricos*.

Deidade "*Yidam*" em tibetano. Um ser iluminado tântrico.

Destruidor de Inimigos "*Arhat*" em sânscrito. Refere-se a um praticante que abandonou todas as delusões e suas sementes por meio de treinar em caminhos espirituais e que nunca mais renascerá no samsara. Neste contexto, o termo "inimigo" refere-se às delusões. Ver também ouvinte.

Dezesseis características das Quatro Nobres Verdades Buda ensinou que cada uma das Quatro Nobres Verdades tem quatro características especiais. As quatro características dos verdadeiros sofrimentos são: impermanência, sofrimento, vazio e ausência do em-si. As quatro características das verdadeiras origens são: causa, origem, forte produtor e condição. As quatro características das verdadeiras cessações são: cessação, paz, aquisição suprema e abandonador definitivo. As quatro características dos verdadeiros caminhos são: caminho, antídoto, realizador e abandono definitivo. Consultar *Oceano de Néctar*.

Dharma Os ensinamentos de Buda e as realizações interiores obtidas na dependência da prática desses ensinamentos. "Dharma" significa "proteção". Por praticar os ensinamentos de Buda, nos protegemos de sofrimentos e problemas.

Dharmakirti (por volta do século VI–VII) Um grande iogue budista indiano e erudito que escreveu *Comentário à Cognição Válida*, um comentário ao *Compêndio da Cognição Válida*, escrito por seu Guia Espiritual Dignaga.

Dignaga (por volta do século V) Um grande iogue budista indiano e erudito que escreveu várias obras sobre lógica e cognição – a mais famosa delas é *Compêndio da Cognição Válida*.

Escolas de princípios filosóficos budistas São as quatro visões filosóficas ensinadas por Buda de acordo com as inclinações e disposições dos discípulos. Essas quatro visões filosóficas são as escolas Vaibhashika, Sautrantika, Chittamatra e Madhyamika. As primeiras duas são escolas hinayana, e as duas últimas são escolas mahayana. Essas escolas são estudadas em sequência, sendo os princípios filosóficos inferiores os meios pelos quais os princípios superiores são compreendidos. Consultar *Contemplações Significativas* e *Oceano de Néctar*.

Espaço não composto Ausência de contato obstrutivo. É assim denominado porque não é produzido por causas e condições e, por essa razão, é permanente. Também conhecido como "espaço não produzido". Consultar *Novo Coração de Sabedoria*.

Essência da Boa Fortuna Sadhana que consiste de preces das seis práticas preparatórias. Ver também práticas preparatórias. Para um comentário completo a essa sadhana, consultar *Caminho Alegre da Boa Fortuna*.

Estágio de geração Realização de um ioga criativo antes da aquisição do estágio de conclusão efetivo. A realização do estágio de geração é obtida por meio da prática de trazer os três corpos para o caminho, na qual alguém gera mentalmente a si mesmo como uma Deidade tântrica e seu ambiente como o mandala da Deidade. A meditação no estágio de geração é denominada de "ioga criativo" porque seu objeto é criado, ou gerado, por meio de imaginação correta. Consultar *Budismo Moderno, Mahamudra Tantra* e *Solos e Caminhos Tântricos*.

Existência inerente Modo de existência imaginado, no qual os fenômenos são considerados como existindo do seu próprio lado, independentes de outros fenômenos. Em realidade, todos os fenômenos carecem, ou são vazios, de existência inerente, pois dependem de outros fenômenos. Consultar *Budismo Moderno, Novo Coração de Sabedoria* e *Oceano de Néctar*.

Fenômeno impermanente Os fenômenos são permanentes ou impermanentes. "Impermanente" significa "momentâneo"; assim, um fenômeno impermanente é um fenômeno que é produzido e se desintegra em um instante, ou momento. "Coisa funcional", "coisa" e "produto" são sinônimos de fenômeno impermanente. Existem dois tipos de impermanência: densa e sutil. Impermanência densa é qualquer impermanência que possa ser vista pela percepção sensorial comum – por exemplo, o envelhecimento e a morte de um ser senciente. A impermanência sutil é a desintegração, momento a momento, de uma coisa funcional. Consultar *Novo Coração de Sabedoria*.

Fonte-Fenômenos Fenômeno que aparece somente para a percepção mental. É também o nome dado ao mandala de Buda Vajrayogini, que é um símbolo da fonte de todos os fenômenos, a vacuidade. O formato desse mandala é semelhante a um duplo tetraedro. Consultar *Novo Guia à Terra Dakini*.

Geshe Título concedido pelos monastérios kadampa para eruditos budistas realizados. Geshe é uma abreviação da expressão tibetana "*ge wai she nyem*", que significa, literalmente, "amigo virtuoso".

Guia ao Caminho do Meio Texto budista mahayana clássico escrito pelo grande iogue e erudito budista indiano Chandrakirti e que proporciona uma ampla explicação da visão Madhyamika-Prasangika sobre a vacuidade como foi ensinada nos *Sutras Perfeição de Sabedoria*. Para uma tradução e comentário completo sobre esse texto, consultar *Oceano de Néctar*.

Guia do Estilo de Vida do Bodhisattva Texto budista mahayana clássico escrito pelo grande iogue e erudito budista indiano Shantideva, que apresenta todas as práticas de um Bodhisattva, desde as primeiras etapas de gerar a bodhichitta até a conclusão da prática das seis perfeições. Para ler a tradução dessa obra, consultar *Guia do Estilo de Vida do Bodhisattva*. Para um comentário completo a esse texto, ler *Contemplações Significativas*.

Guru Sumati Buda Heruka Uma manifestação especial de Je Tsongkhapa inseparável de nosso Guru-raiz, de Buda Shakyamuni e de Heruka. Consultar *Budismo Moderno* e *Mahamudra Tantra*.

Hashang Monge chinês que viveu no século VIII e que propagou muitas visões errôneas no Tibete, incluindo a visão de que o sentido dos ensinamentos de Buda sobre a vacuidade era a de que devemos esvaziar nossa mente de todas as concepções e meditar sobre o nada. Ele foi derrotado publicamente em um debate por Kamalashila e banido do Tibete. Consultar *Oceano de Néctar* e *Caminho Alegre da Boa Fortuna*.

Heruka Principal Deidade do Tantra-Mãe e a corporificação de êxtase e vacuidade indivisíveis. Ele tem um corpo azul, quatro faces e doze braços e está em abraço com sua consorte, Vajravarahi. Consultar *Budismo Moderno* e *Essência do Vajrayana*.

Hinayana Termo sânscrito para "Pequeno Veículo". A meta hinayana é meramente a conquista da libertação do sofrimento para si próprio pelo completo abandono das delusões. Consultar *Caminho Alegre da Boa Fortuna*.

Iluminação Normalmente, refere-se à plena iluminação da Budeidade. Existem três níveis de iluminação: pequena iluminação (ou a iluminação de um Ouvinte); iluminação mediana (ou a iluminação de um Conquistador Solitário); e a grande iluminação (ou a iluminação de um Buda), também conhecida como "Budeidade". A iluminação é uma libertação e uma verdadeira cessação. Consultar *Budismo Moderno* e *Caminho Alegre da Boa Fortuna*.

Imputação, mera De acordo com a mais elevada escola filosófica budista, a escola Madhyamika-Prasangika, todos os fenômenos são meramente imputados por concepção na dependência de suas bases de imputação. Por essa razão, eles são meras imputações e não existem do seu próprio lado de modo algum. Ver também base de imputação. Consultar *Budismo Moderno*, *Novo Coração de Sabedoria* e *Oceano de Néctar*.

Iniciação ("*empowerment*" em inglês, que em uma tradução literal significa "empoderamento", "autorização", "permissão") A iniciação é um poder potencial especial para se obter qualquer um dos quatros corpos de um Buda. Um praticante tântrico recebe, de seu Guru ou dos demais seres sagrados, uma iniciação por meio de um ritual tântrico. Uma iniciação é a porta de ingresso ao Vajrayana. Consultar *Solos e Caminhos Tântricos* e *Mahamudra Tantra*.

Iogue/Ioguine Termos sânscritos normalmente utilizados para se referir a um meditador masculino ou feminino que alcançou a união do tranquilo-permanecer com a visão superior.

Je Tsongkhapa (1357-1419) Uma emanação do Buda da Sabedoria Manjushri. Sua aparição no século XIV como um monge e detentor da linhagem da visão pura e de feitos puros, no Tibete, foi profetizada por Buda. Je Tsongkhapa difundiu um Budadharma muito puro por todo o Tibete, mostrando como combinar as práticas de Sutra e de Tantra e como praticar o puro Dharma durante tempos degenerados. Sua tradição ficou conhecida posteriormente como "Gelug", ou "Tradição Ganden". Consultar *Joia-Coração* e *Grande Tesouro de Mérito*.

Kadampa Palavra tibetana na qual "Ka" significa "palavra" e refere-se a todos os ensinamentos de Buda; "dam" refere-se às instruções de Lamrim especiais de Atisha, conhecidas como "etapas do caminho à iluminação"; e "pa" refere-se ao seguidor do Budismo Kadampa que integra todos os ensinamentos de Buda que conhece em sua prática de Lamrim. Ver também Budismo Kadampa e Tradição Kadampa.

Khedrubje (1385-1438) Um dos principais discípulos de Je Tsongkhapa. Após o falecimento de Je Tsongkhapa, Khedrubje trabalhou muito para promover a tradição iniciada por ele. Consultar *Grande Tesouro de Mérito*.

Letra-semente Letra sagrada a partir da qual uma Deidade é gerada. Cada Deidade possui uma letra-semente específica. Por exemplo, a letra-semente de Manjushri é DHI, a letra-semente de Tara é TAM, a letra-semente de Vajrayogini é BAM, e a letra semente de Heruka é HUM. Para obtermos realizações tântricas, precisamos reconhecer que as Deidades e suas letras-sementes são de mesma natureza.

Libertação Liberdade completa do samsara e de suas causas, as delusões. Consultar *Caminho Alegre da Boa Fortuna*.

Madhyamika Termo sânscrito que literalmente significa "Caminho do Meio". A mais elevada das duas escolas de princípios filosóficos mahayana. A visão madhyamika foi ensinada por Buda nos *Sutras Perfeição de Sabedoria* durante a segunda girada da Roda do Dharma e foi elucidada, posteriormente, por Nagarjuna e seus seguidores. Existem duas divisões dessa escola: Madhyamika-Svatantrika e Madhyamika-Prasangika, sendo esta última a visão última e conclusiva de Buda. Consultar *Contemplações Significativas* e *Oceano de Néctar*.

Mahamudra Termo sânscrito que significa literalmente "grande selo". De acordo com o Sutra, refere-se à visão profunda da vacuidade. Como a vacuidade é a natureza de todos os fenômenos, ela é chamada de "selo", e como uma realização direta da vacuidade capacita-nos a conquistar o grande propósito – a libertação completa dos sofrimentos do samsara – ele também é chamado de "grande". De acordo com o Tantra, ou Vajrayana, "grande selo" é a união de grande êxtase espontâneo e vacuidade. Consultar *Clara-Luz de Êxtase*, *Grande Tesouro de Mérito* e *Mahamudra Tantra*.

Mahamudra Vajrayana Ver mahamudra.

Mahayana Termo sânscrito para "Grande Veículo", o caminho espiritual à grande iluminação. A meta mahayana é conquistar a Budeidade para o benefício de todos os seres sencientes, pelo abandono completo das delusões e de suas marcas. Consultar *Caminho Alegre da Boa Fortuna* e *Contemplações Significativas*.

Maitreya A corporificação da bondade amorosa de todos os Budas. No tempo de Buda Shakyamuni, Maitreya manifestou-se como um discípulo Bodhisattva a fim de mostrar, aos discípulos de Buda, como ser um perfeito discípulo mahayana. No futuro, Maitreya irá se manifestar como o quinto Buda fundador.

Manjushri A corporificação da sabedoria de todos os Budas. No tempo de Buda Shakyamuni, Manjushri manifestou-se como um discípulo Bodhisattva a fim de mostrar, aos discípulos de Buda, como ser um perfeito discípulo mahayana. Consultar *Grande Tesouro de Mérito* e *Joia-Coração*.

Mantra Termo sânscrito que significa literalmente "proteção da mente". O mantra protege a mente das aparências e concepções comuns. Existem quatro tipos de mantra: mantras que são mente, mantras que são vento interior, mantras que são som e mantras que são forma. Em geral, existem três tipos de recitação de mantra: recitação verbal, recitação mental e recitação vajra. Consultar *Solos e Caminhos Tântricos*.

Mantra Secreto Sinônimo de Tantra. Os ensinamentos do Mantra Secreto diferem dos ensinamentos de Sutra por revelarem métodos de treinar a mente com o objetivo de trazer o resultado futuro – a Budeidade – para o caminho atual. Mantra Secreto é o caminho supremo à plena iluminação. O termo "mantra" indica que se trata de uma instrução especial de Buda para proteger a nossa mente das aparências e concepções comuns. Os praticantes do Mantra Secreto superam as aparências e concepções comuns visualizando o seu corpo, ambiente, prazeres e atividades como sendo os de um Buda. O termo "secreto" indica que as práticas devem ser feitas reservadamente e apenas pelos que receberam uma iniciação tântrica. Consultar *Budismo Moderno*, *Clara-Luz de Êxtase*, *Mahamudra Tantra* e *Solos e Caminhos Tântricos*.

Marca Existem dois tipos de marca: marcas das ações e marcas das delusões. Cada ação que fazemos deixa uma marca na consciência mental, e essas marcas são potencialidades cármicas para experienciar determinados efeitos no futuro. As marcas deixadas pelas delusões permanecem mesmo depois das próprias delusões terem sido removidas, do mesmo modo que o cheiro de alho permanece num recipiente depois do alho ter sido removido. As marcas das delusões são obstruções à onisciência e são completamente abandonadas somente pelos Budas.

Mérito Boa fortuna criada por ações virtuosas. É um poder potencial para aumentar nossas boas qualidades e produzir felicidade.

Método Qualquer caminho espiritual que atua para amadurecer nossa linhagem búdica. Treinar em renúncia, compaixão e bodhichitta são exemplos de práticas do método.

Nagarjuna Grande erudito budista indiano e mestre de meditação que reviveu o Mahayana no primeiro século e que trouxe à luz os ensinamentos sobre os *Sutras Perfeição de Sabedoria*. Consultar *Novo Coração de Sabedoria* e *Oceano de Néctar*.

Natureza búdica A mente muito sutil de um ser senciente e a natureza última dessa mente. Semente búdica, natureza búdica e linhagem búdica são sinônimos. Todos os seres sencientes possuem a natureza búdica e, portanto, têm o potencial para alcançar a Budeidade. Consultar *Mahamudra Tantra*.

Natureza convencional Ver natureza última.

Natureza última Todos os fenômenos têm duas naturezas – a natureza convencional e a natureza última. No caso de uma mesa, por exemplo, a mesa ela própria e seu formato, cor e assim por diante são, todos, a natureza convencional da mesa. A natureza última da mesa é a ausência de existência inerente da mesa. A natureza convencional de um fenômeno é uma verdade convencional, e sua natureza última é uma verdade última. Consultar *Novo Coração de Sabedoria* e *Oceano de Néctar*.

Nirvana Termo sânscrito que significa "estado além da dor". Liberdade completa em relação ao samsara e as suas causas, as delusões. Consultar *Caminho Alegre da Boa Fortuna*.

Obstruções à libertação Obstruções que impedem a conquista da libertação. Todas as delusões, como ignorância, apego e raiva, juntamente com suas sementes, são obstruções à libertação. São também denominadas "delusões-obstruções".

Obstruções à onisciência As marcas das delusões, que impedem a realização direta e simultânea de todos os fenômenos. Somente os Budas superaram essas obstruções.

Ouvinte Um dos dois tipos de praticantes hinayana. Ouvintes e Conquistadores Solitários são, ambos, hinayanistas; porém, diferem em sua motivação, comportamento, mérito e sabedoria. Em relação a todas essas características, os Conquistadores Solitários são superiores aos Ouvintes. Consultar *Oceano de Néctar*.

Parinirvana Termo sânscrito que significa literalmente "morrer passando para um estado além da dor". Esse termo refere-se ao Corpo-Emanação de um Buda que aparece como morrendo e passando para além deste mundo.

Práticas preparatórias Práticas que preparam a mente para uma meditação bem-sucedida, tais como purificar a mente, acumular mérito e receber bênçãos. Ver também Essência da Boa Fortuna. Consultar *Oito Passos para a Felicidade*, *Caminho Alegre da Boa Fortuna* e *Novo Manual de Meditação*.

Pratimoksha Palavra sânscrita que significa "libertação individual". Consultar *O Voto Bodhisattva*.

Prostração Ação por meio da qual demonstramos respeito com o corpo, a fala ou a mente. Consultar *Caminho Alegre da Boa Fortuna* e *O Voto Bodhisattva*.

Puja Cerimônia na qual são feitas, diante de seres sagrados, oferendas e outros atos de devoção.

Purificação Em geral, qualquer prática que nos conduza a obter um corpo puro, uma fala pura ou uma mente pura. Mais especificamente, a prática para purificar carma negativo por meio dos quatro poderes oponentes. Consultar *Caminho Alegre da Boa Fortuna, O Voto Bodhisattva, Compaixão Universal* e *Novo Guia à Terra Dakini*.

Quatro Nobres Verdades Verdadeiros sofrimentos, verdadeiras origens, verdadeiras cessações e verdadeiros caminhos. Elas são denominados "nobres" pois são objetos supremos de meditação. Por meditarmos nesses quatro objetos, podemos realizar a verdade última diretamente e, assim, nos tornarmos um Ser superior. Algumas vezes, elas são referidas como "as Quatros Verdades dos Superiores". Consultar *Como Solucionar Nossos Problemas Humanos, Caminho Alegre da Boa Fortuna* e *Oceano de Néctar*.

Recitação vajra Recitação de mantra produzida a partir dos ventos interiores e que é praticada em associação com práticas Vajrayana. Consultar *Solos e Caminhos Tântricos*.

Reino do inferno O reino mais inferior dos seis reinos do samsara. Consultar *Caminho Alegre da Boa Fortuna*.

Roda da Vida Diagrama que representa os doze elos dependente-relacionados e as Quatro Nobres Verdades. Consultar *Caminho Alegre da Boa Fortuna*.

Sadhana Prece ritual que é um método especial para obtermos realizações espirituais, normalmente associada a uma Deidade tântrica.

Ser senciente Qualquer ser que possua uma mente que está contaminada pelas delusões ou pelas marcas das delusões. Os termos "ser senciente" e "ser vivo" são, ambos, utilizados para fazer a distinção entre os seres cujas mentes estão contaminadas pelas duas obstruções (ou por uma delas) e os Budas, cujas mentes são completamente livres das duas obstruções.

Ser superior *"Arya"* em sânscrito. Ser que possui uma realização direta da vacuidade. Existem Hinayanas superiores e Mahayanas superiores.

Shantideva (687-763) Grande erudito budista indiano e mestre de meditação. Escreveu *Guia do Estilo de Vida do Bodhisattva*. Consultar *Contemplações Significativas* e *Guia do Estilo de Vida do Bodhisattva*.

Solo/Solo espiritual Uma realização clara que atua como o fundamento de muitas boas qualidades. Uma realização clara é uma realização mantida por renúncia ou bodhichitta espontâneas. Os dez solos são as realizações dos Bodhisattvas superiores. Os dez solos são: Muito Alegre, Imaculado, Luminoso, Radiante, Difícil de Superar, Aproximando-se, Indo Além, Inamovível, Boa Compreensão e Nuvem do Dharma. Ver também caminho/caminho espiritual. Consultar *Oceano de Néctar* e *Solos e Caminhos Tântricos*.

Sutra Ensinamentos de Buda abertos para a prática de todos, sem a necessidade de uma iniciação. Os ensinamentos de Sutra incluem os ensinamentos das três giradas da Roda do Dharma.

Sutras Perfeição de Sabedoria Sutras da segunda girada da Roda do Dharma, na qual Buda revelou sua visão final da natureza última de todos os fenômenos – a vacuidade de existência inerente. Consultar *Novo Coração de Sabedoria* e *Oceano de Néctar*.

Sutras Vinaya Sutras nos quais Buda explica, principalmente, a prática de disciplina moral e, em particular, a disciplina moral Pratimoksha.

Tantra Ver mantra secreto.

Tempos sem início De acordo com a visão budista sobre o mundo, não existe um início para a mente e, portanto, não existe um início para o tempo. Por essa razão, todos os seres vivos tiveram incontáveis renascimentos.

Terra Dakini A Terra Pura de Heruka e Vajrayogini. É chamada de "Keajra" em sânscrito e "Dagpa Khacho" em tibetano. Consultar *Novo Guia à Terra Dakini*.

Terra Pura Ambiente puro onde não há verdadeiros sofrimentos. Existem muitas Terras Puras. Por exemplo, Tushita é a Terra Pura de Buda Maitreya, Sukhavati é a Terra Pura de Buda Amitabha, e a Terra Dakini, ou Keajra, é a Terra Pura de Buda Vajrayogini e Buda Heruka. Consultar *Viver Significativamente, Morrer com Alegria*.

Tradição Kadampa A pura tradição do Budismo estabelecida por Atisha. Os seguidores dessa tradição, até a época de Je Tsongkhapa, são conhecidos como "Antigos Kadampas", e os seguidores após a época de Je Tsongkhapa são conhecidos como "Novos Kadampas". Ver também Kadampa e Budismo Kadampa.

Treino da mente "Lojong" em tibetano. Uma linhagem especial de instruções recebidas de Buda Shakyamuni por Manjushri e transmitidas a Shantideva, Atisha e geshes kadampas, que enfatiza gerar a bodhichitta por meio das práticas de equalizar eu com outros e de trocar eu por outros, em associação com a prática de tomar e dar. Consultar *Compaixão Universal* e *Oito Passos para a Felicidade*.

Tummo Palavra tibetana para "fogo interior". É um calor interior localizado no centro da roda-canal do umbigo. Consultar *Clara--Luz de Êxtase*.

Vajrayogini Deidade feminina do Tantra Ioga Supremo e a corporificação de êxtase e vacuidade indivisíveis. Ela é a mesma natureza que Heruka. Consultar *Novo Guia à Terra Dakini*.

Vasubandhu Grande erudito budista indiano do século V, convertido ao Mahayana por seu irmão mais velho, Asanga. Vasubandhu escreveu *Tesouro do Abhidharma* (*Abhidharmakosha*, em sânscrito). Consultar *Novo Coração de Sabedoria*.

Ventos Ver ventos interiores.

Ventos interiores Ventos sutis especiais relacionados com a mente e que fluem pelos canais de nosso corpo. Nosso corpo e nossa mente não podem atuar, ou funcionar, sem esses ventos. Consultar *Budismo Moderno*, *Clara-Luz de Êxtase*, *Mahamudra Tantra* e *Solos e Caminhos Tântricos*.

Verdade convencional Qualquer outro fenômeno que não a vacuidade. Verdades convencionais são verdadeiras com respeito às mentes dos seres comuns, mas, em realidade, as verdades convencionais são falsas. Consultar *Budismo Moderno*, *Novo Coração de Sabedoria*, *Contemplações Significativas* e *Oceano de Néctar*.

Verdade última A natureza última de todos os fenômenos, a vacuidade. Consultar *Novo Coração de Sabedoria*, *Transforme sua Vida*, *Contemplações Significativas* e *Oceano de Néctar*.

Bibliografia

VENERÁVEL GESHE KELSANG GYATSO RINPOCHE é um mestre de meditação e erudito altamente respeitado da tradição do Budismo Mahayana fundada por Je Tsongkhapa. Desde sua chegada ao Ocidente, em 1977, Venerável Geshe Kelsang Gyatso Rinpoche tem trabalhado incansavelmente para estabelecer o puro Budadharma no mundo inteiro. Durante esse tempo, deu extensos ensinamentos sobre as principais escrituras mahayana. Esses ensinamentos proporcionam uma exposição completa das práticas essenciais de Sutra e de Tantra do Budismo Mahayana.

Consulte o *website* da Tharpa Brasil para conferir os títulos disponíveis em língua portuguesa.

Livros

Budismo Moderno O caminho da compaixão e sabedoria. (3ª edição, 2015)

Caminho Alegre da Boa Fortuna O completo caminho budista à iluminação. (4ª edição, 2010)

Clara-Luz de Êxtase Um manual de meditação tântrica.

Como Entender a Mente A natureza e o poder da mente. (edição revista pelo autor, 2014. Edição anterior, com o título *Entender a Mente*, 2002)

Como Solucionar Nossos Problemas Humanos As Quatro Nobres Verdades. (4ª edição, 2012)

Como Transformar a sua Vida Uma jornada de êxtase. (2016. Edição revista pelo autor, 2016. Edição anterior, com o título *Transforme sua Vida*, 2014)
Compaixão Universal Soluções inspiradoras para tempos difíceis. (3ª edição, 2007)
Contemplações Significativas Como se tornar um amigo do mundo. (2009)
Essência do Vajrayana A prática do Tantra Ioga Supremo do mandala de corpo de Heruka.
Grande Tesouro de Mérito Como confiar num Guia Espiritual. (2013)
Guia do Estilo de Vida do Bodhisattva Como desfrutar uma vida de grande significado e altruísmo. Uma tradução da famosa obra-prima em versos de Shantideva. (2ª edição, 2009)
Introdução ao Budismo Uma explicação do estilo de vida budista. (6ª edição, 2012)
As Instruções Orais do Mahamudra A verdadeira essência dos ensinamentos, de Sutra e de Tantra, de Buda (2016)
Joia-Coração As práticas essenciais do Budismo Kadampa. (2ª edição, 2016)
Mahamudra-Tantra O supremo néctar da Joia-Coração. (2ª edição, 2014)
Novo Coração de Sabedoria Uma explicação do Sutra Coração. (edição revista pelo autor, 2013. Edição anterior, com o título *Coração de Sabedoria*, 2005)
Novo Guia à Terra Dakini A prática do Tantra Ioga Supremo de Buda Vajrayogini. (edição revista pelo autor, 2015. Edição anterior, com o título *Guia à Terra Dakini*, 2001)
Novo Manual de Meditação Meditações para tornar nossa vida feliz e significativa. (3ª edição, 2016)
Oceano de Néctar A verdadeira natureza de todas as coisas.
Oito Passos para a Felicidade O caminho budista da bondade amorosa. (edição revista pelo autor, 2013. Edição anterior, com mesmo título, 2007). Em preparação: *Novo Oito Passos para a Felicidade*, a partir da nova edição revista pelo autor em 2016.

Solos e Caminhos Tântricos Como ingressar, progredir e concluir o Caminho Vajrayana. (2016)
Viver Significativamente, Morrer com Alegria A prática profunda da transferência de consciência. (2007)
O Voto Bodhisattva Um guia prático para ajudar os outros. (2ª edição, 2005)

Sadhanas

Venerável Geshe Kelsang Gyatso Rinpoche também supervisionou a tradução de uma coleção essencial de sadhanas, ou livretos de orações. Consulte o *website* da Tharpa Brasil para conferir os títulos disponíveis em língua portuguesa.

Caminho de Compaixão para quem Morreu Sadhana de Powa para o benefício dos que morreram.
Caminho de Êxtase A sadhana condensada de autogeração de Vajrayogini.
Caminho Rápido ao Grande Êxtase A sadhana extensa de autogeração de Vajrayogini.
Caminho à Terra Pura Sadhana para o treino em Powa (a transferência de consciência).
As Centenas de Deidades da Terra Alegre de Acordo com o Tantra Ioga Supremo O Guru-Ioga de Je Tsongkhapa como uma Prática Preliminar ao Mahamudra.
Cerimônia de Powa Transferência de consciência de quem morreu.
Cerimônia de Refúgio Mahayana e Cerimônia do Voto Bodhisattva.
A Confissão Bodhisattva das Quedas Morais A prática de purificação do Sutra Mahayana dos Três Montes Superiores.
Essência da Boa Fortuna Preces das seis práticas preparatórias para a meditação sobre as Etapas do Caminho à iluminação.
Essência do Vajrayana Sadhana de autogeração do mandala de corpo de Heruka, de acordo com o sistema de Mahasiddha Ghantapa.
Essência do Vajrayana Condensado Sadhana de autogeração do mandala de corpo de Heruka.

O Estilo de Vida Kadampa As práticas essenciais do Lamrim Kadam.
Festa de Grande Êxtase Sadhana de autoiniciação de Vajrayogini.
Gota de Néctar Essencial Uma prática especial de jejum e de purificação em associação com Avalokiteshvara de Onze Faces.
Grande Libertação do Pai Preces preliminares para a meditação no Mahamudra em associação com a prática de Heruka.
Grande Libertação da Mãe Preces preliminares para a meditação no Mahamudra em associação com a prática de Vajrayogini.
A Grande Mãe Um método para superar impedimentos e obstáculos pela recitação do *Sutra Essência da Sabedoria* (o *Sutra Coração*).
O Ioga de Avalokiteshvara de Mil Braços Sadhana de autogeração.
O Ioga de Buda Amitayus Um método especial para aumentar tempo de vida, sabedoria e mérito.
O Ioga de Buda Heruka A sadhana essencial de autogeração do mandala de corpo de Heruka & Ioga Condensado em Seis Sessões.
O Ioga de Buda Maitreya Sadhana de autogeração.
O Ioga de Buda Vajrapani Sadhana de autogeração.
Ioga da Dakini A sadhana mediana de autogeração de Vajrayogini.
O Ioga da Grande Mãe Prajnaparamita Sadhana de autogeração.
O Ioga Incomum da Inconceptibilidade A instrução especial sobre como alcançar a Terra Pura de Keajra com este corpo humano.
O Ioga da Mãe Iluminada Arya Tara Sadhana de autogeração.
O Ioga de Tara Branca, Buda de Longa Vida.
Joia-Coração O Guru-Ioga de Je Tsongkhapa, associado à sadhana condensada de seu Protetor do Dharma.
Joia-que-Satisfaz-os-Desejos O Guru-Ioga de Je Tsongkhapa, associado à sadhana de seu Protetor do Dharma.
Libertação da Dor Preces e pedidos às 21 Taras.
Manual para a Prática Diária dos Votos Bodhisattva e Tântricos.
Meditação e Recitação de Vajrasattva Solitário.
Melodioso Tambor Vitorioso em Todas as Direções O ritual extenso de cumprimento e de renovação de compromissos com o Protetor do Dharma, o grande rei Dorje Shugden, juntamente com Mahakala, Kalarupa, Kalindewi e outros Protetores do Dharma.

Nova Essência do Vajrayana A prática de autogeração do mandala de corpo de Heruka, uma instrução da Linhagem Oral Ganden.

Oferenda ao Guia Espiritual (Lama Chöpa) Uma maneira especial de confiar no Guia Espiritual.

Paraíso de Keajra O comentário essencial à prática do Ioga Incomum da Inconceptibilidade.

Pedido ao Sagrado Guia Espiritual Venerável Geshe Kelsang Gyatso, de seus Fiéis Discípulos.

Prece do Buda da Medicina Um método para beneficiar os outros.

Preces para Meditação Preces preparatórias breves para meditação.

Preces pela Paz Mundial.

Preces Sinceras Preces para o rito funeral em cremações ou enterros.

Sadhana de Avalokiteshvara Preces e pedidos ao Buda da Compaixão.

Sadhana do Buda da Medicina Um método para obter as aquisições do Buda da Medicina.

O Tantra-Raiz de Heruka e Vajrayogini Capítulos Um e Cinquenta e Um do Tantra-Raiz Condensado de Heruka.

O Texto-Raiz: As Oito Estrofes do Treino da Mente

Tesouro de Sabedoria A sadhana do Venerável Manjushri.

União do Não-Mais-Aprender Sadhana de autoiniciação do mandala de corpo de Heruka.

Vida Pura A prática de tomar e manter os Oito Preceitos Mahayana.

Os Votos e Compromissos do Budismo Kadampa.

Os livros e sadhanas de Venerável Geshe Kelsang Gyatso Rinpoche podem ser adquiridos nos Centros Budistas Kadampa e Centros de Meditação Kadampa e suas filiais. Você também pode adquiri-los diretamente pelo *site* da Editora Tharpa Brasil.

Editora Tharpa Brasil
Rua Artur de Azevedo, 1360
Pinheiros
05404-003 São Paulo – SP

Tel: (11) 3476-2328
Web: www.tharpa.com.br
E-mail: contato.br@tharpa.com

NTK – UBKI

Programas de Estudo do Budismo Kadampa

O Budismo Kadampa é uma escola do budismo mahayana fundada pelo grande mestre budista indiano Atisha (982-1054). Seus seguidores são conhecidos como "Kadampas": "Ka" significa "palavra" e refere-se aos ensinamentos de Buda, e "dam" refere-se às instruções especiais de Lamrim ensinadas por Atisha, conhecidas como "as Etapas do Caminho à iluminação". Integrando o conhecimento dos ensinamentos de Buda com sua prática de Lamrim e incorporando-a em suas vidas diárias, os budistas kadampas são incentivados a usar os ensinamentos de Buda como métodos práticos para transformar atividades diárias em caminho à iluminação. Os grandes professores kadampas são famosos não apenas por serem grandes eruditos, mas também por serem praticantes espirituais de imensa pureza e sinceridade.

A linhagem desses ensinamentos, tanto sua transmissão oral como suas bênçãos, foi passada de mestre a discípulo e se espalhou por grande parte da Ásia e, agora, por diversos países do mundo ocidental. Os ensinamentos de Buda, conhecidos como "Dharma", são comparados a uma roda que gira, passando de um país a outro segundo as condições e tendências cármicas de seus habitantes. As formas externas de se apresentar o budismo podem mudar de acordo com as diferentes culturas e sociedades, mas sua autenticidade essencial é assegurada pela continuidade de uma linhagem ininterrupta de praticantes realizados.

O Budismo Kadampa foi introduzido no Ocidente em 1977 pelo renomado mestre budista Venerável Geshe Kelsang Gyatso. Desde então, ele vem trabalhando incansavelmente para expandir o Budismo Kadampa por todo o mundo, dando extensos ensinamentos, escrevendo textos profundos sobre o Budismo Kadampa e fundando a Nova Tradição Kadampa-União Budista Kadampa Internacional (NTK-UBKI), que hoje congrega mais de mil Centros Budistas e grupos kadampa em todo o mundo. Esses centros oferecem programas de estudo sobre a psicologia e a filosofia budistas, instruções para meditar e retiros para todos os níveis de praticantes. A programação enfatiza a importância de incorporarmos os ensinamentos de Buda na vida diária, de modo que possamos solucionar nossos problemas humanos e propagar paz e felicidade duradouras neste mundo.

O Budismo Kadampa da NTK-UBKI é uma tradição budista totalmente independente e sem filiações políticas. É uma associação de centros budistas e de praticantes que se inspiram no exemplo e nos ensinamentos dos mestres kadampas do passado, conforme a apresentação feita por Venerável Geshe Kelsang.

Existem três razões pelas quais precisamos estudar e praticar os ensinamentos de Buda: para desenvolver nossa sabedoria, cultivar um bom coração e manter a paz mental. Se não nos empenharmos em desenvolver nossa sabedoria, sempre permaneceremos ignorantes da verdade última – a verdadeira natureza da realidade. Embora almejemos felicidade, nossa ignorância nos faz cometer ações não virtuosas, a principal causa do nosso sofrimento. Se não cultivarmos um bom coração, nossa motivação egoísta destruirá a harmonia e tudo o que há de bom nos nossos relacionamentos com os outros. Não teremos paz nem chance de obter felicidade pura. Sem paz interior, a paz exterior é impossível. Se não mantivermos um estado mental apaziguado, não conseguiremos ser felizes, mesmo que estejamos desfrutando de condições ideais. Por outro lado, quando nossa mente está em paz, somos felizes ainda que as condições exteriores sejam ruins. Portanto, o desenvolvimento dessas qualidades é da maior importância para nossa felicidade diária.

Venerável Geshe Kelsang, ou "Geshe-la", como é carinhosamente chamado por seus discípulos, organizou três programas espirituais especiais para o estudo sistemático e a prática do Budismo Kadampa. Esses programas são especialmente adequados para a vida moderna – o Programa Geral (PG), o Programa Fundamental (PF) e o Programa de Formação de Professores (PFP).

PROGRAMA GERAL

O Programa Geral (PG) oferece uma introdução básica aos ensinamentos, à meditação e à prática budistas e é ideal para iniciantes. Também inclui alguns ensinamentos e práticas mais avançadas de Sutra e de Tantra.

PROGRAMA FUNDAMENTAL

O Programa Fundamental (PF) oferece uma oportunidade de aprofundar nossa compreensão e experiência do budismo por meio do estudo sistemático de seis textos:

1. *Caminho Alegre da Boa Fortuna* – um comentário às instruções de Lamrim de Atisha, as Etapas do Caminho à iluminação.
2. *Compaixão Universal* – um comentário ao *Treino da Mente em Sete Pontos*, do Bodhisattva Chekhawa.
3. *Oito Passos para a Felicidade* – um comentário às *Oito Estrofes do Treino da Mente*, do Bodhisattva Langri Tangpa.
4. *Novo Coração de Sabedoria* – um comentário ao *Sutra Coração*.
5. *Contemplações Significativas* – um comentário ao *Guia do Estilo de Vida do Bodhisattva*, escrito pelo Venerável Shantideva.

6. *Como Entender a Mente* – uma explicação detalhada da mente, com base nos trabalhos dos eruditos budistas Dharmakirti e Dignaga.

Os benefícios de estudar e de praticar esses textos são:

(1) *Caminho Alegre da Boa Fortuna* – ganhamos a habilidade de colocar em prática todos os ensinamentos de Buda, de Sutra e de Tantra. Podemos facilmente fazer progressos e concluir as etapas do caminho à felicidade suprema da iluminação. Do ponto de vista prático, o Lamrim é o corpo principal dos ensinamentos de Buda e todos os demais ensinamentos são como seus membros.

(2) e (3) *Compaixão Universal* e *Oito Passos para a Felicidade* – ganhamos a habilidade de incorporar os ensinamentos de Buda em nossa vida diária e de como solucionar todos os nossos problemas humanos.

(4) *Novo Coração de Sabedoria* – obtemos a realização da natureza última da realidade. Por meio desta realização, podemos eliminar a ignorância do agarramento ao em-si, que é a raiz de todos os nossos sofrimentos.

(5) *Contemplações Significativas* – transformamos nossas atividades diárias no estilo de vida de um Bodhisattva, tornando significativo cada momento de nossa vida humana.

(6) *Como Entender a Mente* – compreendemos a relação entre nossa mente e seus objetos exteriores. Se entendermos que os objetos dependem da mente subjetiva, poderemos mudar a maneira como esses objetos nos aparecem, mudando nossa própria mente. Aos poucos, vamos adquirir a habilidade de controlar nossa mente e de solucionar todos os nossos problemas.

PROGRAMA DE FORMAÇÃO DE PROFESSORES

O Programa de Formação de Professores (PFP) foi concebido para as pessoas que desejam treinar para se tornarem autênticos professores de Dharma. Além de completar o estudo de quatorze textos de Sutra e de Tantra, que incluem os seis textos acima citados, o estudante deve observar alguns compromissos que dizem respeito ao seu comportamento e estilo de vida e concluir um determinado número de retiros de meditação.

Um Programa Especial de Formação de Professores é também mantido por Centros de Meditação Kadampa em determinados espaços comerciais urbanos. Esse programa especial de estudo e meditação é focado nos seguintes cinco livros: *Budismo Moderno*, *Novo Coração de Sabedoria*, *Novo Guia à Terra Dakini*, *Caminho Alegre da Boa Fortuna* e *Contemplações Significativas*, que é o comentário ao livro *Guia do Estilo de Vida do Bodhisattva*, de Shantideva.

Todos os Centros Budistas Kadampa são abertos ao público. Anualmente, celebramos festivais nos EUA e Europa, incluindo dois festivais na Inglaterra, nos quais pessoas do mundo inteiro reúnem-se para receber ensinamentos e iniciações especiais e desfrutar de férias espirituais. Por favor, sinta-se à vontade para nos visitar a qualquer momento!

Para mais informações sobre o Budismo Kadampa
e para conhecer o Centro Budista mais próximo de você,
por favor, entre em contato com:

Centro de Meditação
Kadampa Brasil
www.budismokadampa.org.br

Centro de Meditação
Kadampa Mahabodhi
www.meditadoresurbanos.org.br

Centro de Meditação
Kadampa Rio de Janeiro
www.meditario.org.br

Centro de Meditação
Kadampa Campinas
www.budismocampinas.org.br

Escritórios da Editora Tharpa no Mundo

Atualmente os livros da Tharpa são publicados em inglês (americano e britânico), chinês, francês, alemão, italiano, japonês, português e espanhol. Os livros na maioria desses idiomas estão disponíveis em qualquer um dos escritórios da Editora Tharpa listados a seguir.

Inglaterra
Tharpa Publications UK
Conishead Priory
ULVERSTON
Cumbria, LA12 9QQ, UK
Tel: +44 (0)1229-588599
Fax: +44 (0)1229-483919
Web: www.tharpa.com/uk/
E-mail: info.uk@tharpa.com

Estados Unidos
Tharpa Publications USA
47 Sweeney Road
GLEN SPEY NY 12737
USA
Tel: +1 845-856-5102
Toll-free: 888-741-3475
Fax: +1 845-856-2110
Web: www.tharpa.com/us/
E-mail: info.us@tharpa.com

África do Sul
c/o Mahasiddha Kadampa Buddhist Centre
2 Hollings Road, Malvern
DURBAN
4093 REP. OF SOUTH AFRICA
Tel : +27 31 464 0984
Web: www.tharpa.com/za/
E-mail: info.za@tharpa.com

Alemanha
Tharpa Verlag (Zweigstelle Berlin)
Sommerswalde 8
16727 Oberkrämer OT Schwante
GERMANY
Tel: +49 (0)33055 222135
Fax : +49 (0) 33055 222139
Web: www.tharpa.com/de/
E-mail: info.de@tharpa.com

Austrália
Tharpa Publications Australia
25 McCarthy Road
PO Box 63
MONBULK
VIC 3793
AUSTRALIA
Tel: +61 (3) 9752-0377
Web: www.tharpa.com/au/
E-mail: info.au@tharpa.com

Brasil
Editoria Tharpa Brasil
Rua Artur de Azevedo, 1360
Pinheiros
05404-003 São Paulo – SP
BRASIL
Tel: +55 (11) 3476-2328
Web: www.tharpa.com.br
E-mail: contato@tharpa.com.br

Canadá
Tharpa Publications Canada
631 Crawford Street
TORONTO ON
M6G 3K1, CANADA
Tel: +1 (416) 762-8710
Toll-free: 866-523-2672
Fax: +1 (416) 762-2267
Web: www.tharpa.com/ca/
E-mail: info.ca@tharpa.com

Espanha
Editorial Tharpa España
Camino Fuente del Perro s/n
29120 ALHAURÍN EL GRANDE
(Málaga)
ESPAÑA
Tel.: +34 952 596808
Fax: +34 952 490175
Web: www.tharpa.com/es/
E-mail: info.es@tharpa.com

França
Editions Tharpa
Château de Segrais
72220 SAINT-MARS-D'OU-TILLÉ
FRANCE
Tél : +33 (0)2 43 87 71 02
Fax : +33 (0)2 76 01 34 10
Web: www.tharpa.com/fr/
E-mail: info.fr@tharpa.com

Hong Kong
Tharpa Asia
2nd Floor, 21 Tai Wong St. East,
Wanchai,
HONG KONG
Tel: +852 25205137
Fax: +852 25072208
Web: www.tharpa.com/hk-cht/
E-mail: info.hk@tharpa.com

Japão
Tharpa Japan
Dai 5 Nakamura Kosan Biru #501,
Shinmachi 1-29-16, Nishi-ku,
OSAKA, 550-0013
JAPAN
Tel/Fax : +81 6-6532-7632
Web: www.tharpa.com/jp/
E-mail: info.jp@tharpa.com

México
Enrique Rébsamen No 406,
Col. Narvate, entre Xola y
Diagonal de San Antonio,
C.P. 03020,
MÉXICO D.F., MÉXICO
Tel: +01 (55) 56 39 61 86
Tel/Fax: +01 (55) 56 39 61 80
Web: www.tharpa.com/mx/
Email: tharpa@kadampa.org/mx

Suiça
Tharpa Verlag
Mirabellenstrasse 1
CH-8048 ZURICH
Schweiz
Tel: +41 44 401 02 20
Fax: +41 44 461 36 88
Web: www.tharpa.com/ch/
E-mail: info.ch@tharpa.com

Índice Remissivo
a letra "g" indica entrada para o glossário

A

Absorção da cessação 315–316
Absorção sem discriminação 27–29
Ações. *Ver também* carma 294, 307
  quatro condições para uma ação ser completa 31
  virtuosas/não virtuosa 272–275, 286
Ações inadequadas
  abandoná-las 294, 307
Ações não virtuosas 70, 147, 154, 160, 272–275, 286, 396
  causa das ações não virtuosas 25–26, 52, 157, 161, 234, 252
  dez tipos 31, 274
  impedir ações não virtuosas 60–64, 88
  três tipos 31
Ações virtuosas 32, 58, 95, 272–275, 286
  causa de felicidade 58
  motivadas pelo agarramento ao em-si são verdadeiras origens 126
Afundamento e excitação mentais 44, 90–91, 91, 157, 158, 162
  afundamento e excitação mentais sutis 44
Agarramento ao em-si 242, 279
  alucinação da ignorância do agarramento ao em-si 9, 10, 292, 312–313
  é como uma árvore venenosa 292
  de fenômenos 141
  de pessoas 141, 142
  raiz do renascimento samsárico 291–293
  raiz de todo sofrimento 106, 291–292, 315
  sofrimentos 291–293
  veneno interior 292

visão da coleção transitória é uma mente neutra 147
Agregados. *Ver também* cinco agregados g
contaminados g, 97, 98, 121
inerentemente existentes 141
puros 121
Agressividade 150
Alegria 47, 83
poder da alegria 83
Alucinação. Ver agarramento ao em-si, alucinação da ignorância do agarramento ao em-si
Amitabha, Buda 59
Amor 68, 102, 118, 307
amor afetuoso 68
e apego, distinção 114
Análise 169–170
Analogias
arbusto espinhento 287
balde num poço 143
chama de uma vela 15
cheiro do alho e marcas das delusões 104
cobra de brinquedo/pedaço de corda e cobra de verdade 124, 131, 181, 233, 240
colocar a mão no fogo 119
cortar uma árvore 295–296
criança chamada "Buda" 140
elefante enlouquecido e mente deludida 87
equivocar pedaço de corda com cobra de verdade 142
esboçar e concluir pintura da imagem de um Buda 223
os fenômenos são como sonhos 10, 312
filho de uma mulher sem filhos 314
ilusões de um mágico 104, 218
lareira numa casa 279
mariposa que vê a chama como um lugar atraente 251
mentes semelhantes a escrever na água 189
mentes semelhantes a escrever na areia 189
mentes semelhantes a escrever em uma pedra 189
pássaro abatido no céu 280
pássaro deixando o ninho 6, 263
pavão 311
tartaruga cega 260
Animal, animais 2, 60, 276, 295
renascer como 260, 266, 269, 277, 290, 298
sofrimento 277, 302
Ansiedade 114
Antiapego 64–66, 73
Anticiencionsciosidade 155, 160, 163
Antifé 159
três tipos 56–57
Anti-ignorância 70–73
Antinocividade. *Ver também* compaixão 91–94

ÍNDICE REMISSIVO

Antiódio 67-71, 73
  como praticar o antiódio 68
  e a paciência de não retaliar 69
  e a paciência de voluntariamente aceitar o sofrimento 69
Antivigilância 161-164
Aparência dual 313
Aparência equivocada 10, 259, 304, 312, 313
  os Budas são livres de aparências equivocadas 270, 309
Apego 25, 64-66, 98, 113-116, 152, 156, 158, 159, 221
  e amor, distinção 114
  causa raiz do apego 142
  e compaixão 92
  falhas do apego 2, 64-65, 116
  impede-nos de escapar do samsara 64
  intelectualmente formado 237
  neutro 31
  objeto de apego 64-65, 158
  objeto concebido 241-242
  à paz solitária 66
  preguiça do apego 262-263, 264
  superar o apego por esta vida 64
  superar o apego ao samsara 64
Apreciar todos os seres vivos 299-301
  vantagens de apreciar todos os seres vivos 299
Aquisições mundanas 48, 74-75
Arco-íris 238, 240
Arrependimento 154, 166-168, 281, 284
  tipos de arrependimento 166
Asanga g, 80, 363
Ascetismo 145-146, 189
Aspiração 37-40
  aquisição da maleabilidade depende da aspiração 47
  classificação dupla 39
  e fé de almejar 60
  fé induz aspiração 57
  poder da aspiração 81-82
  quatro tipos 38
  sinônimos 37
Atenção. Ver também atenção imprópria 19-20, 34-35
Atenção imprópria 86, 98, 103, 104, 189, 198
Atisha 364, 395
Ausência do em-si (*selflessness*) 142, 314, 316
Autoapreço g, 130, 179, 300
Autocomplacência 155
Avareza 152-153

B

Bênçãos g, 190, 304, 317, 395
  aplicar esforço para recebê-las 269
  método para recebê-las 271
Ben Gungyal, Geshe 102

Bodhichitta g, 40, 223, 301
as duas aspirações da
 bodhichitta 60
como aprimorar as duas
 bodhichittas 70
meditação sobre a bodhichitta
 303-306
obstáculos à bodhichitta 152
o que a faz degenerar 66
Bodhisattva g, 151, 173, 240, 303
Bodhisattva superior 309,
 310, 311
caminho do Bodhisattva 306
e o esforço de não-satisfação
 79
oitavo, nono e décimo solos
 112, 128
paz solitária é o maior obstáculo 66
solos do Bodhisattva 59, 66, 128
voto(s) 306-307
Buda g, 20, 51, 75, 98, 127, 223, 234, 239, 261, 297-298
citações de 53, 75, 304, 312, 315
fenômenos são como sonhos 10
do *Sutra das Quatro Nobres Verdades* 276, 291, 293, 297
tartaruga cega 260
como um Buda atua 270
corpo(s) de um Buda g, 11, 59, 308, 379
ensinamentos 395, 396
etimologia 52

fonte da felicidade 270
não possui a mente "reconhecedores" 216
O Desperto 270
é uma pessoa não enganosa 210, 246
professor válido 246
Buda Amitabha. Ver Amitabha, Buda
Buda Manjushri. Ver Manjushri, Buda
Buda Shakyamuni 160, 246
Budadharma. *Ver também* Dharma g, 73, 260-261
efeito da visão errônea é não encontrar o Budadharma 146
encontrar o Budadharma 260-261
Budas, Mil 160
Budeidade. Ver iluminação
Budismo
 ingressar no Budismo 269
 Kadampa g, 395-396
Budismo Moderno 7, 219, 295, 308
Budista g, 93

C

Caminho(s) g, 52, 79, 234
 para a iluminação 303-304
 significado 293
Caminho da Acumulação 72, 303, 308, 309
Caminho Alegre da Boa Fortuna 32, 84, 91, 179

Caminho budista 269
Caminho espiritual 262
Caminho da Meditação 58,
   104, 112, 189, 304, 309
Caminho do meio
   o que é 143
Caminho do Não-Mais-
   -Aprender 79, 304, 309
Caminho da Preparação 41,
   303, 308, 309
Caminho supramundano g, 89
Caminho da Visão 23, 41, 112,
   189, 237, 304, 308, 309
Caminhos mundanos g, 89
Canal central g, 11-12
Câncer, cura 56
Carma 20-21, 125, 127, 166-167,
   197, 272-275, 295
   carma arremessador 32, 64
   carma completador 32
   carma contaminado 64
   carma mental 32
   depende do fator mental
   intenção 30
   e a prática de paciência 70
   quatro condições 31
Carta Amigável 43, 153, 155, 160
Causa e efeito
   não podem existir ao mesmo
   tempo 134
Cérebro
   não é a mente 264
Chandrakirti g, 142, 180, 363
Charavaka (escola filosófica)
   g, 206

Chekhawa, Geshe 72
Chittamatra, Chittamatrin g,
   13-14, 186
   entendimento sobre o carma
   30
   entendimento sobre o eu 132
   o objeto é a mesma entidade
   que a mente 187
Ciclo de vida impura (samsara)
   260, 290, 292, 315
Cinco agregados. *Ver também*
   agregados 22, 137-138
Cinco Caminhos Mahayana.
   Ver também caminho da
   acumulação; caminho
   da meditação; caminho
   do não-mais-aprender;
   caminho da prepara-
   ção; caminho da visão
   303-304, 309
Clara-luz g, 11-12, 166
   da morte 11, 12
   natureza 12
   do sono 11, 12
Clareza 5, 175, 183, 191
Clarividência 48, 197, 247, 266
   visual 180, 197
Cobiça 274
   quatro condições para a ação
   de cobiça ser completa 31
Coisa funcional 222
Coisas que normalmente vemos
   292, 312, 313-314
Coleção de mérito 308
Coleção de sabedoria 308

Comentário à Cognição Válida
140, 212, 245, 247
Compaixão 69, 92-94, 142, 156
  e apego 66, 92
  antinocividade 92-94
  de um Buda 92
  grande compaixão 92
  nasce de renúncia pelo samsara 92
  que observa o inobservável 94
  tipos 93-94
  universal 261, 301-303
Compaixão Universal 261, 299
  meditação sobre compaixão universal 301-303
Compêndio do Abhidharma 80, 92
Compêndio da Cognição Válida 247-249
Complacência. Ver também autocomplacência 78-79, 80, 155
Compromissos 82, 156
  quebra dos compromissos 156
Concentração 45-51, 84-86, 158, 180, 284
  base para a concentração 34, 41, 88-89
  benefícios 47-48
  e contínua-lembrança 43, 45
  natureza da concentração 294
  nove níveis (ou permanências) 48-50
  perfeição de concentração 308
  permanência mental. Ver também concentração,
  nove níveis (ou permanências) 85, 90, 91
  pura 90
  quatro qualidades 46
  do reino do desejo 49
  superior 294
  tipos 48-51
Concentração do continuum do Dharma 72
Concentração semelhante-a--um-vajra 58, 112
Condição dominante 185-186, 187
Condição dominante incomum 16, 23, 25, 183, 184, 185, 187, 194, 196, 198
Condição imediata
  da percepção mental 191
  da percepção visual 186
Condição objeto observado 186-187
Conhecedor (*cognizer*) 13
Conhecedor enganoso 250-251
Conhecedor subsequente
  é necessário para a prática espiritual 207
Conhecedor válido 128, 129, 170, 195, 208, 215-216
  conhecedor válido subsequente, definição 254
  conhecedor válido último 253
  direto 254

e percepções errôneas 247, 252
e prática de Dharma 247
Conhecedor não válido 221, 255
Consciência 185, 196
  como é gerada 196-197
  consciência, intenção e atenção 34
  no momento da morte 285-286
  no momento do nascimento 278
  sinônimo de mente primária e mentalidade 13, 185
Consciência auditiva 194, 196
Consciência-base-de-tudo 14, 132
Consciência gustativa 15-16, 19-20
Consciência mental 196
  não é o eu 132
Consciência sensorial 23, 185
Consciência visual 23, 34, 196
Conscienciosidade 86-89, 106, 160-161
  analogias da conscienciosidade 160
  benefícios 87
Consideração pelos outros 62-64
  fundamento para a disciplina moral 62-63
Contato 19-20, 33
  seis tipos 33
Contemplações Significativas 68, 84, 91

Contínua-lembrança (*mindfulness*) 42-45, 87, 106, 218
  base da contínua-lembrança 34, 41
  essencial para ensinamentos de Dharma 43
  força vital da meditação 161
Contos de Buda 118
Corpo 145-146, 209, 212, 213, 263
  impuro 287
  no momento da morte 285-286
  natureza última 168
  vacuidade do corpo 311, 312
  verdadeira natureza 313
Corpo-Forma
  causa do Corpo-Forma 308
Corpo que normalmente vemos 292, 311, 312
Corpo-Verdade
  causa do Corpo-Verdade 308
Crença(s) correta(s) 221-223, 227
  e conhecedores válidos 251
  crenças corretas significativas 223
  definição 221
  dois tipos 222
  são enganosas 129, 170, 250-251, 255

D

Dar, generosidade 102, 210–211
  benefícios 153
  perfeição de dar 307
Deidade g, 75, 223
Delusão, delusões. *Ver também*
  delusões raízes; delusões
  secundárias, vinte 16, 27,
  86–88, 98–112, 161, 255
  causa(s) da delusão 27, 86,
    103–109, 130, 188–189
  causa do sofrimento 17, 67–68
  como atuam 99–102, 291–292
  definição 98
  destroem a paz mental 98
  discriminação equivocada
    25–27
  famliaridade com as delu-
    sões 107–108
  são impermanentes 77
  inata 111, 112, 146, 189, 240
  intelectualmente formada
    111, 189, 236–237
  marcas das delusões 104,
    111, 112
  e maus hábitos 109
  níveis grande, mediano e
    pequeno 109–110
  são nossos verdadeiros inimi-
    gos 67, 99, 100–102
  objetos de delusão 29,
    86–87, 104, 105, 106, 229
  oitenta e um níveis 110, 112
  oponentes às delusões 102
  são percepções errôneas 234
  semente da delusão 21,
    103–104
  dos três reinos 109–110
Delusões raízes 113–147
Delusões-obstruções. Ver obstruções à libertação
Delusões secundárias, vinte
  149–163
Desconsideração 157
Desejo, desejos 2, 57, 62, 113,
  287–289
Destruidor de Inimigos g, 21,
  51, 104
  definição 104
  Hinayana 66, 104, 128
Deuses 20, 92
  renascer como um deus 290
  sofrimentos dos deuses 277,
    302
Deuses de longa vida (ou deuses
  sem-discriminação) 27
Dezesseis atitudes ou pensamentos corretos 178–179
Dezesseis atitudes ou pensa-
  mentos errôneos 26,
  177–178, 236
Dezesseis características das
  Quatro Nobres Verdades
  g, 236, 247, 376
Dezoito elementos 196
Dharma g, 81, 166, 241, 261
  dar Dharma 307

ensinamentos, contínua-lembrança é essencial 43
exemplo benéfico de bons amigos de Dharma 108
verdadeira proteção 270
Dharma Kadam. *Ver também* Budadharma 260, 395-396
Dharmakirti g, 212
DHI, letra 128-129
Dignaga g, 247-249
Disciplina moral 53, 162, 274
e concentração 88
fundamentada em senso de vergonha e consideração pelos outros 61, 62
natureza da disciplina moral 294
perfeição de disciplina moral 307
de restrição 61-64
superior 294
sustentar disciplinas morais e condutas errôneas como supremas 144-146
Discriminação 19-20, 23-29
Discurso divisor 274
Discurso ofensivo 274
Dissimulação 154
Distração 158, 229
Doença 280-281
nada pode nos libertar permanentemente da doença a não ser o refúgio nas Três Joias 270
Dor mental 277, 286, 290, 301

Doze elos dependente-relacionados 33
Doze fontes 196
Dúvida 52, 82, 226
dúvidas sobre o Dharma não são necessariamente negativas 127
dúvidas equlibradas 127
dúvidas que tendem a se afastar da verdade 127
dúvidas que tendem à verdade 127
são enganosas 251, 255
não-deludida 128
Dúvida deludida 126-129

E

Emanações 304
Ensinamento válido 246
Entidade 13, 208
do objeto 236
Envelhecimento 281-285
Equanimidade 90-92
Escopo inicial
meditação de uma pessoa do escopo inicial 258-275
supera o apego por esta vida 64, 66
Escopo mediano
meditação de uma pessoa do escopo mediano 275-299
supera o apego pelo samsara em geral 64, 66

Esforço 47, 73-83, 263
  benefícios 74-76
  cinco tipos de esforço de
    acordo com Asanga 80
  depende da aspiração 38
  esforço de não-satisfação,
    compreensão equivocada
    82-83
  perfeição de esforço 308
  quatro poderes que mantêm
    e aumentam o esforço
    81-84
  quatro tipos de esforço de
    acordo com Shantideva
    76
  para receber bênçãos dos
    Budas 269
  três tipos de esforço de
    acordo com o Lamrim
    80
Espaço produzido. *Ver também*
  espaço não composto (no
  glossário) 5
Esquecimento deludido 161
Essência da Boa Fortuna g,
  359-368
Estágio de geração g, 221
Etapas do caminho (*Lamrim*)
  38, 177, 223, 247, 395
  mentes virtuosas 190
  preces 365-366
  três escopos 64, 66
Eu. *Ver também* pessoa; visão
  da coleção transitória
  9-10, 175, 182, 312
  de acordo com as diversas
    escolas budistas 132
  autossustentado (*self-supporting*) 14, 134
  convencionalmente existente
    131, 133
  imagem genérica do eu inerentemente existente 133
  independente 131, 132, 133, 134
  indivisível (ou impartível) 135
  inerentemente existente 26,
    130, 131, 139-143, 242
  não é a consciência mental
    132
  natureza última 139
  permanente 132, 134
  vacuidade do eu 311-312
Excelsa percepção do equilíbrio
  meditativo 230, 233, 253
Excitação mental. *Ver* afundamento e excitação
  mentais 44, 90-91
  definição 158
Existência inerente. *Ver também* eu, inerentemente
  existente g, 25, 104, 233
Experiência espiritual 281, 285
Extremos da existência e não
  existência 143

F

Faculdade mental 198
  condição dominante da
    percepção mental 191
  definição 187

Faculdade sensorial 23
  definição 185
  e carma 197
  prática de restrição das
    portas das faculdades
    sensoriais 106, 198
Fala
  depende da mente 212
Fala áspera 151
Familiaridade 107
Fantasmas famintos
  renascer como um fantasma
    faminto 260, 266, 269,
    290
  sofrimentos 277, 302
Fator mental 13-17
  cinquenta e um fatores
    mentais 16
  definição 13
  determinador de objeto 37
  etimologia 15
  relação com a mente primária 13, 15-16
  seis grupos 16
Fatores mentais mutáveis. Ver
  também cada um dos
  fatores mentais mutáveis
  165-170
Fatores mentais sempre-
  -acompanhantes. Ver
  também cada um dos
  fatores mentais: atenção;
  contato; discriminação;
  intenção; sensação 14,
  19-36

Fé 56-60, 63, 96, 126, 223, 241,
  271, 272
  benefícios 57-59
  desenvolvimento obstruído
    por marcas de visões
    errôneas 32
  induz aspiração 57
  necessária para o Mantra
    Secreto 57
  raiz das realizações espirituais
    57-59
  três tipos 59-60
  verdadeira riqueza 58-59
Felicidade 58, 75, 245
  causa de felicidade 1, 14, 89,
    95, 272, 273
  causas da 396
  depende de 30, 270
  a felicidade no samsara não
    é verdadeira 292
  pura e duradoura 291, 304
Fenômenos
  características dos fenômenos dependem da
    mente 24
  como sonhos 277
  existindo convencionalmente
    315
Firme apreensão 41-42
  observando a vacuidade 41
Fonte-fenômenos g, 181, 196

G

Grande Escopo
  meditação de uma pessoa do grande escopo 299-316
  supera o apego pela paz solitária 66
Guia ao Caminho do Meio g, 76, 94, 130, 137, 142, 169, 180
Guia do Estilo de Vida do Bodhisattva g, 21, 46, 67, 76, 81, 82, 87, 88, 99-102, 105, 120, 123, 152, 161, 162, 229
Guia Espiritual 71, 78, 190, 306
  interior 52, 295, 305
Guirlanda Preciosa 46, 141
Gungtang 282
Guru Sumati Buda Heruka g, 267

H

Hashang, monge do século VIII g, 43, 173
Heruka g, 59, 75
Hinayana. Ver também Destruidores de Inimigos, hinayana g, 28
Histórias
  o amigo beberrão e o amigo disciplinado 108
  o ladrão na caverna de Milarepa 304
  dois meditadores na época de Buda Kashyapa 28

Geshe Ben Gungyal e seu treino de vigiar a mente 102
Geshe Karakpa e o espinheiro 159

I

Ignorância. Ver também agarramento ao em-si 299-300, 304
  marcas da ignorância 26, 137, 237
  sono da ignorância 270
Iluminação 112, 259, 266, 309
  caminho à iluminação 306, 308
  conquista da iluminação 313
  definição 259, 304
  desejo da bodhichitta em alcançar a iluminação 303, 306
  felicidade pura e duradoura da iluminação 261, 294, 297
  felicidade suprema da iluminação 259, 261
  grande iluminação 79
  semente 75
Imagem genérica. Ver também mente conceitual, e imagem genérica 133, 170, 173, 174-176, 180, 202
  como atua 175
  definição 174, 175

e meditação 175
sinônimos 175
Imagem mental. *Ver também*
imagem genérica 170
Imaginação correta 223
Impermanência 77, 115, 153, 155
impermanência sutil
134–135, 222
Imputação, mera imputação
121, 131, 132, 135
por nome 6, 24, 140, 175
por pensamento (sinônimo de conceber) 24
Iniciação g, 223
Inimigos
exterior e interior 100–101
nossos verdadeiros inimigos são as delusões 99, 100–102
Insatisfação 289
Intenção 19–20, 29–33
cria carma 30
Intenção superior 94
Inveja 151, 278
Investigação 168–169
Iogue g, 200
Ishvara 42

J

Je Tsongkhapa g, 126, 248, 252, 316, 364
Joia Buda 82
J*oia-Coração* 126
Joia-que-Satisfaz-os-Desejos
305

K

Kadampa g
Budismo 395–396
significado 395
Kashyapa, Buda 28
Khedrubje g, 174, 175, 364

L

Lamrim Kadam 395
Letra-semente g, 128
Libertação g, 5, 79, 146–147, 290–291, 293–296
caminho à libertação 276, 291
como obtê-la 64, 99, 245
equívocos sobre a libertação 28–29
objetos a serem abandonados 163, 234
permanente 266, 295, 315
temporária 297
topo do samsara 111, 112

M

Má conduta sexual 274
Madhyamika, escolas g
refutam objetos impartíveis 135
rejeitam que faculdade sensorial é forma 185
Madhyamika-Prasangikas 247
entendimento sobre a visão da coleção transitória 134
entendimento sobre o carma 30

entendimento sobre o eu 132
refutam consciência-base-
-de-tudo e mentalidade
deludida 14
Madhyamika-Svatantrikas
entendimento sobre o eu
132
Mahamudra g, 44
Mahayana g, 29, 69, 395
Maitreya, Buda g, 13, 74, 363
Maldade 274
Maleabilidade 84
verdadeiro oponente à
preguiça 47
Maleabilidade mental 84-86
Manjushri, Buda g, 128, 249, 363
Mantra g, 46, 57
Mantra secreto g, 121
necessita de fé 57
Marcas g, 31, 72, 95, 96, 273
das ações negativas 79, 97
das delusões 104
da ignorância 26, 52, 137, 237
Matar 274
Médico, médicos 270, 281
Meditação 119, 257-314
para abandonar o apego
221
absorção da cessação 315-316
no canal central, na gota
indestrutível e no vento e
mente indestrutíveis 11
e carma 32
e conhecedores subsequentes
213

definição 257-258, 274
e o fator mental intenção 32
e imagem genérica 175
não é esvaziar a mente
27-29, 43
obstáculos 88-89, 90, 157-158,
161, 198
e percepção mental 191
solo coberto de ossos 221
Medo 278, 281, 285
de um renascimento inferior
267-268
Memória 12
Mentalidade 187
mentalidade deludida 14
sinônimos 13
Mente
classificação sétupla 193
é como um campo 273
como se relaciona com o
corpo 7
definição 6
densa, sutil e muito sutil 9-12
enganosa 262-263
e objeto são a mesma entidade
187
mente muito sutil
causa da mente de Buda 11
no momento da morte 263
muito sutil 273
não é o cérebro 264
natureza e como atua 5-6,
264
Mente conceitual 24, 174-179,
180

aplicação à prática de Dharma
 177–179
classificação dupla 176
como atua 175
como é gerada 177
definição 174
e imagem genérica 173, 174
não válida 255
natureza 175
percebedor direto mental
 199
que realiza a vacuidade
 175–176
sinônimos 179, 188
três tipos 176–177
Mente correta. *Ver também*
 percepção correta
definição 230
Mente muito sutil
 marcas na mente muito sutil
 273
Mente não conceitual 173,
 179–182
 correta 181
 definição 179
 errônea 181, 233–234
 não válida 255
 percepção mental 179–180,
 188
Mente primária 13–17, 185
 e os cinco fatores mentais
 sempre-acompanhantes
 14
 como atua 13
 definição 13

qualidade 14
 relação com os fatores mentais 13, 15–16
 seis tipos 13
 sinônimos 13
Mentes não virtuosas 14, 17, 60, 67, 97
Mentes virtuosas 81, 190
 analogia com escrever na água e escrever em uma pedra 189
Mentir 154, 274
Mera aparência
 existir como mera aparência 313
Mérito g, 273, 317
 coleção de mérito 308
Mero nome 132, 140, 315
 natureza muito sutil dos fenômenos 169
Mestre Vira 118
Método, caminho do método
 g, 29, 59
Milarepa 153, 276, 282, 304
Modos, três modos (silogismo)
 208–209
Morte 240, 285–286
 estado mental com o qual morremos 273
 meditação sobre a morte
 262–265
 nada pode nos libertar permanentemente da morte
 a não ser o refúgio nas
 Três Joias 270

processo 12, 227, 239
realização sobre a morte
   262-263
Morte, estado intermediário e
   renascimento 166
Motivação 40, 95-96, 96-97
Mundano
   inteligência mundana 295
   prazer mundano 262, 265,
      288
Mundo
   desenvolvimento material
      no mundo 259
   onírico 263

N

Nagarjuna g, 43, 46, 141, 146,
   153, 155, 160, 189-190,
   363
Não-budista 112, 132, 134-135
Não-virtude 96-98, 188
   definição 96
Nascimento 278-280
Natureza búdica g, 11, 78, 92
   e esforço 75
Natureza convencional g, 169
Natureza última g, 124, 139,
   168, 234
Nirvana g, 96, 99, 266, 291, 296,
   297, 315
Nocividade 156
Nome. Ver também mero
   nome 211
Nova Tradição Kadampa 396
Novo Coração de Sabedoria 219

Novo Manual de Meditação
   52, 87, 360

O

Objeto, cinco tipos. Ver também
   cada um deles 174
Objeto, seis tipos 14
Objeto aparecedor 174, 181, 233
Objeto apreendido 41, 174, 181,
   233
Objeto concebido 131, 140, 174,
   177, 233, 241-242
Objeto conectado 15, 16, 35, 174,
   225, 233, 250, 255
Objeto contaminado 113, 116,
   158, 197, 241
Objeto denso, sutil e muito
   sutil 41, 169, 207
Objeto manifesto 205, 210
   definição 253-254
Objeto observado 15, 16, 131,
   136, 141, 174, 186, 241
Objeto oculto 205-207, 213,
   253-255
   definição 254
Objeto sensorial/físico 14,
   254
Objeto virtuoso 87, 88
Objetos de conhecimento,
   dois tipos 253
Objetos convencionais 169
Objetos impartíveis 135
Objetos e mente são mesma
   entidade ou entidades
   diferentes 186-187

Obstruções, duas (à libertação
    e à onisciência) 216, 246,
    386
Obstruções à libertação g, 58,
    99, 104
Obstruções à onisciência g, 58,
    99, 104
Oceano de Néctar 94, 219
Oferenda de mandala 363
Oito Preceitos Mahayana. Consultar também sadhana
    Vida Pura 167
Onisciência 92, 104, 250
    e Caminho do Não-Mais-
    -Aprender 309
Orgulho deludido 58, 108,
    120-123
    falhas 122-123
Orgulho divino 121
Orgulho não deludido 120-121
Origens
    significado 291
Ornamento das Sete Categorias
    174
*Ornamento para os Sutras
    Mahayana* 74

P

Paciência 69, 119, 120
    perfeição de paciência
    307-308
Parinirvana g, 28
Paz interior 99, 315
Paz mental 259, 270, 292, 294,
    304, 396
    o que destrói a paz mental
    98, 99, 292
    permanente 291, 296, 297
Paz solitária
    falhas da paz solitária 66
    principal obstáculo de um
    Bodhisattva 66
    é superada pelas meditações
    do grande escopo 66
Pensamento prejudicial
    quatro condições para a ação
    de pensamento prejudicial
    ser completa 31
Percebedor diretoióguico 170,
    200-203
    definição 200, 202
    e libertação 176, 200, 202
    necessário para realizar a
    vacuidade 170, 189, 243
    treinar percebedores diretos
    ióguicos 310-314
Percebedor direto mental
    187-188, 198-200
    definição 198
    induzido por meditação
    198-200
    induzido por percebedor direto sensorial 187, 198-200
    não conceitual 180
    não determinador 226
    não induzido por percebedor direto sensorial
    e nem por meditação
    198-200
    reconhecedor 216-217

Percebedor direto sensorial
194-198
que é um conhecedor válido e
um reconhecedor 195, 217
que é um conhecedor válido
mas não um reconhecedor
195
é uma mente não conceitual
correta 181
Percebedor não determinador
34, 41, 225-229
cinco tipos 226-228
é enganoso 251
percebedor direto sensorial
não determinador 255
percepção auditiva não determinadora 226, 228
percepção visual não determinadora 195, 227, 228
Percebedor direto válido. Ver conhecedor válido, direto
Percepção auditiva 9
onírica 10, 180
percepção auditiva não determinadora 226
Percepção correta 241-243
Percepção equivocada 9, 230
e percepção errônea 233
Percepção errônea 41, 124, 227, 233-243, 251
causa temporária 237-240
causa última 237, 239
conceitual 236-237, 240

intelectualmente formada
146, 236, 240-241
percepção errônea e discriminação equivocada 25
percepção errônea e percepção equivocada 233
percepção errônea e visão errônea 146
percepção errônea não deludida 237
Percepção gustativa 9
onírica 10, 180
Percepção inequívoca 230
Percepção mental 9, 180, 187-191
como é gerada 191, 196
condição imediata 191
densa, sutil e muito sutil 9-12
e fonte-fenômenos 14, 181
não conceitual 179-180
onírica 10
sinônimos 188
Percepção mental conceitual. Ver mente conceitual
Percepção olfativa 9
onírica 10, 180
Percepção onírica 10, 180, 181, 226, 236
Percepção sensorial, percepções sensoriais 165, 179, 181, 183-187, 235
de um Buda 216
condição dominante 185
condição imediata 185-186

definição 183
diversos momentos de uma percepção 217
equivocada/errônea 146, 237-241
na prática de Dharma 182
Percepção tátil (*body awareness*) 9
onírica 10, 180
Percepção visual 9, 174
de um Buda 216
definição 184
equivocada/errônea 194, 235-236, 238-239
onírica 10, 180, 181, 236
percepção visual não determinadora 195, 227, 228
relação com a mente primária 13
Permanência mental. *Ver também* concentração, nove níveis (ou permanências)
oitava permanência 44, 90
primeira permanência 85
quarta permanência 44
segunda permanência 85
terceira permanência 85
Pessoa 22, 135, 185
não é possível de ser encontrada (*unfindability*) 140-142
Pobreza 286, 289, 297
Polícia 270

Prática de Dharma 40, 73, 76-84, 198, 241, 247, 249, 259, 261, 294
benefícios 81-82
condições para uma prática bem-sucedida. *Ver também* esforço 40, 43, 46, 57, 79, 83, 88, 241, 295
eliminar principal obstáculo à prática de Dharma 264
essência 17
obstáculos 26
Prática espiritual 45, 46, 63, 88, 284, 298
obstáculos 56, 158
Praticantes de Dharma 75, 76, 77, 166
e discriminações corretas 24
precisam melhorar contínua-lembrança 43
Práticas preparatórias, seis g, 242, 360
Prece Libertadora 356-357
Preces 271
Predicado (silogismo) 207
Preguiça 47, 76, 86, 159, 308
do apego 262-263, 264
e maleabilidade 47
Pretensão ou fingimento (*pretension*) 154
Probandum (silogismo) 207
Problemas 10, 119, 289-290
natureza dos problemas 1
Professor espiritual 272

Professor válido 245-246
Promessa 269
Prostração g, 96
Puja g, 271
Purificação g, 56, 97, 154, 274, 317

Q

Quatro Nobres Verdades g,
 223, 246-247, 276, 291,
 293, 297
 dezesseis características
 236, 247, 376
 Quatro portas que fazem incorrer
 em quedas morais 160, 162
Quatro rios, significado 58
Queda moral, quedas morais
 157, 160, 162

R

Raciocínio falso, razão falsa 241
Raiva 25, 98, 116-120, 150-151,
 156, 239
 causas da raiva 103
 destrói mérito 308
 dirigida contra objetos
 inanimados 69, 117
 é exclusiva do reino do desejo
 117
 falhas da raiva 67, 100, 118
 intelectualmente formada 237
 objeto concebido 241-242
Rancor 151
Razão conclusiva. Ver também
 silogismo 207-209, 213, 255
 definição 208

Razão natural e razão de efeito
 208
Realizações 26, 41, 81, 294
Realizações de Dharma
 degeneram-se se a contínua-
 -lembrança deteriorar 43
 fundamentam-se em fé
 57-59
 obstáculos 26
Recitação vajra g, 63
Recusa 154
Refúgio 63, 261, 266, 267
 buscar refúgio 269-272
 compromissos de se buscar
 refúgio 156
 as mentes virtuosas são o
 verdadeiro refúgio 81
 meditação sobre refúgio
 271-272
Reino do desejo 20, 109-111,
 112, 115, 117, 125
 dois níveis 49
Reino da forma 20, 50, 92, 110,
 117, 125
Reino da sem-forma 20, 92,
 110, 117, 125
Reinos do inferno g, 254
 como mera aparência 277
Relação entre objetos e nomes
 211-212
Renascimento 22, 81, 119, 143
 afortunado/desafortunado
 273
 analogia do pássaro deixando
 o ninho 6

contaminado 279-280, 290, 302
o que determina nosso renascimento 273
Renascimento inferior 125
causa de um renascimento inferior 157, 266
perigo de um renascimento inferior 265-268
proteção contra um renascimento inferior 269
Renúncia 10, 40, 60, 261, 276, 297, 302
e antiapego 64
desenvolver renúncia 290-291
meditação sobre renúncia 276-291
mente leve e pacífica 83
motivação para os três treinos superiores 294-295
realização 291
Ressentimento 150
Restrição das portas sensorias. *Ver também* faculdade sensorial, prática de restrição das portas das faculdades sensoriais 229
Riqueza
exterior e interior 58-59, 71
riqueza exterior é enganosa 58-59, 71, 79
Roda do Dharma 362, 395
Roubar 274

S

Sabedoria 46, 51-54, 71, 162, 396
aumenta se confiarmos em Guru Tsongkhapa 126
coleção de sabedoria 308
depende de conscienciosidade 88
é o Guia Espiritual interior 52, 295
luz interior de sabedoria 304
natureza e como atua 295
perfeição de sabedoria 308
sabedoria rápida 128
superior 294
Samkhyas
entendimento sobre o eu 134
Samsara 22, 57, 64, 116, 124, 130, 200, 234, 260, 279, 289, 315
ações que nos arremessam ao samsara 124
as experiências do samsara são como sonhos 126, 270, 277
definição de Dharmakirti 97
não há felicidade verdadeira no samsara 119, 292, 304
nosso próprio e o dos outros 92, 143
raiz do samsara 137
superar o apego ao samsara 64

Sangha 261, 266, 271
Saraha 292
Satisfação 287, 288
Sautrantikas 185, 186
   entendimento sobre a visão
      da coleção transitória 134
   entendimento sobre conhecedores válidos e reconhecedores 216
   entendimento sobre o carma 30
   entendimento sobre o eu 132
Sectarismo 82-83
Seis fontes. Ver doze fontes
Seis perfeições
   determinação e promessa de praticá-las 306-310
Self e fenômenos existentes 315
Self que normalmente vemos 292, 299, 311-312
Semente búdica. Ver natureza búdica
Semideuses
   sofrimentos 278, 302
Sensação 15-16, 19, 20-23, 97
   e carma 20-21
   contaminada 21-22, 23, 97
   incontaminada 23
Senso de vergonha 60-62
   falta de senso de vergonha (delusão secundária) 156
   fundamento para a disciplina moral 61

Seres-do-inferno 205
   renascer como um ser-do-inferno 260, 266, 269, 290
   sofrimentos 277, 302
Seres humanos
   base para o sofrimento humano 279
   causa de renascer como 266
   oportunidade dos seres humanos 259-260
   renascer como um ser humano 302
   sofrimentos 278, 290, 302
Ser senciente, ser vivo, seres vivos g, 234, 270
   as duas aspirações básicas dos seres vivos 39
   são nossas mães 223
   os seres vivos não são nossos verdadeiros inimigos 67, 100
Sete membros
   prece 362
Shakyamuni, Buda. Ver Buda Shakyamuni
Shantideva. Ver também Guia do Estilo de Vida do Bodhisattva g, 87, 120
Silogismo 207-209
Sofrimento(s) 119-120
   causa raiz do sofrimento 142, 242
   causas do sofrimento 9-10, 157, 242, 272, 291-292, 291-293

desenvolver medo do
  sofrimento 290
  da doença 280-281, 297
  do envelhecimento 281-285, 297
  do inferno 277
  libertação permanente dos sofrimentos 297-299
  libertação dos sofrimentos 270
  da morte 285-286, 297
  do nascimento 278-280
  dos outros 301-304
  outros tipos 286-291
  do renascimento 297
  sofrimento-que-muda 304
  que surge a partir das ações não virtuosas 272
  desta vida 277
Solo coberto de ossos meditação 221
Solo, solo espiritual g, 47, 79, 112
  solos do Bodhisattva 59, 66, 128
Som expressivo 212
Sonho(s). Ver também analogias, os fenômenos são como sonhos 263, 277, 312
  percepções oníricas 10
  do samsara 126, 270
Sono 11-12, 28, 137, 157, 165-166, 240
Sujeito (silogismo) 207
Sustentar disciplinas morais e condutas errôneas como supremas 144-146
Sustentar visões falsas como supremas 144
Sutra(s) g, 20, 75, 116, 156, 213, 221
Sutra Estreito Posicionamento da Contínua-Lembrança 186
Sutra Luz da Joia 57
Sutra das Quatro Nobres Verdades 276, 291, 293, 297
Sutra(s) Perfeição de Sabedoria g, 152, 173, 182
Sutra Rei da Concentração 199, 218
Sutras Vinaya g, 53, 88

T

Tagarelice 274
Tantra(s) g, 213, 223, 382
  e fé 57
Tantra Ioga Supremo 11, 165
  estágio de geração 221
Tecnologia moderna 297
Templos 271
Terra Dakini g, 59
Terra Pura g, 75, 263
Tesouro do Abhidharma 103
Thogme Zangpo 105
Torpor, ou obtusidade 157-158, 165
Tradição espiritual
  pureza e tolerância 82-83
Tranquilo-permanecer 49, 308
  e delusões 109, 229
  e visão superior 53, 86, 200, 202

Transferência de consciência 263
Treinar a Mente em Sete Pontos
  72
Treino da mente 119
Três grandes propósitos 242-243,
  364
Três Joias 190, 223, 271
Três objetos, três venenos e
  três raízes virtuosas
  72-73
Três reinos inferiores 265-266
Três treinos superiores 293-296
Três venenos 21, 22, 73, 163
*Trinta e Sete Práticas dos Filhos
  dos Conquistadores, As* 105
Tummo, meditação g, 63

U

União
  dos caminhos vasto e profundo
  364
  do Sutra e do Tantra 364

V

Vacuidade. *Ver também* anti-
  -ignorância 5, 10, 12, 261
  do corpo 311
  diferente de "vazio" 5
  do eu 312
  etapas de realização da
    vacuidade 175-176
  explicação simples sobre a
    vacuidade 311-312
  dos fenômenos 141-142
  objeto oculto 254

de pessoas 141-142
realização direta 308, 314
realizar a vacuidade sem
  imagem genérica 202
significado 311-312
de todos os fenômenos
  308-309, 312, 313-314
verdade última, etimologia
  218
verdadeira natureza dos
  fenômenos 295
Vaibhashikas 185
  compreensão sobre a imper-
    manência 222
  entendimento sobre o carma
    30, 96
  entendimento sobre o eu 132
Vajrayogini g, 59, 75
Vasubandhu g, 103, 363
Ventos interiores g, 7, 11-12, 84, 240
  vento interior muito sutil
    causa do Corpo de Buda 11
Verdade convencional g, 51,
  169
Verdade nominal. *Ver também*
  verdade convencional
  169
Verdade última. *Ver também*
  vacuidade g, 396
Vida humana
  desperdício de uma vida
    humana 155, 276
  liberdades e dotes 265, 298
  meditação sobre a vida
    humana 261-262

meta última e significado
276, 297
preciosidade 2, 52, 265–266, 298
realizar o verdadeiro sentido da vida humana 259–262, 264, 296
solucionar os problemas da vida humana 296
superar o apego por esta vida 64
verdadeiro significado de uma vida humana 272
Vidas futuras
compreender sua existência 6
demonstrar a existência 263
felicidade e liberdade das vidas futuras 276, 277
incontáveis 269
preparar-se para 263
sofrimentos das vidas futuras 276
libertação dos 269, 290, 295, 315
Vidas passadas desperdiçadas 263, 300
Vigilância 87, 106, 161–164
Virtude 73–74, 95–96
definição 95
Visão da coleção transitória 130–143
como identificá-la 133
que concebe *eu* e que concebe "meu" 136, 136–137
etimologia 134–136
é uma mente neutra 147
raiz do samsara 130, 137
vinte visões da coleção transitória 137–139, 236
Visão deludida. *Ver também* cada uma das visões deludidas: sustentar disciplinas morais e condutas errôneas como supremas; sustentar visões falsas como supremas; visão errônea; visão da coleção transitória; visão extrema 129–130, 298
Visão errônea, sustentar visões errôneas 146–148, 156, 240, 274
marcas
obstruem desenvolvimento de fé pura 32
quatro condições para a ação de sustentar visões errôneas ser completa 31
Visão extrema 143
Visão falsa, sustentar visões falsas como supremas 144
e visão equivocada 144
Visão falsa e visão errônea, diferença 146
Visão superior 53, 308
Votos bodhisattva 120, 154
Votos Pratimoksha g, 154, 365
Voto de refúgio
compromissos 269
Votos tântricos 120, 154